HANS-JOACHIM SANDER

MACHT IN DER OHNMACHT

QUAESTIONES DISPUTATAE

Begründet von
KARL RAHNER UND HEINRICH SCHLIER

Herausgegeben von
PETER HÜNERMANN UND THOMAS SÖDING

178

MACHT IN DER OHNMACHT

Internationaler Marken- und Titelschutz: Editiones Herder, Basel

HANS-JOACHIM SANDER

MACHT IN DER OHNMACHT

Eine Theologie der Menschenrechte

HERDER

FREIBURG · BASEL · WIEN

Die Deutsche Bibliothek – CIP-Einheitsaufnahme

Sander, Hans-Joachim :
Macht in der Ohnmacht : eine Theologie der Menschenrechte / Hans-Joachim Sander. – Freiburg im Breisgau ; Basel ; Wien : Herder, 1999
(Quaestiones disputatae ; 178)
ISBN 3-451-02178-1

Texterfassung und Druckvorlage durch den Autor

Druck und Bindung: Difo-Druck Bamberg 1999
Gedruckt auf umweltfreundlichem, chlorfrei gebleichtem Papier
ISBN 3-451-02178-1

Vorwort

Menschenrechte machen sprachfähig. Das gilt auch für Theologie und Kirche. Darauf bin ich erstmals am *Center for Process Studies* in Los Angeles vor zwölf Jahren aufmerksam geworden. Diejenigen, die sich damals am *International Place* der Claremont Colleges beteiligten, wollten von mir wissen, was wohl ein Theologe zu den Themen internationaler Beziehungen beizutragen hätte. Die Macht in der Ohnmacht der Menschen, die um die Anerkennung ihrer Würde ringen müssen und sich mit Menschenrechten zum internationalen Thema machen können, ermöglichte mir einen genuinen Beitrag. Die damalige Erfahrung konnte ich im Sommersemester des vergangenen Jahres an der Universität Würzburg zu einer Theologie der Menschenrechte ausbauen. Der Text des Buches war abgeschlossen, als der in diesen Tagen gottlob zu Ende gehende Kosovo-Konflikt ausbrach. Mit ihm wurde ein Krieg im Namen der Menschenrechte geführt. Die Leserinnen und Leser mögen entscheiden, ob Theologie mit den hier vertretenen Perspektiven vor dem Problem eines solchen Krieges bestehen kann.

Ohne das Interesse der Hörerinnen und Hörer an der damaligen Vorlesung und ohne Hildegunds Blick auf die Macht aus der Ohnmacht wäre dieser Text nicht entstanden. Ich danke Herrn Professor Hünermann sehr für die Aufnahme des Buches in die Reihe der *Quaestiones disputatae*. Seine kritische Lektüre hat den Text an den neuralgischen Punkten verbessert. Mein Dank gilt besonders auch Herrn Dr. Suchla vom Verlag Herder. Er hat die Veröffentlichung angeregt und ihren ganzen Prozeß mit sicherer Hand begleitet. Eine große Hilfe bei der Korrektur der Druckvorlage waren Frau Katharina Boll, Frau Christina Stanke und Herr Dipl. Theol. Elmar Willnauer. Auch ihnen danke ich sehr.

Köllerbach, im Juni 1999 *Hans-Joachim Sander*

Dedicated to Sharlene Martin
and to the International Place
of the Claremont Colleges, California

Inhalt

D. KIRCHLICHE OPTIONEN

E. THEOLOGISCHE PERSPEKTIVEN

EINLEITUNG

Christen vor den Menschenrechten
Ein Differenzproblem des Glaubens

Wir Menschen sind janusköpfig. Auf der einen Seite gelten wir als Ebenbilder Gottes und Krone der Schöpfung. Wir gehören also zum Besten, was dieser Planet zu bieten hat. Jeder außerirdische Besucher wird sich vor allem mit unserer Spezies auseinandersetzen und unsere zivilisatorischen Leistungen in die eigene Heimatwelt berichten. Wir haben diesen Planeten auch ziemlich im Griff und verfügen über die stärkste Macht unter allen Lebewesen, die wir bisher kennengelernt haben. Selbst alte Menschheitsfeinde wie die Wölfe müssen froh sein, daß wir sie in Nationalparks wieder ansiedeln und daß es Leute gibt, die ihren Abschuß verhindern, wenn sie sich ganz vorsichtig über die Naturschutzgrenzen in nicht reservierte Gebiete wagen. Wir sind die Herren über Leben und Tod auf der Erde und schicken uns an, das Sonnensystem zu erobern. Keiner erklärt die NASA-Leute öffentlich für verrückt, die von künftigen Kolonien auf dem Mars sprechen. In der Science Fiction der Gegenwart sind sie zum festen Topos geworden; und was im letzten Jahrhundert noch als kühne Vision galt, der Traum vom Fliegen, ist den Deutschen so selbstverständlich geworden, daß jemand hierzulande nur ein Kopfschütteln bei der Forderung erntet, sich auf einen Urlaubsflug alle fünf Jahre zu beschränken. Selbst die Hungersnöte und Migrantenströme der vergangenen Jahrzehnte stellen nicht in Frage, daß es der Menschheit gelungen ist, in fünf-milliardenfacher Ausgabe das Ökosystem der Erde zu besiedeln. Die Tendenz ist steigend, und man geht bei entsprechend ökonomischer Rationalität davon aus, daß noch weit mehr von uns mit den Ressourcen des Planeten existieren können. So gesehen stehen den Menschen im neuen Jahrtausend goldene Zeiten bevor, und kaum jemand in den Industrienationen erwartet ernsthaft, daß wir - abgesehen von kleineren Rückschlägen in den Tälern der Konjunkturzyklen - hinter den Kulturstand zurückfallen, den wir uns im *global village* geschaffen haben. Mit ein paar Mausklicks kann ich die *Los Angeles Times* von der anderen Seite der Erdkugel auf meinen Computer-Bildschirm laden, ohne tagelang warten zu müssen, ehe mir ein Bahnhofskiosk ein Exemplar aushändigen könnte. Im Prinzip kann die menschliche Zivilisation sich ernsthaft am *pursuit of happiness* orientieren, von dem die Unabhängigkeitserklärung der Vereinigten Staaten von Amerika vor 223 Jahren so emphatisch gesprochen hat.

Aber Menschen sind zugleich noch etwas ganz anderes als die Spitzenleistung in der Genesis der Welt. Wir Menschen gelten auch als die Wölfe der Menschen - *homo homini lupus*. Und es gibt kein Jahrhundert, das diese antike Weisheit klarer belegt als das 20. der christlichen Zeitrechnung. Der erste Weltkrieg hat den Ton des Jahrhunderts angeschlagen: Abnutzungsschlacht in Verdun, Giftgasattacken von Ypern, Kampf bis zum Diktatfrieden im Osten und zur totalen Kapitulation im Westen. Alles nach dem generalstabsmäßig organisierten Motto 'Koste es, was es wolle'. Das war keine Musik, die zu schrill für menschliche Ohren klang, sondern blieb gültig für alle Beteiligten am Zweiten Weltkrieg. Darin fanden die Deutschen mit der systematischen Vernichtung eines ganzen europäischen Volkes zu einer Steigerung, die ein Organisationstalent entlarvte, das dem Qualitätsstandard *Made in Germany* für immer einen schalen Beigeschmak gibt. Von der Wolfsschanze, dem Hauptquartier Hitlers östlich von Berlin, gingen Befehle mit einer Grausamkeit aus, zu der kein Wolfrudel jemals fähig wäre. Sie zeigten den Potentaten dieser Welt, was alles möglich ist, wenn man nur wirklich will und genügend Gefolgschaft gegen erklärte Volksschädlinge anstiften kann. Der *Archipel Gulag* des siegreich die Signale blasenden Sowjetimperiums, die *Killing Fields* des höflichen Volkserziehers Pol Pot, der Schützenpanzer-Lindwurm der Kapitalkommunisten auf dem Tienanmen-Platz und in Tibet, die Totentanz-Ekstase der Hutuführung bei den Massakern in Ruanda, die Rache nach Balkanart in den serbischen Vergewaltigungslagern - all das führt aus und weiter, was die Kulturnation der Deutschen vor aller Augen vorgemacht hatte. Die blonde Bestie ist eben keine besondere Spezies, sondern in ihrer entfesselten Grausamkeit ein besonders beleuchteter Repräsentant der Menschheit unserer Epoche. Auch die US-Nation hat mit den Atombomben auf japanische Zivilisten in Hiroshima und Nagasaki endgültig die Unschuld ihrer Neuen Welt verloren, und braucht sich nicht zu wundern, daß moderne Satrapen die strategische Bedeutung von Raketen begriffen haben. Selbst dann, wenn Menschen es nicht wollen, können sie zu Todesengeln werden. Im Intimbereich sexueller Begegnung sind wir nicht mehr allein - der Tod in Gestalt von Aids hat eine Potenz der dritten Art im Liebesspiel, den wir so schnell nicht mehr los zu werden scheinen. Wenn die Bundeszentrale für gesundheitliche Aufklärung den 'Ra(d)schlag unter Freunden' anschlagen läßt und die Steigerungsraten des

Kondomabsatzes mit 'Weiter so!' kommentiert, dann läßt hier keine repressive Gesellschaft moralinsaure Muskeln spielen. Sie weist ihre Mitglieder nur von Staats wegen ohnmächtig darauf hin, wie gefährlich Menschen füreinander ausgerechnet in jener Begegnung sein können, die als eine der glücklichen erscheint. Der Lack ist also schon ab, ehe das neue Jahrtausend aus der Fabrik der Geschichte gerollt ist. Es ist ganz und gar nicht unrealistisch, wenn wir hinter einem anbrechenden Goldenen Zeitalter mehr Katzengold als edle Substanz erwarten. An dieser Erwartung werden die Gen-Jongleure in den Laboratorien der Chemiekonzerne nicht nur wenig ändern, sondern wohl eher mancherlei dazu beitragen. Schon einmal ist mit Tschernobyl das Schlaraffenland einer Wissenschaftstechnik in Rauch aufgegangen und hat den merkwürdig fahlen Glanz offenbart, der von der Krone der Schöpfung auf die Erde strahlt.

Wir Menschen haben zwei Gesichter und präsentieren uns mit zwei Stammbäumen. Der eine ist wohl paradiesischen Ursprungs, der andere läßt eher die Intervention des gefallenen Engels vermuten. Wer darauf hofft, daß sich der Garten Eden vielleicht doch noch unter uns finden läßt, wenn wir nur ernsthaft und demütig genug danach suchen, wird erkennen müssen, daß Gott diese Tür seiner Wohnung flammend verschlossen hat. Es ist eine große Einsicht der Bibel, daß uns Menschen die Rückkehr ins Paradies als Patentlösung humaner Probleme versagt ist. Auf diesem Weg werden wir den Bocksfuß nicht los, den noch jeder Forschrittssprung der Menschheit in die Geschichte gespurt hat. Es wird nicht den einen Schlag tun, welcher den Endsieg des Guten ein für alle Mal bringt. Der Jüngste Tag stellt die Alltagsfrage, was wir denn den Anderen in Natur und Geschichte jeweils gewesen sind: Gottes Ebenbild oder blutrünstiger Wolf. Dem christlichen Glauben zufolge ist es nun einmal nicht der alte Adam, der uns eine Karte über den Weg aushändigt, auf dem er und Eva vor Zeiten in die Welt erzählbarer Geschichte geflüchtet sind. Jedes Heil ist vielmehr unauslöschlich von der Gewalt markiert, die sich unter den Menschen findet. Es offenbart sich über die Ohnmacht des Gekreuzigten.

Die Erlösung geht einen Kreuzweg. Sie übergeht nicht die fragile Existenz der Menschen, sondern ist in der Differenz angesiedelt, die wir von uns selbst offenbaren. Vor dieser Differenz die Augen zu verschließen, ist weder realistisch noch dem Gottesreich dienlich. Wer glaubt, sich selbst und allen anderen etwas Schönes und Harmonisches über das Ziel der Geschichte vormachen zu können, glaubt nicht die christliche Frohbotschaft. Erlösung heißt Erinnerung, sagen die gläubigen Juden, und die Geschichte hat sie wahrlich zu hart gewachsener Weisheit genötigt. Und in der Erinnerung, welche die Augen offen hält, zeigt sich der Weg der Menschheit als Trümmerhaufen des Fortschritts. Auch der Engel der Geschichte, malt Walter Benjamin die heutige Epoche aus, kann sie nicht einfach in blühende Landschaften verwandeln; dafür ist der Sturm zu stark, den Menschen gegeneinander auf der Erde entfachen.[1] Ohne Anerkennung der Differenz in der Natur der Menschen wird sich die schmale Spur nicht zeigen, die durch diese Trümmer hindurchgeht und eine messianische Zukunft verheißt.

Von beidem, dem Trümmerhaufen wie der messianischen Spur, ist das markiert, was wir heute die Menschenrechte nennen. Es ist die Pflicht der Christen, auf diese Differenz hinzuweisen, um selbst in die Spur eintreten zu können, welche der christliche Glaube in den Trümmern für alle Menschen verheißt. Wegezoll können Christen an den Zufahrten nicht erheben, weil sie diese Spur nicht gebaut haben, sondern in den letzten 1700 Jahren durchaus kräftig an der Trümmerei beteiligt waren. Jedes Geld, das hier für eine kreuzungsfreie Fahrt gezahlt würde, präsentierte die Fata Morgana einer großen Scheune, in die niemand mehr eine Ernte einfahren kann. Der Weg der Menschenrechte ist eine kleine windungsreiche Spur mitten im Trümmerhaufen der Geschichte, die weiter reicht als das jeweils geradewegs auf den Tod zulaufende Leben. Aber vielleicht ist sie deshalb ein Weg aus dem Jammertal dieser Zeit in eine Welt, in der die Ebenbilder Gottes eine Alternative zur wölfischen Erbkrankheit ihres Handelns finden. Von dieser Alternative spricht der christliche Glauben vom Anfang seiner Existenz an. Christen müssen sich daher fragen lassen, ob sie aufgrund ihrer Botschaft erstens zu Pfadfindern dieser Spur taugen, und ob sie zweitens bereit sind, sich von dieser über ihren Verkündigungsauftrag belehren zu lassen. Hat der christliche Glaube eine menschenhistorische Bedeutung, wenn er vom gnädigen Gott der Schöpfung, vom Erlöser am Kreuz und vom Heiligen Geist in den Wechselwinden der Geschichte spricht? Und sind es vielleicht ausgerechnet die lange verschmähten Menschenrechte, die dieser Bedeutung eine Sprache geben können?

---

[1] Vgl. Walter Benjamin, Sprache und Geschichte. Philosophische Essays. Ausgewählt von Rolf Tiedemann. Stuttgart: Reclam, 1992, S. 146.

Beiden Herausforderungen will ich hier nachgehen. Es ist ein systematischer Versuch der Theologie und somit auf der Ebene der Sprache des Glaubens angesiedelt. Er nimmt die Grundsatzfragen auf, die sich mit dem Thema der Menschenrechte für die Präsentation des Evangeliums stellen. Daß beides miteinander zusammenhängt, zeigt auf der einen Seite die großen Reserven, um nicht zu sagen: Ablehnung, die von Anfang des letzten bis Mitte dieses Jahrhunderts die päpstlichen Verlautbarungen prägten, und auf der anderen Seite die große Aufmerksamkeit für das Thema im Lehramt von Johannes XXIII. und besonders Johannes Paul II., für das der letztere den Beinamen 'Menschenrechtspapst' verdient hat. Beides, die dezidierte Abgrenzung mit dem verstohlenen Respekt vor der Bedeutung der Menschenrechte, wie die emphatische Bejahung mit der leisen Frage, ob das nicht zu bislang ungewollten Veränderungen für Kirche und Theologie führen könnte, sind repräsentativ für das Problem des christlichen Glaubens mit den Menschenrechten. Beide gehören zusammen - aber wie? Sie haben eine gegnerische Tradition - aber warum? Sie haben gemeinsame Themen - aber woher? Sie folgen unterschiedlichen Absichten - aber wozu? Sie verkörpern eine vergleichbare Praxis - aber wogegen? Sie prägen eine eigene Welt - aber woraus?

Die Liste der Fragen ließe sich verlängern. Sie umschreibt die Rechtfertigung, den die Differenz von Glauben und Menschenrechten in der Theologie auslöst. Dieser Prozeß rührt an die Grundlagen der Glaubensdarstellung. Menschenrechte fordern den Glauben mit allem heraus, was er zu bieten hat. Sie markieren einen säkularen Weg, die Heillosigkeit menschlicher Verhältnisse zu überwinden. Wird deshalb der Heilsweg des Glaubens überflüssig, und bleibt sein Bekenntnis ein ohnmächtiges Unterfangen in der Welt von heute? Oder liegen im Bekenntnis des Glaubens säkulare Potentiale, um Menschenrechte als heilvolle Alternativen im Machtgetriebe dieser Welt überzeugend zu benennen? Jede Verbindung von christlichem Glauben mit Menschenrechten steht in der Spannung von Säkularität und Profanität. Mit den Funken, die das schlägt, leuchten die Umrisse einer Glaubensdarstellung im Zeichen der Zeit auf. Den Glauben vor den Menschenrechten zu benennen, überantwortet die Theologie nicht an den Zeitgeist, sondern bedeutet, das säkulare Antlitz von Glaubenswahrheiten wahrzunehmen. Das führt nicht vom Heilsweg des Glaubens weg, sondern von seinem Außen in die Bedeutung hinein, die er für die menschliche Existenz besitzt. Dieser Prozeß erscheint von innen betrachtet wie ein Umweg; von außen gesehen schafft er aber die notwendige Bedingung dafür, in der Welt von heute mit dem Glaubensbekenntnis sprachfähig zu bleiben. In den Menschenrechten blitzt nicht einfach die Hoffnung des Glaubens auf, aber wird eine Erwartung greifbar, die nach dem Grund jener Hoffnung fragen läßt, für welche Christen eintreten. Menschenrechte mit den Mitteln der Theologie zu behandeln, gehört zur Rechenschaft von der Hoffnung, die den christlichen Glauben heute fragwürdig macht. Das folgt einem biblischen Gebot (1 Petr 3,15) wie einer sachlichen Notwendigkeit. Denn weder ist der christliche Glaube ein fragloser Selbstläufer unter den Menschen heute, noch sind die säkularen Fragen an ihn bloß von billiger Polemik bestimmt. Sie sind vielmehr für die, denen christlicher Glaube selbstverständlich erscheint, befremdlich. Aber befremdlich ist biblischer Glaube von sich her, weil er allen, die sich ihn zu eigen machen, den Abrahamsweg in die Fremde einbringt. Ohne Umkehr, so sagt die Ur-Tradition der Bibel und die sie tragende Frühkirche, gelingt kein Glauben an das Evangelium. Auf befremdliche Fragen überzeugend antworten zu wollen, sprengt die Selbstverständlichkeiten des Glaubens auf. Was man zu sagen gewohnt ist, reicht dann nicht mehr aus. Wer sich fremden Fragen stellt, bedarf neuer Versuche der Darstellung. Hier zeigt sich der Sinn jenes Sprunges nach vorn in der Sprache des Glaubens, den Johannes XXIII. schon bei seiner Eröffnungsrede des Konzils für notwendig erachtet hat.[2] Über den Glauben vor dem Außen seiner selbst Rechenschaft abzulegen, verlangt nach einer neuen Sprache über den Glauben. Sie muß diesem Problem und seiner Sache angemessen sein; wer sie zu sprechen lernt, setzt ein Zeichen des Glaubens in der eigenen Zeit.

Die Auseinandersetzung mit Menschenrechten ist sowohl ein Sprungbrett für diese Sprache des Glaubens wie die kritische Konfrontation mit einem Zeichen der Zeit. Warum sagt die christliche Tradition lange nichts über die Menschenrechte, und warum haben manche Glaubenseiferer sie sogar bekämpft? Warum können Repräsentanten der Kirche sie heute öffentlich übernehmen, ohne sich vor den eigenen Leuten unglaubwürdig zu machen? Solche Fragen nötigen zu einer Entdeckungsfahrt zu den Wahrheiten, die der Glaube benennen kann. Das ist ein mühseliges Abenteuer im doppelten Wortsinn. Es ist mühsam, weil man lernen muß, den Glauben im Außen

---

[2] In: Ludwig Kaufmann/Nikolaus Klein, Johannes XXIII. Prophetie im Vermächtnis. Fribourg/Brig: Exodus, 1990, S. 136, Sp. 225ff.

seiner selbst zu buchstabieren. Aber das kann selig machen, weil diese Buchstaben Hinweise auf ungeahnte Möglichkeiten der eigenen Sache geben. Umgehen läßt sich meines Erachtens dieses geistige Abenteuer aber nicht - es sei denn man begnügt sich, wenn man den Schätzen des Glaubens nachspürt, mit dem Treibgut am Strand.

Menschenrechte und christlicher Glaube haben eine Beziehung aus Nähe und Distanz. Der Schlüssel zu ihrem Verhältnis liegt in der Differenz zwischen beiden. Eine solche formale Perspektive hat Michel Foucault das 'Denken des Außen' genannt. Seine Regel ist "die der Äußerlichkeit. Man muß nicht vom Diskurs in seinen inneren und verborgenen Kern eindringen, in die Mitte eines Denkens oder einer Bedeutung, die sich in ihm manifestieren. Sondern vom Diskurs aus, von seiner Erscheinung und seiner Regelhaftigkeit aus, muß man auf seine äußeren Möglichkeitsbedingungen zugehen; auf das, was der Zufallsreihe dieser Erscheinungen Raum gibt und ihre Grenzen fixiert."[3]

Wer einem Diskurs folgt, steht vor der Alternative, ihn von sich selbst her zur Sprache zu bringen, oder ihn von dem her zu benennen, was er gerade nicht ist oder auch nicht sein kann. In einem hermeneutischen Verfahren folgt man stets beidem, aber mit einem Schwerpunkt auf das Innen eines Diskurses. Was will der Glaube wirklich sagen? Welche Aussagen treffen die Menschenrechte tatsächlich über die Praxis der Menschen miteinander? Aber man kann auch den Sinn eines Gedankens von dem her aufspüren, was sein Außen bedeutet. Findet der Glaube auch jenseits seiner Selbstverständlichkeiten eine Sprache? Gegen welche Gegebenheiten setzen sich Menschenrechte zur Wehr? Ich werde hier nicht dem jeweiligen Innen des Menschenrechts- und des Glaubensdiskurses folgen, sondern ihrer Bedeutung im Außen nachgehen. Das fragt nach der Repräsentanz dessen, was für beide Diskurse bedeutsam ist, weil es ihnen gegenübersteht. Man wendet sich dabei gewissermaßen den Leerstellen des Sagbaren in diesen Diskursen zu. Diese Leerstellen haben eine Schnittmenge - die Menschenwürde.

---

[3] Michel Foucault, Die Ordnung des Diskurses. Aus dem Französischen von Walter Seitter. Mit einem Essay von Walter Konersmann. Erweiterte Ausgabe. Frankfurt: Fischer, 1991, S. 35. Vgl. auch ders.: Von der Subversion des Wissens. Hg. und aus dem Französischen und Italienischen übertragen von Walter Seitter. Frankfurt: Fischer, 1987, S. 46-65.

Sie hat zu den Menschenrechten wie zum Glauben eine Herkunftsbeziehung. Sie ist in beiden anwesend und von beiden nur im Aussen ihrer selbst zu fassen. Die Menschenrechte setzen sie voraus und sehen in ihr eine nicht weiter begründbare und doch für alle verbindliche Größe. Der Glaube hebt sie als Mitte menschlicher Existenz heraus, aber bestimmt sie von Gott her, dessen Wort in dieser Würde zur Sprache kommt. Bei beiden Diskursen ist die Menschenwürde eine äußere Größe, die ins Zentrum dessen führt, was sie zur Sprache bringen wollen. Die Würde des Menschen läßt sich nicht einfach definieren, aber wird von den Menschenrechten wie vom Glauben als Problem präsentiert.[4] Um zu fassen, worin sie besteht, geben beide entscheidende Hinweise. Aber diese sind versteckt, lugen nur aus den Ritzen beider Diskurse heraus, und werden eher von dem gegeben, worin sich Rechtsideen und Glaubensvorstellungen an der Würde von Menschen schuldig gemacht haben. Das Verhältnis von Glauben und Menschenrechten kann über dieses Außen bestimmt werden.

Die Irrwege, die Verschlungenheit, auch die Zufälligkeit des Pfades ist für die Spur der Menschenrechte kennzeichnend, auf die sich die Christen spätestens in diesem Jahrhundert begeben haben und in der sie heute das Heil ihres Glaubens in der Öffentlichkeit suchen.[5] Wer dagegen aus der verschlungenen Spur der Menschen-

---

[4] Vgl. Franz Josef Wetz, Die Würde der Menschen ist antastbar. Eine Provokation. Stuttgart: Klett-Cotta, 1998, Ernst-Wolfgang Böckenförde/Robert Spaemann, Menschenrechte und Menschenwürde. Stuttgart: Klett-Cotta, 1987, bes. die Beiträge von Spaemann S. 295-313 und Tischner S. 317-326. Man vgl. auch den immer noch lesenswerten Aufsatz von Karl Rahner: Würde und Freiheit des Menschen. Schriften zur Theologie 2, Einsiedeln: Benziger, 1954, S. 247-278, bes. S. 254f. Einen Diskurs der Menschenwürde an einem konkreten Humanitätsproblem bietet Klaus Barwig/ Dietmar Mieth (Hg.), Migration und Menschenwürde. Fakten, Analysen und ethische Kriterien. Mainz: Grünewald, 1987. - Johannes Paul II. hat in seiner pontifikalen Eröffnungsenzyklika sogar das Evangelium über die Würde der Menschen definiert und den Ort der Kirche in der Welt von heute darüber bestimmt: "Dieses tiefe Staunen über den Wert und die Würde des Menschen nennt sich Evangelium, Frohe Botschaft. Dieses Staunen rechtfertigt die Sendung der Kirche in der Welt, auch und vielleicht vor allem 'in der Welt von heute'." (Enzyklika Redemptor Hominis. 4. März 1979. Hg. vom Sekretariat der Deutschen Bischofskonferenz. Bonn 1979, Verlautbarungen des Apostolischen Stuhls 6, Nr. 10, S. 19)

[5] Für einen guten Einblick in die lehramtliche Behandlung des Menschenrechtsthemas vgl. Konrad Hilpert, Die Menschenrechte. Geschichte-Theologie-Aktualität. Düsseldorf: Patmos, 1991, S. 138-173; für eine ausführliche Auflistung vgl. Gertraud Putz, Christentum und Menschenrechte. Innsbruck: Tyrolia, 1991 (Internationales Forschungszentrum Salzburg NF 40), S. 72-281; für neuere Perspektiven aus dem Bereich katholischer Soziallehre vgl.: Menschenrechte. Jahrbuch für christliche Sozialwissenschaften Bd. 39. Hg. v. Institut für christliche Sozialwissenschaften. Münster:

rechte in der Glaubensdarstellung eine breit angelegte Autobahn machen will, betreibt eine Apologetik des Glaubens, die bestenfalls unglaubwürdig ist. Und in der Geschwindigkeit, zu welcher eine so gebaute Straße einlädt, wird vorüberhuschen, ehe man es wahrnimmt, wie die Bestimmung der Menschenrechte ein Sprechen von Gott ermöglicht. Das zu begreifen, ist aber das Ziel dieses Buches und bestimmt die Logik seines Ansatzes. Es will den Glauben im Zeichen der Menschenrechte benennen und die Menschenrechte im Zeichen des Glaubens erfassen. Der eine Pol ist jeweils ein partikularer Ort für die universale Perspektive des anderen. In dieser Differenz wird sich eine Sprache abzeichnen, um Gott in der Welt von heute namhaft zu machen.

Menschen sind mehr als der Untergang, der ihnen droht und den sie einander bereiten. Der *homo homini lupus* ist nicht das Integral menschlicher Existenz, so kennzeichend er auch für unsere Spezies ist. Das zeigen vor allem die Opfer der Wolfsexistenz des Menschen auf. Sie repräsentieren mehr als ihren Untergang - schlicht und einfach die Mahnung vor der Gewalt, der sie zum Opfer gefallen sind. Wer an einer Alternative zur Gewalt unter Menschen arbeitet, kann auf diese Opfer zählen und hat in ihrer Zahl ein wichtiges Argument. Sich auf Seiten bedrohter Menschen zu stellen, auch wenn sie in der Gewalt der anderen untergehen können, ist ein entscheidendes Merkmal der Menschenrechte. Sie markieren mögliche Handlungen, um gegen die Realität menschlicher Gewaltexzesse an dem festzuhalten, was der Glaube die Ebenbildlichkeit Gottes nennt. In den Menschenrechten findet sich folglich ein Glaube an den Menschen gegen seine Wolfsexistenz. Sie widerstehen der Gewalt derer, die Menschen zu den Opfern der Geschichte machen, und glauben an die Macht von Menschen, das gesellschaft-

---

Regensberg, 1998; für das Alternativkonzept einer 'advokatorischen Ethik' vgl. Walter Lesch, Universale Menschenrechte oder Kulturrelativismus? Sozialethik und die Menschenrechtspolitik. In: Widerspruch 35 (1998), S. 206-215; für das Problem der Universalisierbarkeit vgl. Thomas Hoppe, Menschenrechte als Basis eines Weltethos? In: Marianne Heimbach-Steins (Hg.): Brennpunkt Sozialethik. Theorien, Aufgaben, Methoden. FS für Franz Furger. Freiburg: Herder, 1995, S. 319-333, Hans Maier, Wie universal sind die Menschenschenrechte? Freiburg: Herder, 1997, sowie auch Jens Hinkmann: Philosophische Argumente für und wider die Universalität der Menschenrechte. Marburg: Tectum, 1996; für das Menschenrechtsthema in der protestantischen Theologie und Kirche vgl. das Standardwerk Wolfgang Huber/Heinz Eduard Tödt, Menschenrechte. Perspektiven einer menschlichen Welt. 3. Auflage. München: Kaiser, 1988. Zum Problemkreis Menschenrechte in der Kirche vgl. Norbert Brieskorn, Menschenrechte und Kirche. In: Stimmen der Zeit 217 (1999), S. 3-14, bes. S. 9-14.

liche Wolfsrudel verlassen zu können und den in uns hausenden Blutdurst zu überwinden. An letzterem setzt der christliche Glaube an. Er bringt zur Sprache, daß und wie Menschen ihre Wolfsexistenz bekämpfen können: durch die Umkehr von der eigenen Gewaltbereitschaft und die Überwindung von Sünde in jedem und jeder von uns. Der Pfad dieser Umkehr ist die Liebe, und sie ist alles andere als der schöne Schein netter Freundlichkeit; sie hat eschatologische Qualität und stellt Menschen vor die Entscheidung über das Kommen des Lebens wider den Tod. Der Glaube thematisiert mit seiner Botschaft Wege zur Erlösung aus der Selbst- und Fremdknechtung durch die Gewalt, die unter uns herrscht.

Beide, Menschenrechte und christlicher Glaube, setzen insofern an der Würde der Menschen an, “Nein!“ sagen zu können, zum Wolf der anderen zu werden. Der Glaube zielt dabei auf den Widerstand gegen die eigene Gewalt, die zum Opfer der anderen führt. Er hofft auf Gott als jene Macht, welche Menschen diesen Widerstand bei sich selbst ermöglicht und auch gegen den Unglauben der anderen durchhalten läßt. Menschenrechte setzen auf die Vernunft als jener Macht, die Menschen die Gefahr der Gewalt gegen andere erkennen läßt und die einem irrationalem Zerstörungswillen wehrt. Ein Diskurs über die Menschenrechte in der Theologie steht daher in einer Innen-Außen-Konstellation, die für die Moderne kennzeichnend ist: der Differenz von Glauben und Wissen, von Bekenntnis und Vernunft, von Hoffnung und Erkennen, von Offenbarung und Wissenschaft. Diese Differenz stellt die Theologie vor die Aufklärungsfrage in einem pragmatischen Kontext. Sind die Menschenrechte ein realer Ausgang der Menschen aus der selbstverschuldeten Unmündigkeit der Gewalt aneinander? Treibt die Botschaft des Glaubens die Menschen tiefer in diese Unmündigkeit hinein oder bedeutet er eine Befreiung aus ihren Klauen? Gibt es eine Vernunft des Glaubens, die durch die Menschenrechte zu entdecken wäre? Findet sich bei den Menschenrechten ein Glaube, der auf die Vernunft ihrer Praxis bauen ließe? Welche Praxis findet sich in der kirchlichen Darstellung des Glaubens angesichts der Ohnmacht vor der Gewalt der Menschen?

Durch die Menschenrechte werden Christen in eine Entscheidungssituation gestellt. Auf wessen Seite stehen sie: jener Menschen, die um ihre Existenz fürchten müssen, oder jener, die andere zu Opfern ihrer Gewalt machen wollen? Hält die Darstellung des Glaubens eine Option für die ersten auch dann durch, wenn sie nicht zu seinen Bekennern gehören und ihm gar ablehnend gegenüberstehen? Nimmt er auch dann in der Pflicht, wenn die Gewalttätigen zu seinem Klientel gehören und ihre Aktionen mit seiner Wahrheit begründen wollen? Gilt die Anerkennung der Menschenrechte nur im Außen der Kirche, oder ist sie auch selbst eine Adressatin der eigenen Botschaft über die Würde jedes Menschen?

Das sind schwerwiegende Fragen für die Darstellung des Glaubens in der Gegenwart. An ihnen entscheidet sich, ob er in den Auseinandersetzungen der Gegenwart eine eigene Stimme hat, die sich nicht nur in Gestalt von Repräsentanten der Kirche zu Wort meldet, sondern auch Gehör unter den Menschen von heute finden wird. Daran entscheidet sich, ob sich Menschen zur Kirche wenden, wenn sie um die Anerkennung ihrer Würde in der Gesellschaft und gegenüber dem Staat ringen müssen. Der Glaube bietet nach der Überzeugung der Christinnen und Christen eine solche Basis. Doch ob diese Überzeugung auch praktisches Gewicht beweisen kann, das ist hier die entscheidende Frage. Denn Menschenrechte markieren Handlungsfragen von überlebenswichtigem Charakter; sie sind an der Differenz von Leben und Tod angesiedelt. Solchen Herausforderungen hat sich die Kirche stets gestellt, aber seit dem II. Vatikanum hat sie dafür eine lehramtliche Plattform mit höchster Autorität, die sich ausdrücklich dem Nachweis der Bedeutung des Glaubens für das Überleben der Menschen heute widmet. Die Thematik der Menschenrechte bringt folglich eine Rückfrage an das Konzil, worin es Kirche und Theologie menschenrechtsfähig macht. Womöglich führen die Menschenrechte zu einem Diskurs, der es aus dem Dornröschenschlaf seiner Rezeption in der Theologie der Gegenwart befreit.

Das II. Vatikanum glaubt an den Menschen aufgrund der göttlichen Berufung, die wie ein Same zu einem Heilsweg in ihn eingesenkt ist.[6] Es setzt darauf, daß Menschen ihre Wolfsexistenz dieses Jahrhunderts überschreiten können. Seine Positionen zur Würde der Menschen und zu den Rechten, die sie bereits von sich her besitzen, ist deshalb ein Ort der Theologie, um den Menschenrechten zu begegnen. Das Konzil zeigt aber gerade auch jenes Problem der theologischen Tradition, das mit den Menschenrechten von sich selbst her verbunden ist: die *Religionsfreiheit*. Sie ist das Menschenrecht, dem sich das II. Vatikanum fast bis zur Selbstaufgabe gestellt

---

[6] II. Vatikanisches Konzil, Pastoralkonstitution Die Kirche in der Welt von heute *Gaudium et spes*. In: Karl Rahner/Herbert Vorgrimler (Hg.), Kleines Konzilskompendium. 16. Auflage. Freiburg: Herder, 1982, Nr. 1, Nr. 3, S. 450.

hat.[7] Die Auseinandersetzung um die Religionsfreiheit auf diesem Konzil zeigt, daß Menschenrechte keine kirchlichen Selbstläufer sind und die Kirche in innere Differenzen führen. Auf dem Konzil war ihre Anerkennung geradezu eine Aktion, welche für alle sichtbar Differenzen in der Kirche freilegte. Denn schließlich wurde die Religionsfreiheit während der Neuzeit in der Regel gegen die Kirche gesellschaftlich durchgesetzt. Ohne Umkehr von liebgewordenen Selbstverständlichkeiten war deshalb die Religionsfreiheit vom Konzil nicht zu behandeln. Aber genau die Anerkennung, daß die Religionsfreiheit als Menschenrecht für den eigenen Glauben bedeutsam ist, macht es den Katholiken heute möglich, sich gegen die Menschenrechtsverbrechen auch über die eigene Gemeinschaft hinaus vernehmbar zu Wort zu melden.

Das Beispiel des Konzils legt den Finger auf einen wunden Punkt im Verhältnis von Glauben und Menschenrechten. Menschenrechte bringen für den Glauben das Problem der Religionsfreiheit im Sinne der Freiheit von der Religion mit sich, und umgekehrt bedeutet der Glaube für die Menschenrechte das Problem der Freiheit zur Religion. Unter Menschenrechtsgesichtspunkten kann Glauben nicht verordnet werden, und zwar niemandem, zu keiner Zeit und unter keinen Umständen. Das ist jedoch zunächst nicht das Interesse von Glaubensgemeinschaften, die möglichst alle Menschen, für alle Zeiten und unter allen Umständen zum Bekenntnis des eigenen Glaubens bringen wollen. In der Religionsfreiheit kann es deshalb zu einem Gegensatz zwischen dem Menschenrecht auf Freiheit von der Religion und dem Bekenntnis des Glaubens kommen; es ist sogar die Regel in der Religionsgeschichte. Hier äußert sich eine für den Glauben sehr bezeichnende und tief dringende Fragestellung: Gerade das, was ihn menschenrechtsfähig macht, wird zu einem öffentlichen Problem seiner Existenz. Hier zeigt sich das Strukturproblem für die Menschenrechtsfähigkeit des Glaubens: die Differenz von Individuum und Gemeinschaft. Diese Differenz ist das zentrale Sprachproblem im Glaubens-, aber auch im Menschenrechtsdiskurs.

---

[7] Die Absetzung des Schemas über die Religionsfreiheit löste die sog. Novemberkrise in der dritten Sessio des Konzils 1964 aus und brachte 441 Unterschriften unter einen Protestbrief an den Papst; als kurze Hinführung vgl. Guiseppe Alberigo (Hg.), Geschichte der Konzilien. Vom Nicaenum bis zum Vaticanum II. Düsseldorf: Patmos, 1993, S. 455f.

Der Gemeinschaft der Gläubigen geht es um die rechte Sprache für das Bekenntnis des Glaubens, aber für das Individuum stellt sich die Frage nach dem Recht auf freie Ausübung von Religion. Gerade das Sprachproblem des Glaubens führt zur Menschenrechtsfrage. Es gibt den Glauben als gesellschaftlich-gemeinschaftliche Größe nur, wenn er zur Sprache kommt. Und es gibt die Identität des Individuums nur, wenn es sich vor den anderen zu Wort melden kann. Die Differenz von Individuum und Gemeinschaft im Glauben ist von dieser sprachlichen Differenz tief bestimmt. Es gibt ein Recht auf abweichende Meinung in Sachen Religion, weil im Bekenntnis dessen, was jemand für wahr und richtig hält, die Identität dieser Person offenbar und verletzbar wird. Ihr die Möglichkeit für dieses Bekenntnis zu nehmen, tastet die Identität an und ist eine Verletzung der Unverfügbarkeit ihrer Existenz. Aber es gibt auch ein Recht von Gemeinschaften, dem Irrtum im Bekenntnis ihres Glaubens zu wehren. Denn das gemeinschaftliche Bekenntnis ist eine Identitätsfrage für diejenigen, die diese Gemeinschaft bilden. Die abweichende Meinung ist eine potentielle Bedrohung der Gemeinschaft, die durch sie in solche Spaltungen geführt werden kann, daß sie ihre Identität nicht mehr klar zu benennen vermag. Dann gibt es sie als amorphe Masse, aber nicht als eine Gemeinschaft, die als sie selbst handlungsfähig ist. Von der Glaubensgemeinschaft her gesehen stellt sich die Frage, wieviel Recht auf Religionsfreiheit und damit eigenständiges Bekenntnis von Individuen sie verträgt. Von Seiten der Individuen stellt sich die Frage, wieviel Recht auf Religionsfreiheit sie benötigen. Hier gibt es keine klare, von jeher und für alle Zeiten feste Grenze. Sie ist vielmehr umkämpft oder zumindest in ständigem Fluß. Ohne eine Grenzziehung bricht das fragile Gebilde des Bekenntnisses des Glaubens als ein identitätsstiftender Ausdruck zusammen. Aber ohne den Fluß dieser Grenze bricht es ebenfalls zusammen. Von daher ist die Religionsfreiheit ein in jeder Hinsicht neuralgischer Punkt für die Darstellung des Glaubens.

Aber es gibt das Machtproblem in der Differenz von Individuen und Gemeinschaft auch für die Menschenrechte. Sie stehen vor einer formal gleichen sprachlichen Differenz. Denn zum einen markieren sie Bereiche, in denen die staatlich strukturierte Gemeinschaft keinen Zutritt, Zugang und vor allem Zugriff auf ihre einzelnen Mitglieder hat, zum anderen aber sind diese Bereiche erst konstituiert, wenn sie vor allen auch als solche benannt werden. So hat jede Person das Menschenrecht auf Privatsphäre, doch wird sie das erst einklagen können, wenn es im Staat die Bühne gibt, das auch zu tun. Im Fall der Religionsfreiheit verschärft sich die Frage dadurch, daß hier die Identität der eigenen Existenz berührt ist. Ohne erklärte Absicht einer staatlichen Gemeinschaft, dieser Identität den Bekenntnisraum zu lassen, den sie benötigt, wird jedes Bekenntnis, das die Selbstverständlichkeiten der Identität eines Staates antastet, zu einer Widerstandsaktion gegen den Staat, die im Nu über die Grenze zur Gewalt gehen kann. Von daher ist es im Interesse der Individuen, daß die Menschenrechte erklärtermaßen eine staatliche Präsenz bekommen, und zugleich im Interesse der staatlichen Mächte, daß diese Erklärung keine Alternative zur Ordnung der Dinge in dieser Gemeinschaft eröffnet. Wieviel Menschenrechte verträgt also die Manifestation staatlicher Macht - und wieviel Menschenrechte als Basis gesellschaftlicher Alternativen benötigt das Individuum? Auch diese Grenze ist umkämpft und wird im Fluß bleiben.

In der Darstellung des Glaubens wie im Problem der Menschenrechte gibt es jeweils die Spannung von Macht und Ohnmacht. Wenn ein Glaubensdiskurs über die Religionsfreiheit mit der Aufmerksamkeit auf diese Differenz geführt wird, dann entsteht für die Theologie eine Plattform, die universale Bedeutung der Menschenrechte zu benennen. In der Verteidigung der Menschenrechte und im Bekenntnis des Glaubens wird die Macht und die Ohnmacht von Menschen in eine solche Differenz gesetzt, die der Ohnmacht Bedeutung vor der Macht gibt. Entlang dieser Differenz können nun jene Begriffe geklärt werden, mit denen sich christlicher Glaube im Zeichen der Menschenrechte begreifen läßt.

A. BEGRIFFLICHE GRUNDLAGEN

Begriffe stecken Rahmen ab. Sie sind kein Selbstzweck, in dem man sich verlieren darf, aber Orientierungsmarken, um deren Präzision man sich kümmern muß. In diesem ersten Teil geht es um solche Orientierungsmarken. Was sind Menschenrechte? Was ist die Freiheit des Glaubens? Hier sollen beider Merkmale erschlossen werden, in denen sich soziale und existentielle Probleme niederschlagen und die ohne Begriffsanalysen überhaupt nicht benannt werden können. Es geht darum, sprachfähig vor dem zu werden, was Menschenrechte und Glaube repräsentieren.

I. Die Einsicht der Menschenrechte
Zeichen der Gefährdung menschlicher Existenz

Es gibt die Darstellung der Menschenrechte, weil diese mit Füßen getreten werden. Sonst müßte man gar nicht über sie reden, sonst wären sie selbstverständlich, sonst wären sie eine nicht weiter erwähnenswerte Größe. Das Grundgesetz der Bundesrepublik Deutschland ist dafür das beste Beispiel. Der Absatz (1) des Artikels 1 dieser Verfassung lautet: "Die Würde des Menschen ist unantastbar. Sie zu achten und zu schützen ist Verpflichtung aller staatlichen Gewalt." Erarbeitet wurde diese Position 1949. Sie basiert auf der Erfahrung des Tausendjährigen Reiches von 1933 bis 1945. Dort war es gang und gäbe, daß die Würde des Menschen angetastet wurde. In Kenntnis der Nazi-Diktatur und aus der Erfahrung ihrer Gewalt hat man den neuen deutschen Staat an diesen Absatz verschrieben. Er darf nicht verändert werden, wie dieses Grundgesetz der Bundesrepublik selbst bestimmt (in Art. 79 Abs. 3).

Gerade weil die Menschenwürde angetastet wird, ist sie ein konstitutives Thema für eine Gesellschaft, die wegen dieser Gewalt am Abgrund steht. Das ist die deutsche Erfahrung des 20. Jahrhunderts gewesen. Erst die Proklamation der Menschenrechte als Prinzipien ihres eigenen staatlichen Lebens hat es den Deutschen ermöglicht, einen Neuanfang von den Völkern Europas und mittlerweile der Welt gewährt zu bekommen. Menschenrechte werden nicht beschrieben, weil sie einfach vorliegen und deshalb nur darauf hingewiesen werden muß. Sie werden beschrieben, weil sie der Durchsetzung harren und deshalb auf ihre Verletzung hingewiesen werden muß. Was gesagt wird, wenn man die Menschenrechte zum Thema macht, läßt sich überhaupt nur von dem Gegenteil dessen her verstehen, was in ihnen benannt wird. Menschenrechte sind keine gegenständlichen Größen und keine literarischen Vorlagen. Sie sind pragmatische Gebilde, die sich erst erschließen, wenn sie als gesellschaftliche Handlungen präsentiert werden. Menschenrechte bedeuten Aktionen gegen das, wovon sie sich abwenden. Ohne diese Aktion läßt sich gar nichts über sie sagen, was an das rührt, weshalb sie so bedeutsam sind. Die "unverletztlichen und unveräußerlichen Menschenrechte", wovon der 2. Absatz des ersten Artikels des Grundgesetzes spricht, beschreiben im anderen ihrer selbst Gefahren, die vom Menschen für den Menschen ausgehen. Das Gegenteil dessen, worauf die Menschenrechte zielen, konstituiert ihre Darstellung. Was sie sind, wird von dem her überhaupt erst ein Thema, was sie gerade nicht besagen und gegen das sie sich stemmen.

Wer sich mit Menschenrechten befassen will, steht daher vor der Gewalt, die das zerstört, was sie beschreiben: die freie Entfaltung des einzelnen Menschen oder die solidarische Menschwerdung der Menschen. Menschenrechte gibt es nicht jenseits der Erfahrung von Gewalt, die Menschen einander antun. Sie haben es mit der Macht von Menschen zu tun, die daraus entsteht, daß Menschen zur Gewalt greifen oder der Gewalt wehren. Die Aktion, die Menschenrechte bedeutet, markiert Gewalt und zugleich den Widerstand gegen sie. Sie entsteht aus der Differenz von Macht und Ohnmacht. Menschenrechte sind die gesellschaftlichen Zeichen dieser Differenz; sie entstehen aus der Erfahrung der Ohnmacht vor der Macht der Gewalt, und sie verkörpern die Macht dieser Ohnmacht, sich gegen die Gewalt zu verwahren.

1) Die Existenz von Rechten - eine Geschichte der Macht

Menschenrechte markieren Rechte. Das steckt schon im Wort. Sie beziehen sich darauf, was Rechte sind. Aber sie eröffnen auf die Rechte eine Perspektive, die diese zunächst einmal so nicht haben: die Perspektive der Menschen von den Menschen selbst her. Rechte haben es von Hause aus mit Herrschaft zu tun, also mit dem, wie

Menschen andere Menschen bestimmen können. Das ist auch eine Perspektive auf Menschen, aber eine über Menschen und nicht von ihnen her. In den Menschenrechten werden Rechte von dem her besprochen, was über sie von den Menschen her zu sagen ist, die von ihnen betroffen sind. Das bricht die Logik des Rechts auf und stellt sich ihr unter bestimmten Umständen in den Weg. Aber es überschreitet diese Logik auf das hin, wofür es Rechte überhaupt gibt und worauf sie von ihrer ganzen Anlage hin zielen.[8]

Bei Rechten geht es um Macht. Sie strukturieren menschliche Zusammenhänge auf jene Macht hin, die entsteht, wenn Menschen vor anderen Menschen eine Repräsentanz ihrer Existenz aufführen. Das begleitet die Rechtsgeschichte, so wie wir sie kennen. In ihr schlägt sich die historische Entwicklung menschlicher Gemeinschaft nieder; sie ist eine Quelle für die Einsicht in die tatsächlichen Verhältnisse, die unter Menschen geherrscht haben. Das Recht ist geschichtsträchtig im Sinne der Offenbarung jener Mächte und Gewalten, die um die Herrschaft in einer Gemeinschaft gestritten haben. In der Regel sind Rechtssammlungen deshalb auch mit den Namen von Machtgestalten in der Geschichte eines Volkes verbunden. Das 'Gesetz des Mose' bildet davon keine Ausnahme, sondern ist ein Beispiel für die Regel. 'Mose' steht hier für die Macht, die dieses Volk strukturiert und die sich auf Jahwe, auf die Offenbarung Gottes selbst, zurückführt. Der Verweis auf Mose verbindet den Gesetzesakt vom Sinai mit dem alltäglichen Zusammenleben, das mit den Rechtssammlungen der ersten fünf Bücher Mose geregelt wird. Ohne die Macht dieses Verweises fehlt den rechtlichen Festlegungen der Thora etwas Entscheidendes: die Durchsetzungs-

---

[8] Wegen der Überschreitungskraft der Menschenrechte gehe ich hier den Diskursen über das Problem ihrer Begründung nicht nach. Jede Begründungsstrategie wird strukturell zwangsläufig Menschenrechte in den Rahmen anderer übergeordneter Ordnungen von Diskursen setzen, wie Otfried Höffe mit den Ideen vom "transzendentalen Interesse und dem transzendentalen Tausch" (Menschenrechte: europäischer Kulturexport oder universales Ethos? In: Mariano Delgado / Matthias Lutz-Bachmann (Hg.), Herausforderung Europa. Wege zu einer europäischen Identität. München: Beck, 1995, 114-131, 131). Oder man wird sie durch die Vermittlung anderer Diskursordnungen bestimmen, wie Walter Lesch mit der Idee einer "Brückenfunktion zwischen Recht und Moral" (Universale Menschenrechte a.a.O. [s. Fn. 5], S. 208). Sowohl die Suche nach möglichen philosophischen Begründungen für die Universalisierbarkeit des historisch partikularen Menschenrechtsethos wie die Hermeneutik der kulturellen Verbindungskraft der Menschenrechtsidee haben ihre intellektuelle Berechtigung, ersetzen aber nicht die Analyse der Machtkonstellation, die mit den Menschenrechten zur Sprache kommt. Diese Machtperspektive legt das Sprachproblem frei, das für mich im Vordergrund der Betrachtung steht.

fähigkeit. Sie ist für Rechte unverzichtbar. Das schönste Recht bedeutet gar nichts, wenn niemand es schafft, das eigene Recht auch zu bekommen. Umgekehrt sind daher Rechtssetzungen die besten Mittel, um eine Herrschaft auszuüben und einer Macht Anerkennung zu verschaffen. Die Beziehung des Rechts zur Macht wird dabei über die Sprache vermittelt. An der Macht des Wortes hängt es, ob das Recht Anerkennung erwarten kann und die Herrschaft im Recht zur Aufführung gelangt.

Auf der Stele des Hammurabi, einer der ältesten Rechtssammlungen der Kulturgeschichte, wird der reformorientierte babylonische Herrscher (1728-1686 v. Chr.) dargestellt, wie ihm der Sonnengott selbst das Gesetz überreicht. Die Reformgesetze, die er einführte, basieren auf dem Grundsatz des Talion - nur soviel durfte an Gewalt zurückgefordert werden, wie man selbst erlitten hatte. Was uns auf den ersten Blick nur brutal erscheint, ist eine Begrenzung der Rache und eine wichtige Zivilisationsleistung. Denn der Sinn steht uns beim Zurückschlagen nach mehr an Gewalt, als wir erlitten haben. Unter dem Bild der göttlichen Übergabe des Gesetzeswerkes auf der Stele heißt es: "Der Geschädigte soll vor dieses Bild hintreten, die Inschrift lesen und ihre kostbaren Worte hören; sie soll ihm seine Sache klarmachen, damit er sein Recht findet."[9] Hier hat man bereits alle wesentlichen Elemente zusammen, um die Recht gestrickt wird: in ihm bildet der Herrscher seine Legitimation ab, seine Worte müssen einen großen Wert für andere haben, ihre Äußerungen wollen soziale Angelegenheiten von Menschen klären, in ihrer Präsentation müssen sich einzelne Menschen wiederfinden. Rechte haben objektive Bedeutung und subjektiven Sinn, politische Kraft und lebensgeschichtliche Anknüpfungen, gesellschaftlichen Charakter und existentielle Perspektive.

In der Rechtsgeschichte sedimentiert sich Herrschaftsgeschichte. Das römische Recht etwa besteht aus den Gesetzen, die von mythischen Gestalten, von wichtigen Konsulen und von Kaisern gesetzt wurden. In ihrem Namen werden sie zur Darstellung gebracht. Und nicht jeder kann sich einfach auf diese Rechte berufen. Vielmehr entstehen darum Institutionen, die sie deuten müssen: Priester, welche die Sybillinischen Sprüche befragen können, Rechtsgelehrte, welche die Sammlungen kennen, Richter, welche die Sprüche mit

---

[9] Egon Fridell, Kulturgeschichte Ägyptens und des Alten Orients. München: dtv, 1990, S. 259.

Handlungsfolgen zu Gehör bringen dürfen. Und nicht jeder kann dieses Recht einfach mit Erfolg präsentieren. Es bedurfte der Autorität des Kaiser Justinian, um 529-534 n. Chr. eine Sammlung - den Codex Iuris - bereitzustellen, der auch auf allgemeine Anerkennung hoffen konnte. Dieser Codex hat natürlich nicht einfach alles versammelt, was rechtlich zu haben war, sondern eine Auswahl getroffen, die in das Herrscherkalkül dieses Oströmers gepaßt hat; aber über dieses Kalkül hinaus hat die Sammlung gewirkt und über das Mittelalter auch noch die Neuzeit mit geprägt. Hieran zeigt sich, daß Recht zwar von der Macht der Herrschaft abhängt, aber über seinen sprachlichen Charakter diese Macht auch überschreitet. Der Zwang, das Recht zur Aufführung zu bringen, um damit eine Herrschaft darzustellen, ist zugleich das Einfallstor für alle Bestrebungen, diese Herrschaft über das Recht selbst zu zähmen.

Das zeigt sich besonders am mittelalterlichen Recht. Es steht im wesentlichen in der germanischen Rechtstradition des Spruchrechts, das der sozialen Gemeinschaft vom jeweiligen Herrscher gegeben wird und das heißt: in dessen Person sich das soziale Gefüge selbst zur Präsentation bringt. Der Herrscher war kein residierender Regent, sondern ein bewegliches Gebilde in seinem Reich. Dazu dienten im Frühmittelalter die Pfalzen, also Orte, an denen sich Herrscher wie Karl der Große zu bestimmten Zeiten aufzuhalten pflegten. Waren die Vorräte einer Pfalz nach einer bestimmter Zeit aufgebraucht, galt es, weiterzuziehen. Doch war das nicht nur eine Alimentierungsfrage, sondern ein Gebot dessen, was die Untertanen vom König erwarten konnten. "Seine persönliche Aufgabe war es, Friede und Recht in dem Reich zu schützen, nach außen und nach innen."[10] Seine Beweglichkeit bedeutete Macht; er war nicht auf die Nahrungsmittel nur eines bestimmten Gebietes angewiesen, sondern konnte überall im Herrschaftsbereich existieren. Das war die Voraussetzung, daß sein Recht herrschen konnte. Wo immer der König sich aufhielt, mußte er folglich Recht sprechen, d.h. er konnte eine jede Auseinandersetzung an sich ziehen und vor sich zur Entscheidung bringen. Über das Rechtsprechen übte er auf der anderen Seite seine Herrschaft im gesamten Reich aus - und war zugleich auf seine eigenen Entscheidungen festgelegt. Die Herrschaft, die er mit dem gesprochenen Recht sprachlich fixiert hatte, war über diesen Spruch zugleich selbst beschränkt. Das gilt für Rechts-

---

[10] Helmut Coing, Epochen der Rechtsgeschichte in Deutschland. 4. Auflage. München: Beck, 1981, S. 22.

entscheide generell. Eine Partei, die ein Verfahren anstrengte, war auf das festzulegen, was sie bei diesem Prozeß vor dem Richter gesagt hatte. Recht legte Personen vor anderen fest und legte andere vor diesen Personen fest. Je mehr sich die Kultur verschriftlichte, desto wichtiger wurde es, die getroffenen rechtlichen Sprüche zu fixieren. Karls Verordnungen, die *capitulare de villis*, manifestierten auf der einen Seite die Befugnis des Kaisers, jederzeit überall in seinem Reich Dinge zu regeln, gaben aber dann die Bühne ab, auf der die so geregelten Verhältnisse eingeklagt werden konnten. Aus diesem System bildet sich das mittelalterliche Kanzleiwesen aus, dessen Hauptleistung im Verlauf der Jahrhunderte ein sich stets weiter ausklügelndes System der Beurkundungen darstellt, also der Garantie der Authentizität des gesetzten Rechtes. Mit diesen Urkunden und ihrer Echtheit - oder der klugen Fälschung, man denke nur an die berühmte Konstantinische Schenkung, die das ganze Mittelalter politisch von Belang war und erst an seinem Ausgang vom Humanisten Nikolaus Cusanus als Fälschung entlarvt werden konnte - war ein wichtiger Zivilisationsprozeß eingeleitet. Das Recht wurde einsehbar und war nicht mehr auf die Unmittelbarkeit des Rechtsspruches festgelegt. Die Eide, die jemand vor den anderen für das Recht schwor und damit eine Sanktion auf sich beschwor, wenn er Unrechtes sagte, waren über die Schriftform abrufbar.

Wesentliche Charakterzüge des mittelalterlichen Rechtes starben mit der Zeit aus, wie die Ständeverpflichtung, also daß jemand nur von einem Angehörigen mindestens seines eigenen Standes gerichtet werden durfte, oder die Urteilsfindung über Gottesurteile, bei denen sich die Bedeutung der Präsentation des Rechts so sehr zeigt, daß die Sachfrage und Tatsachenfeststellung dahinter völlig zurücktritt. Wenn ein Adeliger in einem Zweikampf auf Ehre und Gewissen seinen Kontrahenten besiegte, den er vor die Schranken gefordert hatte, weil er ihm Unrecht vorwarf oder von ihm vorgeblich Unrecht erlitten hatte, dann war er im Recht, gleich was zuvor geschehen war. Wessen Wunden nach dem Gang über die glühenden Pflugscharen gut verheilten, war von der höheren Macht des Lebens gerechtfertigt und mußte damit schuldlos sein.[11] Denn wer Schuld auf sich geladen hatte, so dachte man damals, der konnte auch nicht des Heils der Heilung teilhaft werden. Auch wenn diese bruta-

[11] Vgl. Coing, Rechtsgeschichte, a.a.O., S. 27f.

len Verfahrensweisen des Rechts ausgemerzt wurden, die Macht der Sprache in Gestalt der Beschwörung der Wahrheit des Gesagten und der Verschriftlichung des gesetzten Entscheides blieb erhalten. Damit zeigt sich, daß über das Recht jemand mit seiner ganzen Existenz abrufbar ist und über den Inhalt des Rechtes argumentiert werden muß. Recht ist nicht einfach da, es muß mit der ganzen Existenz benannt und auch eingeklagt werden. Für diesen Identifikationsprozeß ist es auch da. Es zwingt zu tiefgehenden Auseinandersetzungen, und niemand kann einfach im vorhinein sagen, wie diese ausgehen. Es heißt nicht umsonst bis heute im Volksmund, daß man auf hoher See und vor Gericht allein in Gottes Hand ist. Wer vor die Schranken tritt, muß nicht unbedingt, auch wenn er sich im Recht fühlt und womöglich sogar im Recht ist, den sicheren Hafen eines Urteils erreichen, das ihn vor dem Sturm der Mächte bewahrt, die durch das Recht ins Leben eingreifen. Recht und Gerechtigkeit sind zweierlei; nicht selten gehen sie verschiedene Wege. Recht richtet sich an der Macht aus - und kann daher die Ohnmacht produzieren, ungerecht sanktioniert zu werden.

Um dies zu verhindern, werden die Differenzen im Recht zur Aufführung gebracht. Das ist die vielleicht wichtigste Entdeckung der Neuzeit auf diesem Gebiet. Die Moderne hat große Rechtssammlungen hervorgebracht wie den Code Civile des Napoleon, das Preußische Landrecht, das Bürgerliche Gesetzbuch, das im wesentlichen für alle, die es lesen, verstehbar sein muß und damit den prinzipiell öffentlichen Charakter des Rechtes herausstellt. Aber wichtiger als diese Sammlungen und Setzungen von Recht, die nur eine Anpassung des Rechts an die eigene Zeit und ihr Selbstverständnis verkörpern, sind die Verlaufsregeln, die während der Neuzeit für die Aufführung des Rechts eingeschliffen werden. Die Präsentation dessen, was recht ist, regeln Verfahren. In ihnen wird das Recht über die öffentliche Aufführung von Gegensätzen markiert. Jeder Beteiligte bekommt in diesen Verfahren eine klare Rolle, die er auch spielen muß, damit es rechtens zugeht. Das war auch schon im germanischen Thingwesen und im königlichen Gerichtstag angelegt, doch wird nun diese Perspektive auf die Strukturebene gehoben. Es kann nur Recht geben, wenn gegensätzliche Mächte vor einem Dritten mit Argumenten gegeneinander um das Recht ringen. Das ist die Gewaltenteilung im Staat und vor Gericht, die das Verfahren, Recht zu produzieren, ja ungeheuer erschwert und verkompliziert, aber einen entscheidenden Vorteil hat: Sie bietet fortlaufend Einfallstore für einen Diskurs der Gerechtigkeit.

Eine Bedingung der Möglichkeit für Gerechtigkeit ist dabei, daß in dieser Auseinandersetzung ein Gleichgewicht der Macht herrscht. Keine der Parteien darf bevorzugt werden; jede hat ihre eigenen Waffen und darf sie gegen die anderen einsetzen. Die wichtigste Aufgabe des Richters ist es, diese Auseinandersetzung zu ermöglichen und die Waffengleichheit zu garantieren. Er darf niemals für eine Seite Partei ergreifen, auch wenn ihm der Sinn nach den Argumenten etwa des Staatsanwaltes steht. Das schafft im Strafrecht ein lange geübtes Mittel der Untersuchung ab, an welches das europäische Mittelalter noch glaubte und zu dem heute die meisten Diktaturen immer noch greifen: die Folter. Auch sie arbeitet mit Sprache; ihr Ziel war, daß jemand eine Schuld gesteht und damit die eigenen Aussagen gegen ihn verwendet werden können. Und nur dann, wenn die Schuld gestanden wird, kann jemand schlußendlich verurteilt werden; mag auch die Faktenfeststellung gesichert sein, erst wenn aus dem Mund des Beklagten die Anerkennung der eigenen Verfehlung vorliegt, kann der Spruch sich gegen den Angeklagten wenden, ohne daß er die Richtenden selbst richtet. In diesem Rahmen herrscht natürlich große Ungleichheit und vor allem jede Möglichkeit der Manipulation.

Die Folter repräsentiert die Macht der Sprache in rechtlichen Dingen rein als gesprochenes Wort, nicht als Repräsentanz von Tatsachen. Sie hat rein symbolischen und keinen indexikalischen Wert.[12]

---

[12] Damit greife ich auf eine Unterscheidung zurück, die der modernen Semiotik zugrundeliegt und auf Charles S. Peirce zurückgeht. Ein Zeichen ist "alles, was etwas anderes (seinen Interpretanten) bestimmt, sich auf ein Objekt zu beziehen, auf das es sich selbst (als sein Objekt) auf die gleiche Weise bezieht, wodurch der Interpretant seinerseits zu einem Zeichen wird, und so weiter ad infinitum." (Semiotische Schriften. Hg. u. übers. v. Christian Kloesel und Helmut Pape. Bd. 1. Frankfurt: Suhrkamp, 1986, S. 375) Zeichen lassen sich in verschiedene Klassen unterteilen. Im Verhältnis zum Objekt arbeiten Zeichen als Ikon, Index und Symbol (vgl. den Text von Peirce in Dieter Mersch (Hg.), Zeichen über Zeichen. Texte zur Semiotik von Peirce bis Eco und Derrida. München: dtv, 1998, S. 37-56). Im Ikon ist das repräsentierte Objekt mit einer erfahrbaren Eigenschaft markiert, etwa das Foto des Paßinhabers. Im Index ist das Objekt durch eine Gegenüberstellung erkennbar, die es charakterisiert, etwa die Landkarte. Im Symbol wird es durch die Übereinkunft der an den Semiosen Beteiligten faßbar, etwa das Haltegebot der roten Ampel. - Bei der Folter wird der indexikalische Gehalt des Gesprochenen zum Vorwand. "Er hat es ja selbst gesagt!" begründet den Schuldspruch. Auf der ikonischen Ebene arbeitet die Folter mit der Gewalt, die dem Gefolterten als Täter vorgeworfen wird. Faktisch aber kommt es beim Foltern nur auf das Symbolische an: das Schuldbekenntnis als Freibrief, den Beschuldigten zum Opfer zu machen. Selbst wenn die ikonische Beziehung gar nicht und die indexikalische nur unzureichend gegeben waren, genügte bei dieser Rechtssprechung die symbolische Verbindung. Es ging nicht um Gerechtigkeit vor der realen Beziehung zwischen Tat und Beschuldigten, sondern um die Wiederherstellung der Macht einer Herrschaft,

Sie pervertiert die Macht der Sprache zu einem ohnmächtigen Schrei. Wer gesteht, um der Folter zu entgehen, tut dem Recht genüge, aber verliert im Folterdispositiv den Anspruch auf Gerechtigkeit. An der Folter wird aber zugleich deutlich, daß es Gerechtigkeit nicht ohne sprachlichen Widerstand geben kann. Gerechtigkeit ist an die Fähigkeit, "Nein!" zu sagen, gebunden. Die Neigung des Menschen, "Ja!" zu sagen, ist hingegen ein Anknüpfungspunkt für die Folter. Damit räumt das moderne Rechtswesen auf, auch wenn seine eigene Machtdemonstration damit eingeschränkt wird. Die beklagte Person darf nicht mehr zum Ja-Sagen gezwungen werden. Ihr wird Gelegenheit gegeben, die Differenz ihrer Sicht zu dem, was ihr vorgeworfen wird, offenkundig zu machen. Sie muß geradezu "Nein!" sagen oder wenigstens gar nichts sagen, wenn sie mit Schuldvorwürfen belegt wird. Entscheidend sind dann nicht mehr die Aussagen des Beklagten, sondern die Aufführung seiner Verstrickung vor aller Augen. Wer klagt, trägt folglich die Beweislast. Wer angeklagt wird, muß weder seine Unschuld beweisen noch seine Schuld bekennen. Er kann ganz und gar schweigen, er kann andere zu seinem Gunsten sprechen lassen, er kann die vorgetragenen Argumente gegen ihn angreifen, er kann sich in allen Punkten verteidigen, die für ihn sprechen, und alles übergehen, was gegen ihn spricht. Dem Angeklagten steht das Recht zu, "Nein!" zu sagen; er unterliegt nicht mehr der Pflicht, "Ja!" zu sagen. Deshalb ist aber auch das letzte Wort des Angeklagten rechtlich belanglos. Nicht sein Einsehen macht das Urteil gültig, sondern seine Chancen, sich gegen eine mögliche Ungerechtigkeit zu wehren. Auf der staatlichen Ebene der Gewaltenteilung ist das ganz ähnlich, worauf wir an anderer Stelle zurückkommen.

Das Recht zeigt hier seinen formalen Charakter; es ist im wesentlichen ein Verfahren. Das einzige, was Rechte verbessern kann, ist die Verfahrenstechnik der Rechtsfindung. Anders hat man im Recht keine Möglichkeit, die Lücke zur Gerechtigkeit zu füllen. Die innere Verbindung des Rechts zur Macht zeigt sich besonders in den Urteilen, die in den Rechtsverfahren gefunden werden. Sie sind Sprüche und dienen der Darstellung jener Macht, welche ihre Durchsetzung garantiert. Urteile werden stets im Namen des Souveräns ge-

---

die man durch die Tat insgesamt angetastet sah. Im modernen Indizienprozeß ist die semiotische Konstellation erweitert; hier geht es vorrangig um die indexikalische Konstellation. In dieser erweiterten Semiose liegt ein großer zivilisatorischer Fortschritt.

fällt, der hinter dem Recht steht und damit seine eigene Herrschaft demonstriert. Diese Namensnennung ist ein formales Kriterium des Urteils. Es ergeht im Namen des König, des Führers, des Volkes, etc. Die Sprache des Rechts ist eine Sprache der Macht. Wie jede Sprache kann sie gegen das verwendet werden, was tatsächlich der Fall ist und was gerecht ist. Im Namen des Königs wurde die politische Repräsentanz der Arbeiter im wilhelminischen Deutschland zerstört. Im Namen des Führers wurden von Nazideutschland Millionen unschuldiger Menschen in den Tod geschickt. Im Namen des Volkes wurden im SED-Deutschland Mauern mit Schießbefehlen errichtet und das Verlassen der eigenen Republik zum Straftatbestand.

Die Sprache der Macht, die das Recht spricht, hat aber eine gefährliche Seite für die Herrschaft selbst. Sie macht sie identifizierbar und damit angreifbar. Der sprachliche Gehalt des Rechts dokumentiert eine Machtgeschichte und legt zugleich eine Lebensspur über die Herrschaft hinaus, ohne die das Recht nicht zur Aufführung gelangt. Es hat wesentlich sozialen Charakter nach beiden Seiten hin: nach den Mächten und Gewalten, die das Gemeinwesen bestimmen, und nach dem Leben hin, das sich trotz dieser Gewalten und Mächte zum Vorschein bringt. Dieser soziale Charakter zeigt zugleich auf das innere Problem des Rechtes: die Individualität.

2) Die Repräsentanz von Individualität - eine Geschichte der Ohnmacht

Recht macht Herrschaft identifizierbar und spricht deshalb eine Sprache der Macht. Aber es gibt auch Recht, das jenseits von Herrschaft entsteht und eine andere Sprache spricht: das Gewohnheitsrecht. Es ist eine alte Rechtsinstanz, die sich von denen her bestimmt, die eine Gemeinschaft leben. Gewohnheitsrechte sind Basisrechte; sie werden von den Menschen geschaffen, die vor Ort miteinander leben. Sie werden von dem geprägt, wie Menschen miteinander umgehen. Gewohnheitsrechte entstehen aus sozialen Bezügen und gemeinsamen Aktionen. Sie zeugen von Lebensstrukturen und vor allem von Bedürfnissen des Alltags. Gerade die mittelalterliche Rechtsgeschichte zeugt davon. Viele der Rechte, um die es damals ging, beziehen sich auf das Land und seine Nutzung. Wer hat das Recht, über welchen Weg zu fahren, welche Tiere zu jagen, welche Felder zu bestellen? Nicht selten tritt der Fall ein, daß

Gewohnheitsrechte und Herrschaftsrechte einander widerstreiten. Davon ist beispielsweise das Jagdrecht markiert. Was die herrschaftliche Perspektive ‚Wildern' nennt, ist aus der Untertanenperspektive altes Recht der Nahrungsbeschaffung.

Mit dem Gewohnheitsrecht treten zwei Differenzen zu Tage, die mit dem Recht zur Sprache kommen: zum einen die gesellschaftlichen Mächte und Gewalten gegenüber den Individuen und zum anderen die Überlebensinteressen von Individuen gegenüber den Machtinteressen herrschender Kreise. Beiden wird im Recht eine Bühne gegeben, auf der sie zu Wort kommen. Nur die eine Seite, die Mächte und Gewalten, kann dies aufgrund ihrer Macht über die Bestimmung des Rechts tun; die andere Seite, die Individuen, kann dies durch die Bekundung ihrer Ohnmacht tun. Auf der Bühne des Rechts hat das Individuum zunächst einmal nichts zu sagen - es sei denn, es ist der Machthaber einer Gesellschaft, und auch dann kommt er nicht als Person, sondern als Repräsentant einer Gemeinschaft zu Wort. Rechte sind vorgegeben, selbst die Gewohnheitsrechte, die durch eine lange Zeit individuellen Verhaltens miteinander sedimentiert wurden. Der einzelne Mensch ist ein Fall für das Recht - es wird geprüft, in welcher Weise er vom Recht betroffen ist und unter welche Kodifizierungen seine Angelegenheit fällt. So stand es schon auf der Stele des Hammurabi: 'sie soll ihm seine Sache klarmachen, damit er sein Recht findet'. Die einzelne Person muß nach der Stelle suchen, an der ihr ganz persönlicher Fall steht und mit der ihre eigene Angelegenheit erfaßt werden kann. Aber sie muß sich diese Suche auch leisten können. Dafür sind Zeit und Mittel nötig, die ihr in der Subsistenzsicherung zunächst einmal fehlen. Bei beiden Dingen, der Subsistenzsicherung wie der Suche nach dem Ort für den eigenen Fall im Recht, ist sie zunächst einmal allein. Der/die Einzelne kann nicht darauf zählen, daß die Gemeinschaft ihr/ihm Mittel an die Hand gibt, beides unter einen Hut zu bekommen.

Daraus kann ein gefährlicher Teufelskreis entstehen: diejenigen, die es aufgrund ihrer prekären sozialen und finanziellen Lage am meisten nötig hätten, den Beistand der Gesellschaft für sich einzuklagen, sind genau aufgrund von Armut am wenigsten dazu in der Lage. Wer Bildung am nötigsten hat, um aus einer Elendssituation herauszukommen, hat es am schwersten, sie zu erhalten. Auf der Rechtsebene werden Strukturentscheidungen getroffen, die für die Subsistenzsicherung Bedeutung haben, aber diejenigen, deren Subsistenz am schwierigsten zu sichern ist, haben zumeist am wenigsten Einfluß darauf. Es ist schwer, vor anderen auf die eigene Not aufmerksam zu machen. Was jemanden bedrückt, macht sprachlos und läßt Scham aufkommen. Not macht einsam, allein der Erfolg hat viele Väter und Mütter; Not gehört einem allein, Erfolg wird schnell sozialisiert. Wer um das eigene Überleben ringen muß, ist ohnmächtig und erlebt das sehr hautnah. Es fehlt an Zeit, an Geld, an Wissen, zielsicher gegen Not vorzugehen und die anderen erfolgreich auf die eigene Not aufmerksam zu machen. In der Regel schauen die nämlich weg, weil sie befürchten, von der Ohnmacht angesteckt zu werden. Es gibt keine Religion, die nicht Almosengeben oder Barmherzigkeit zur Tugend erklärt hat; schon das allein belegt, daß selbst die einfachsten menschlichen Regungen vor dem Elend nicht selbstverständlich sind und eingeübt werden müssen. Solidarität ist eine Tugend, die erkämpft werden muß. Sie ist kein gesellschaftliches Naturgesetz. Ohnmacht bedeutet Einsamkeit, der Rückfall auf die Grenzen der eigenen Existenz und die Konfrontation mit ihrer Hilfsbedürftigkeit. Aufgeben ist dabei stets eine Alternative, aber in der Regel die denkbar schlechteste. Viel eher lautet die Maxime, dennoch irgendwie über die Runden zu kommen. Die Selbstmordraten sind daher in Slums weit geringer als in den Vierteln der Reichen.

Wird Ohnmacht zu einem Massenphänomen, entsteht ein Ort, an dem sich das individuelle Wehren gegen den Untergang zu einer gemeinschaftlichen Aktion verdichten kann. Aus dem Sisyphos wird ein Widerstandskämpfer. Die individuelle Gefährdung der Existenz bedarf der anderen, um die Ohnmacht zu einem Faktor menschlichen Miteinanders zu machen; allein ist sie dazu nicht in der Lage. Deshalb spielt die Sprache hier eine so große Rolle; sie ist die Bühne, das Einzelschicksal zum gesellschaftlichen Faktor zu machen. Hier kann die Signifikanz des Einzelfalls benannt werden. Die soziale und rechtliche Ohnmachtserfahrung wird durch die Sprache zu einem Faktor von Gemeinschaftsbildung. Sprache stellt die Chance bereit, daß das Elend von Menschen zu einem politischen Problem wächst. Sie stellt öffentliche Orte des Elends her, und dann wird die Differenz von Überlebens- und Herrschaftsinteressen zu einem Machtfaktor. Ohnmacht wird erst wahrgenommen, wenn sie sich so zu Gehör bringt, daß niemand mehr darüberhinweghören kann. Das ist aber erst nach langer Zeit der Fall und gelingt auch nicht immer. Wenn das Leben schwer wird, bleibt die Sprache weg.

Wer sich als Individuum vor den anderen darstellen will, muß sich buchstäblich zu Wort melden. Das aber ist nicht selbstverständlich. Deshalb hat Ohnmacht keine Sprache der Macht; sie ist vielmehr selbst ein Sprachproblem. Wer sich Gehör verschaffen will, braucht Kenntnisse und eine Logistik, sich solche Kenntnisse zu verschaffen. Ein Recht darauf hat in der Sicht der Herrschaft zunächst niemand. Die einzelne Person hat eben kein Recht, Recht vor anderen zu setzen. Sie ist an die Rechte gebunden, die in einem Gemeinwesen herrschen und die die Anhäufung gefährlichen Wissens zu verhindern suchen. Das Individuum ist Objekt der Macht, die im Recht benennbar ist. Insofern spielt die einzelne Person in der Regel den Part der Ohnmacht im Gefüge des Rechtes. Über sie wird durch Rechte verfügt, und sie muß sich in die Rechte fügen, die unter den Menschen herrschen, bei denen sie sich aufhält. Das gilt für die Familie wie die Kommune, den Volksverband wie die staatliche Gestalt. Wenn wir in ein fremdes Land fahren, sind wir auf die Rechte verwiesen und auch angewiesen, die dort herrschen. Es kann passieren, daß man wie der deutsche Geschäftsmann Jan Hofer im Iran wegen sexueller Beziehungen zum Tode verurteilt wird, die ein islamischer Fundamentalismus glaubt nicht akzeptieren zu dürfen, obgleich dafür in Deutschland weder Gefängnis noch gar Todesstrafe droht. In einem solchen Fall ist die Ausweisung durch den Gastgeberstaat geradezu ein Gnadenakt. Auch im eigenen Land werden wir nicht einfach zu Subjekten des Rechtes; wir können zwar die Parlamente wählen, doch einmal getan, werden wir auf Gedeih und Verderb von dem bestimmt, was diese an Recht setzen. Deshalb sind wir ja auch so an den politischen Dingen interessiert, die in der Öffentlichkeit passieren. Sie betreffen uns unmittelbar. Wir Deutsche sind als Volk der Souverän über die deutsche Gesellschaft, aber eben nur als Volk, nicht als Individuen. Gemeinsam sind wir bestimmend, als einzelne sind wir schwach. Wenn wir als einzelne die Gemeinschaft stärken, steht sie für uns ein; wenn einzelne Individuen von ihr etwas anmahnen, dann wird das nicht so selbstverständlich gewährt. Dann werden Kontrollen durchgeführt und die Subsumption des Einzelschicksals unter einen allgemeinen Fall wird vorgenommen. Der Macht der Gemeinschaft entspricht die Ohnmacht des Individuums, wenn man die Verhältnisse strukturell betrachtet.

Doch bedeutet die Ohnmacht der einzelnen Person nicht, daß sie nichts zu sagen hat. Sie setzt nicht das Recht, aber sie kann sich auf seiner Bühne zu Wort melden; oder diese Bühne macht offenkundig, daß jemand, weil er arm ist, sie nicht so leicht besetzen kann. Insofern ist stets interessant, wer auf dieser Bühne alles nicht zu

Wort kommt. Das ist für das Repräsentanzgewicht des Rechts weit entscheidender als die Existenz derer, die auf dieser Bühne spielen. Recht verlangt nach der Kritik seiner Verfahren. Ohne sie geraten die Individuen aus dem Blick. Die sprachliche Seite am Recht macht die Ohnmacht der Individuen zu einem gesellschaftlichen Faktor. Die Ohnmacht ist ein Sprachereignis - sowohl in der Form, daß sich ein Anliegen gegen die Macht zu Gehör bringt, als auch in der Form, daß es stumm gestellt wird. Die Sprachlosigkeit ist nicht einfach das Gegenteil von Sprache, sondern das andere ihres Ausdrucks. Die typische sprachliche Form der Ohnmacht ist die Frage, während die Macht sich über Antworten präsentiert. In einem Rechtszusammenhang wird nach Antworten gesucht. Doch reagieren Antworten auf Fragen, und darin liegt die Chance der Ohnmacht im Recht.

Das Recht gibt den einzelnen einen Ort, sich zu bekunden und auf die Eigenheit des eigenen Falles gegen die Rubrizierung unter eine übergeordnete Gemeinsamkeit hinzuweisen; zugleich verkörpert es eine abgeschottete Größe, deren Grenzen bei kritischer Nachfrage offenkundig werden. Weder führt die innere noch die äußere Kritik leichthin zum Erfolg - eher im Gegenteil -, aber diese Innen-Außen-Konstellation aufzumachen, ist ein eigenes Gefüge im Spiel der Macht. Die Ohnmacht des Individuums - sei es, weil es nicht gehört wird oder weil ihm überhaupt die Möglichkeiten fehlen, sich zu äußern - ist die Basis dieser Innen-Außen-Konstellation. Erst wenn man sie wahrnimmt, kann die Macht des Rechts transformiert werden und entwickelt sich die Ohnmacht der Einzelnen zu einer Macht.[13]

---

[13] Ein erfolgreiches Beispiel für diesen Zusammenhang kann ich aus eigener Erfahrung berichten: Als ich geheiratet habe, galt ein Namensrecht, das die Eheleute dazu zwang, einen gemeinsamen Ehenamen festzulegen. Man konnte die Individualität im Namen auch nach der Eheschließung nur noch dadurch markieren, daß man einen Doppelnamen führte. Wenn die Eheleute sich nicht auf einen gemeinsamen Namen einigen konnten, dann fällte der Standesbeamte die Entscheidung und setzte den Namen des Mannes als Ehenamen fest. Das war natürlich grob ungerecht. Dagegen haben viele Ehepaare protestiert, auch wenn das keine unmittelbare Rechtsfolgen hatte. Einige haben den Instanzenweg durchprozessiert und Recht bekommen. Zwar ist das Namensrecht heute immer noch darauf angelegt, die Individualität im Namen zum Verschwinden zu bringen und das neue Kollektiv der Ehe über die sie tragenden Personen zu setzen, aber immerhin darf nun niemand mehr eindeutig den einen Namen vor dem anderen als Ehenamen bevorzugen. Im Streitfall wird gelost. Für mich persönlich hat diese Widerständigkeit sich insoweit ausgezahlt, daß ich diesen Doppelnamen nicht mehr führen muß und eben so heiße, wie ich es immer tat, obwohl ich verheiratet bin. Zwar meinen manche, meine Frau und ich seien nicht verheiratet, weil

In der Sprachfigur der Frage ist das formal vorhanden. Sie benennt ein Außen, dessen Realität erst noch wahrzunehmen ist, das aber dadurch, daß es angesprochen wird, bereits zu einem Faktor im Diskurs wird. In einem generellen Sinn ist deshalb das Fragen die Grundform in der Sprache der Ohnmacht. Die biblische Klage gehört zu dieser Form der Rede.

Aber auch die Sprachlosigkeit kann unter bestimmten Bedingungen zu einem ähnlichen Faktor werden. Die Sozialgesetzgebung in Deutschland ist aus der Ohnmacht entstanden, die durch die Beherrschung des Rechts offenkundig wurde. Denn Bismarck hat sie nicht eingeführt, weil er ein sozial gesinnter Junker gewesen wäre, sondern aus Gründen politischen Weitblicks und Realismus. Er hatte Arbeiterinnen und Arbeitern gerade die politische Repräsentanz in Gestalt der Sozialisten genommen; sie waren verboten und damit die Masse der Bevölkerung sprachlos. Das ist eine gefährliche Situation für die Minderheit, auch wenn sie sich auf die Macht der Bajonette stützen kann. Die Sozialgesetzgebung war ein Versuch, den Druck aus der gärenden Sprachlosigkeit zu nehmen. Die Verbesserung des sozialen Elends machte nicht die Forderungen hinfällig, für welche die SPD damals stand, wohl aber ließ sie die Sprachlosigkeit besser ertragen. Die eklatante Ohnmacht hat hier Recht geschaffen - auch wenn sie nicht dort zu Wort kam, wo dieses Recht geschaffen wurde. Ähnliches läßt sich über die Abschaffung der Sklaverei sagen. Nicht die Sklaven konnten sie abschaffen; ihnen fehlte die Basis zum Aufstand. Abgeschafft haben sie Abolitionisten, zumeist christliche Gruppen wie die Quäker, welche diese Ohnmacht zu einem gesellschaftlichen Thema machten. Direkter war die Ohnmacht der Frauen erfolgreich, als zu Beginn des Jahrhunderts die Suffragettenbewegung aufschrie. Sie machten ihre Ohnmacht lauthals zum Thema und zeigten, daß die patriarchale Herrschaftsstruktur sich nur eine bürgerliche Fassade zugelegt hatte.

Diese Strukturen zeigen, daß die Darstellung des Individuums vor anderen über die Benennung von Ohnmacht verläuft. Indivi-

---

der Ehename - in diesem Fall ist es der meiner Frau - nicht kenntlich gemacht wird. Diese Entwicklung wird weitergehen, bis die herrschaftliche Institution des Ehenamens, die nur einer überbürokratischen Erfassung dient und das Patriarchat in Standesdingen präsentieren soll, endgültig verschwunden sein wird. Ohne die Bühne des Rechts hätte sich hier die Ohnmacht von Individuen nicht darstellen können. Gerade aber diese Darstellung hat langfristig eine herrschaftliche Grammatik in der Institution der Ehe überwunden.

dualität ist auf der gesellschaftlichen Ebene stets ein abweichender Fall, der dann zum gesellschaftlichen Faktor wird, wenn er eine Sprache der Ohnmacht findet. Von ihr wird Zeugnis abgelegt in Gestalt der Lebensgeschichte, die sich nicht über den allgemein verbindlichen Leisten schlagen läßt. Machtpolitisch betrachtet setzt sich die Ohnmacht nicht gegen die Macht durch, aber sie bringt sich ihr gegenüber zu Wort. An diesem Wort hängt es, ob sie repräsentativ wird oder belanglos bleibt. Wenn die Ohnmacht eine Sprache findet, in der sie ihre Not darstellen kann, dann überdauert sie den Untergang, der den Individuen droht und sie zumeist auch gesellschaftlich erreicht. Dafür stehen geistesgeschichtlich die Beispiele eines Ovid, eines Boethius, eines Augustinus, eines Abaelards, eines Franziskus, einer Heloise, eines Morus, eines Luther, eines Drey, einer Stein, eines Bonhoeffer etc. Sie waren in ihrer Zeit ohnmächtig und sind alle auf ihre Weise auch untergegangen, haben sich aber langfristig mit ihren Anliegen durchgesetzt, weil sie eine markante Sprache der Ohnmacht gefunden haben. Ohne ihre und anderer Darstellungen fehlte uns heute die Sprache, um die Ohnmacht des Individuums gegen die formierenden Größen der Macht, gegen die Dispositive, die sich in Staat und Gesellschaft ausbilden, in Stellung zu bringen.

Einen anderen, aber ähnlich wie das Recht funktionierenden Code bietet Politik. Menschen in Armut fehlte über Jahrhunderte hinweg eine Sprache, sich mit ihrer Lage gesellschaftlich unüberhörbar zu benennen. Es bleibt ein Ergebnis des Marxismus, eine solche Sprache geschaffen zu haben; sie ist in der Auseinandersetzung mit der Politik auf dem Boden eines philosophischen Konzepts entstanden. Seit Mitte des letzten Jahrhunderts bis vor einem Jahrzehnt haben proletarische Bewegungen mit dem Marxismus einen elaborierten Code besessen, mit dem ihre Ohnmacht vor der verfaßten gesellschaftlichen Herrschaft weltgeschichtlich zum Faktor wurde. Die Realisierung dieser Sprache in gesellschaftliche Verhältnisse hinein hat jedoch diese weder entscheidend gebessert, noch langfristig eine organisierbare Alternative entwickelt. Dafür gibt es viele Gründe, die hier nicht behandelt werden können. Ich möchte aber auf den Sprachaspekt dabei hinweisen. In den kommunistischen Gesellschaften der Ostblockstaaten wurde in der Sprache des Marxismus jener Boden der Erfahrung von Ohnmacht verlassen, der sie ausgebildet hat; an seine Stellte rückte eine Sprache der Macht. Sobald die Ohnmacht wegfiel, waren die Perspektiven aus der Sprache der Ohnmacht im Ansatz zerstört. Der Widerstand in Form von gesellschaftlicher Klage wandelte sich zur Ideologie von Positionen, die schon feststanden, bevor jemand befragt wurden. Aus berechtigten Fragen an die Gesellschaft wurden die falschen Antworten einer Herrschaftsstruktur, die die Sprache der Ohnmacht im Ansatz zerstörten.

Das Beispiel für einen anderen gefährlichen, nun aber postkommunistischen Weg, von der Sprache der Ohnmacht zur Sprache der Macht zu wechseln, hat neuerlich Indien gegeben. Mit dem Zusammenbruch des Kommunismus löste sich weltpolitisch gesehen auch die Alternative auf, welche die Blockfreien verkörperten. Indien war zu einem Drittwelt-Staat unter anderen geworden, eine lokale Größe, aber keine internationale Macht. Es hatte keine Sprache, sich vor den anderen zu Wort zu melden. Mit den Atombombenversuchen im Frühjahr 1998 haben die Inder eine Sprache gefunden, um als politische Macht Gehör zu finden. Sie sind nicht zur Großmacht geworden, aber sie sprechen eine allgemein hörbare und verstehbare Sprache aus Drohgebärden. Ihre inneren Probleme sind plötzlich zu einem weltpolitischen Faktor geworden; wenn sie aus inneren Gründen den Krieg mit Pakistan suchen, dann ist das eine Katastrophe für die Abrüstungspolitik. Indien wird jetzt erwarten, daß die anderen auf die eine oder andere Weise auf seine Lage eingehen und ihm bei der Lösung der sozialen Probleme helfen, wenn es sein muß. Diese Atombombe zeigt nicht den Entwicklungsstand an, sondern ist ein politisches Faustpfand. Sie ist aus der Ohnmacht entstanden, aber zerstört die Alternative einer Sprache der Ohnmacht. Die Bedingung der Möglichkeit, daß diese Sprache eine Macht verkörpert, liegt derzeit für Indien in der Skrupellosigkeit, die Bombe auch zu zünden. Auch hier herrscht die Sprache der Macht. Sie schafft keine Gerechtigkeit, aber macht Indien zum Sonderfall in den Strukturen internationaler Politik. Gerechtigkeit geschaffen hat im Fall Indiens jedoch die gewaltlose Widerstandspolitik Gandhis. Die setzte bewußt auf die Sprache der Ohnmacht, die jetzige Sprache der Waffen will sie überwinden. Die Gandhische Sprache verschaffte Indien internationalen Respekt, die jetzige Sprache der Macht wird wohl zu einer neuen Art wirtschaftlicher Almosen führen. Indien wird an Einfluß gewinnen, aber die Autorität einer internationalen Alternative verlieren.

Der Zusammenhang von Sprache, Ohnmacht und Recht hat elementare Bedeutung für die gesellschaftliche Entwicklung der Moderne. Hier hat die europäische Zivilisation in der Neuzeit dazugelernt. Die Ohnmacht des Individuums wird aufgegriffen; im Recht wird versucht, seiner Wortmeldung Rechnung zu tragen. Es besteht die Pflicht der Einzelfallprüfung in Rechtsdingen, und es gibt das Recht des betroffenen Individuums, sich einen Anwalt zu nehmen, der auf diesem Einzelfall bestehen muß. Der Anwalt ist dem Verfahren verpflichtet, nicht dem Schuldnachweis. Das ist seine Rolle, und deshalb ist seine oberste Pflicht, die Unschuldsvermutung gegenüber einem Angeklagten aufrecht zu erhalten. In einem Strafgerichtsverfahren - in Verwaltungs- und Sachverfahren ist das etwas anders gelagert, hier sind die Individuen manchmal korporative Personen und auch auf der Seite der Kläger Individuen präsent - gibt es nur ein einziges wirkliches Individuum: die beklagte Person. Alle anderen Beteiligten sind lediglich Repräsentanten höherer Mächte: der Staatsanwalt als Vertreter der Allgemeinheit und ihres verdeckten Rachewillens, der für Genugtuung bei den Opfern des Angeklagten und für Genugtuung der unbeteiligten, aber potentiell interessierten Öffentlichkeit zu sorgen hat, sowie der Richter, der für die Einhaltung des Verfahrens im Prozeß zu sorgen hat und sich gerade als Person unabhängig halten muß. Die Opfer dürfen hier nicht vor die Schranken treten, sie sind bestenfalls Nebenkläger mit Akteneinsicht, aber kein Organ der Rechtsfindung im Prozeß. Individuell beteiligt ist nur der Angeklagte, und der kann seine Individualität lediglich mit den Mitteln des Widerspruchs gegen die Anklage zur Geltung bringen. Die geladenen Zeugen sind keine Organe des Verfahrens, sondern nur Schachfiguren in der Anklage- oder Verteidigungsstrategie. Auf ihre Individualität wird nicht zurückgegriffen, um sie zu würdigen, sondern um die Anklage oder den Angeklagten zu würdigen.

Auch in der staatspolitischen Entwicklung der Moderne tritt das Individuum auf, und zwar in Form von Wahlen. Hier können die einzelnen sich zu Wort melden. Sprechen können sie jedoch nicht direkt, sondern nur indirekt in Form von Parteien. Doch verkörpern diese einen öffentlich erklärten individuellen Willen, auch wenn kein Parteiführer nur als Einzelperson auftreten kann. Die Parteiungen sind besonders wichtig gewesen, um den sozialen Konfliktstoff der Industrialisierung darzustellen, und zwar sowohl im Sinne der Verbesserung der Lage jeweils weiter Bevölkerungskreise - in Deutschland die Sozialdemokratische Partei, das Zentrum und seine Nachfolger in den C-Parteien - wie auch im Sinne der Gewaltentladung dieses Konfliktstoffs - in Deutschland die Kommunistischen Parteien und die NSDAP. Hier läßt sich beobachten, wie die Darstellung der Differenz in politischen Dingen vom Status der Ohnmacht zu dem der Macht wachsen kann und wie bei diesem Prozeß die belebende Energie des Gründungsimpulses sich zu einer zähen Machtmasse verklumpt. Jüngstes Beispiel dessen sind in der Bundesrepublik Deutschland die Bündnis-Grünen. Seit sie eine ganz normale Partei geworden sind, haben sie an Individualität eingebüßt; dafür aber konnten sie den Status der Ohnmacht überwinden. Sie haben sich zum politischen Faktor im Spiel um die Herrschaft gemausert. Die Ohnmacht der Arbeitslosen hat im politischen Konzert noch keine Stimme gefunden, oder besser gesagt: Die bisherigen Sprachversuche sind nicht erfolgreich gewesen. Aber das ist wohl nur eine Frage der Zeit.

Die Verfahrensseite des Rechts wie die Regelung sozialer Verhältnisse verläuft entlang sprachlicher Darstellung. Das ist die Bühne, die Ohnmacht des Individuums zur Aufführung zu bringen. Diese Ohnmacht hat das Recht auf Gehör, aber mehr nicht, wenn man die Logik der Macht zugrundelegt. Nachdem sie gehört wurde, muß sie nicht weiter zu Buche schlagen. Dann schlägt wieder die Macht in der Sprache der Macht durch und setzt die Gemeinschaft über die Individualität. Doch ist diese Bühne von entscheidender Bedeutung, um die Ungerechtigkeit im Recht und im Sozialen zu bekämpfen. Und dafür hat die Moderne ein sehr präzises Mittel gefunden: die Menschenrechte. Sie lassen sich nun über die Polarität von Macht und Ohnmacht im Recht bestimmen.

3) Die Rechte von Menschen - eine Geschichte der Macht der Ohnmacht

Mit der Erfindung der Menschenrechte tritt auf die Bühne des Rechts eine neue Macht: die Ohnmacht des Individuums. In den Menschenrechten findet die normale Ohnmacht auf der Sprachbühne des Rechts nicht nur Gehör, sondern wird ein Prinzip der Gesellschaft, das von ihren Mächten und Gewalten nicht einfach außer Kraft gesetzt werden kann. Mit Menschenrechten werden solche Angelegenheiten benannt, in denen gesellschaftliche Verfahren nicht die allgemeine Regel über die Besonderheit des individuellen Falles stellen können. Mit den Menschenrechten wandelt sich die Ohnmacht des Individuums zu einer Macht gegenüber der Sprache der Macht, die sich im Recht und den sozialen Verhaltensweisen verkörpert. Menschenrechte sind die Präsentation der individuellen Ohnmacht als einem Faktor in der Geschichte der Macht.

Die Rechtsregeln geben der Ohnmacht der Einzelnen eine Bühne, auf der sie dargestellt werden kann. Sobald im Recht die Verfahrensfragen in den Vordergrund treten, kann die Sprache der Macht für die Markierung der Ohnmacht genutzt werden. Vor Gericht muß jemand mit seinem Widerspruch gehört werden. Darauf hat jede Person ein vom Verfahren geregeltes Recht; sie hat keinen Anspruch, mit ihrem Widerspruch gegen die Macht derjenigen, welche die Regelungen der sozialen Verhältnisse bestimmen, auch durchzukommen. Aber die Bühne ist gezimmert und auf ihr können eben auch Figuren auftreten, an deren Sprachlosigkeit die Herrschaft Interesse haben muß. Betreten sie diese Bühne, bleiben sie nicht mehr einfach unsichtbar, auch wenn sie weder ausreichend zu Wort kommen, geschweige denn sich durchsetzen. Was im Dritten Reich vor dem Volksgerichtshof zelebriert wurde, war der Triumph der herrschenden Nazi-Meinung über die Dissidenten; hier zeigte sich die Macht in ihrer barbarischen Fratze. Sie band die Aufführung von Ohnmacht in die eigene Sprache der Macht ein. Aber auch Freisler & Co. konnten nicht verhindern, daß die Ohnmacht der Angeklagten so zu Wort kam, daß sie die Aufführung überdauerte und zu einer eigenen Größe heranwuchs. Aus heutiger Sicht sind gerade die Schauprozesse eindrucksvolle Zeugnisse für das Unrecht, das dort im Namen des Volkes gesprochen wurde. Die damalige Machtinszenierung richtet heute die, die sie aufführen ließen. Das ist eine Macht der Ohnmacht, die damals nicht durchdringen konnte; doch vermochten die damals Herrschenden auch nicht, sie vollständig zum Verschwinden zu bringen, gerade weil sie sie aufführten. Die Sprache der Ohnmacht hat ihre eigene Würde, die mit der Macht nur begrenzt, aber nicht zerstört werden kann.[14]

---

[14] Der Artikel des Anwalts Peter Benenson am bewußt gewählten Sonntag Trinitatis 1961 im britischen *Observer*, mit dem ein *Appeal for Amnesty* gestartet und die Bewegung von *amnesty international* ausgelöst wurde, folgt dieser Logik. Seine Eröffnungspassage lautet: "Schlagen Sie Ihre Zeitung an irgendeinem Tag auf und Sie werden eine Meldung aus irgendeinem Teil der Welt lesen: Ein Mensch ist eingekerkert, gefoltert, hingerichtet worden, weil seine Ansichten oder religiösen Überzeugungen nicht mit denen der Regierung übereinstimmen. Mehrere Millionen solcher Menschen sitzen in den Gefängnissen - keineswegs nur hinter dem Eisernen oder Bambus-Vorhang -, und ihre Zahl wächst. Der Zeitungsleser empfindet ein widerliches Gefühl der Machtlosigkeit. Und doch: Könnte dieses Gefühl so vieler Menschen in der ganzen Welt konzentriert werden zu gemeinsamer Aktion, dann wäre es möglich, etwas zu erreichen." (Egon Larsen, Im Namen der Menschenrechte. Die Geschichte von amnesty international. München: dtv, 1980, S. 13) - Nichtregierungsorganisationen sind die entscheidenden Treibriemen für eine Darstellung menschlicher Ohnmacht, die sich zu einer Macht auf dem Feld der Politik auswächst. Vgl. dazu das Spiral-

Die Ohnmacht hat vor der Sprache der Macht, die im Recht und in den sozialen Regelungen spricht, zumeist einen leisen, wenn nicht ganz stummen Part. Aber das heißt nicht, daß sie überhaupt nicht da ist. Im Gegenteil, diese Sprachlosigkeit kann sehr laut werden. Wenn Freisler die Angeklagten nicht zu Wort kommen läßt und deren verstummte Hilflosigkeit von der Propaganda genüßlich ausgeschlachtet wird, so erkennen wir heute allein schon darin die Pervertierung des Rechts, der das deutsche Volk und insbesondere die deutsche Justiz über zwölf lange Tausend Jahre ohne großen Widerspruch zugesehen hat. In der Inszenierung des Rechts ist die Ohnmacht des Einzelnen ein Faktor der Darstellung, aber nicht schon ein Faktor in der Findung des Rechts.

Ebenso verhält es sich mit sozialen Verfahren, in denen über die Gestaltung eines Gemeinwesens entschieden wird. Der Einzelne ist darin ohnmächtig, aber er/sie kann sich so Gehör verschaffen, daß daraus eine soziale Bewegung wird und die individuelle Ohnmacht sich in eine gesellschaftliche Macht verwandelt. Die Castortransporte haben alle ihr Ziel erreicht, aber die sozialen Kosten sind so groß, daß nun im Grunde nach aller Erfahrung unerhebliche radioaktive Ausdünstungen den ganzen Komplex ins Wanken bringen. Und nun werden selbst die, welche die Macht der Herrschaft bei den Transporten repräsentierten, zu Fürsprechern der Ohnmacht. Diese Entwicklung kann nur deshalb stattfinden, weil der Ohnmacht von den Mächten und Gewalten der Gesellschaft eine eindrucksvolle Bühne gebaut wurde, wie es bei diesen umkämpften Transporten geschehen ist.

Das Menschenrecht auf Datenschutz bedeutet, daß sich niemand für die Daten, die seine Existenz verkörpert, rechtfertigen muß und daß er sie ohne sein Wissen nicht weitergeben muß, gleichgültig, welche hohe Bedeutung die Existenz dieser Daten für soziale Regelungen hätten. Daten im Sinn des Datenschutzes sind Tatbestände, die eine Person von anderen unterscheidet und die insofern für den sozialen Zusammenhalt Probleme verkörpern können; es ist ein eigener Erkenntnisakt notwendig, um von diesen Differenzen zu wissen. Solche Daten gehören der Person, sie sind ihr ureigenster Besitz. Wer diese Daten sammelt, ohne sich mit dem Individuum ins

---

modell von Hans-Peter Schmitz/Anja Jetschke/Thomas Risse, Die Macht der Menschenrechte. Zur innenpolitischen Durchsetzung internationaler Normen. In: Aus Politik und Zeitgeschichte B 46-47 (1998), S. 43-53.

Benehmen gesetzt zu haben, produziert dessen Ohnmacht. Gegen die Aufführung dieser Ohnmacht hat die einzelne Person das Recht, sich zu wehren. Daten im Sinn des Datenschutzes sind Wissen um Differenzen, nicht Tatsachen ohne Differenzgrundlage. Niemand hat das Recht zu verhindern, wenn Mediziner den Zusammenhang zwischen einer bestimmten Genstruktur und einer Krankheit veröffentlichen. Aber jeder hat das Recht, daß andere von der Existenz dieser Struktur im eigenen Genom nichts wissen. Damit werden alle Verfahren zu kriminellen Akten, in denen diese Existenz im einzelnen Fall nachgewiesen werden, ohne daß dem Widerspruch der einzelnen Person eine Chance gegeben wurde. Alles, was eine Person interessant macht, weil sie sich von anderen unterscheidet, gehört zunächst nicht auf den Marktplatz der Öffentlichkeit. Nur das, was das Individuum selbst auf diesen Marktplatz trägt, geht in einen öffentlichen Besitz über. Wonach soziale Verfahren suchen, wird durch das Menschenrecht auf Datenschutz für diese Suche ausgeschlossen: die Kenntnis personenbezogener Daten. Nur solange es dieses Wissen nicht gibt, hat die Ohnmacht der Individuen eine gesellschaftliche Machtbasis.

Ebenso läßt sich Meinungsfreiheit darüber bestimmen, daß jemand nicht belangt werden kann, wenn er seine Ohnmacht in Form von Fragen öffentlich zu allgemein interessierenden Angelegenheiten zu Gehör bringt. Das Recht auf Eigentum besagt, daß niemand zur Verantwortung gezogen werden darf für das, was er besitzt und was er sich nicht rechtswidrig erworben hat. Das Recht auf Arbeit besagt, daß niemand dafür angegangen werden darf, wenn sie oder er die Subsistenz sichern will. Auch das ist eine Form von Ohnmacht; sie besteht in der Notwendigkeit des Lebens, dem eigenen Untergang zu widerstehen. Wenn also heute auch Frauen auf den ganzen Arbeitsmarkt drängen, während frühere Generationen Frauenarbeit auf den Bauernhof, den Küchenherd und die Kinder beschränkt haben, dann kann niemand aufstehen und eine Frau wegen des steigenden Konkurrenzdrucks anklagen. Im Dritten Reich vor dem Krieg und auch in den Nachkriegszeiten war das anders; Frauen wurden als überflüssige Konkurrenz behandelt.[15]

---

[15] Vgl. Sabine Reh, 'Man gibt uns Unterricht statt Brot'. Arbeitslosenbildung zwischen Arbeitsmarktpolitik und Wohlfahrtspflege in Hamburg 1914-1933. Hamburg: Ergebnisse, 1995, bes. S. 167ff., sowie die Erlebnisberichte in Carola Gottschalk/Heidrun Neukirchen (Hg.), Graupenschauer. Mündener Arbeiterfrauen erzählen aus ihrem Leben. Garbsen: Calenberg, 1992.

Mit Menschenrechten werden die Verhältnisse benannt, in denen eine Herrschaft, die gegenüber dem Einzelnen mächtiger ist, dennoch keine Sprache der Macht besitzt und sich mit dem offenen Diskurs zufriedengeben muß. Anstatt sich mit den Mitteln ihrer Macht durchzusetzen, muß sie die Differenzen aushalten, die durch die Existenz der Einzelnen aufgemacht werden und zum Vorschein kommen. Sofern Menschenrechte ein Faktor in sozialen Regelungsverfahren sind, hat die Herrschaft in der Gesellschaft keine rechtliche Möglichkeit, diesen Differenzen zu begegnen. Zwar kann man das jeweilige Recht im Sinne der Billigkeit einschränken, so daß etwa bei der freien Meinungsäußerung keine anderen unveräußerlichen Personrechte betroffen sein dürfen, also nicht mit Beleidigungen, Verunglimpfungen, Lügen etc. gearbeitet werden darf. Doch ändert das nicht die Grundstruktur. In den Menschenrechten ist die Ohnmacht der Individuen zu einem konstitutiven Faktor dessen geworden, wie Recht und soziale Regelung hergestellt werden; sie beschreiben, worin es keine rechtliche und soziale Auseinandersetzung zu Lasten des Individuums geben darf.

Menschenrechte benennen Lebensbereiche, die dem Herrschaftsdiskurs soweit entzogen sind, daß der Ohnmacht der Einzelnen nicht die Macht der Gemeinschaft gegenübergestellt werden kann. Vielmehr steht die Ohnmacht ohne Beschränkung von seiten der Herrschaft im Raum; sie wird damit zur Macht im Recht.[16] Menschenrechte beschreiben jene Bereiche, in denen das Individuum keine Auseinandersetzung um die Macht seiner Darstellung führen muß. Seine Präsenz im öffentlichen Raum dieser Bereiche ist nicht zu bestreiten und kann nicht außer Kraft gesetzt werden. Vielmehr dreht sich das übliche Verhältnis um: Nicht die Gemeinschaft hat die Be-

---

[16] Einen ähnlichen Gedanken formuliert Paul Valadier: "In gewissem Sinne lenken die Menschenrechte unseren Blick auf etwas, das über den Dingen liegt. Sie erinnern uns daran, daß es nicht normal ist, wenn junge Menschen von 20 oder 25 Jahren in unserer Gesellschaft arbeitslos sind und Menschen in dieser Stadt keine Wohnung finden. Diese Bezugnahme schafft noch keine Wohn- und Arbeitspolitik, aber sie ruft die Bürger und womöglich die Regierenden zur Wachsamkeit auf. Tatsächlich stellt sie uns vor widersprüchliche Herausforderungen. Aber die Fruchtbarkeit unserer Gesellschaften liegt gerade darin, vor Herausforderungen wie Freiheit und Gleichheit zu stehen, die sich nicht mathematisch in Einklang bringen lassen, die aber ein Tor zur Kreativität unserer Demokratien sind. Die Menschenrechte sind also ein dynamischer Motor der sozialen Fortentwicklung, der in die Hände, Köpfe, Kräfte und die Phantasie der Bürger hineingelegt ist." (in Walter Odersky [Hg.], Die Menschenrechte. Herkunft-Geltung-Gefährdung. Düsseldorf: Patmos, 1994 [Schriften der Katholischen Akademie Bayern], S. 36f)

fugnis, die Individuen zu zwingen, sondern das Individuum die Befugnis, sich vor der Gemeinschaft zu schützen, wenn diese an jene Bereiche tastet.

Ich stelle damit nicht nur auf die Menschenrechte aus der liberalen Tradition ab, die den Bürger gegen die Übergriffe des Staates schützen sollen. Die Differenz zwischen Gemeinschaft und Individuum gilt auch von den wirtschaftlichen, sozialen und kulturellen Menschenrechten, welche den Anspruch des Individuums auf staatliche Hilfe zur Subsistenzsicherung formulieren. Die Differenz gilt auch für die sog. dritte Generation der Menschenrechte. Der Diskurs darüber stellt einen neuen Zugriff auf die Menschenrechte dar.[17] Er reagiert auf das Problem, daß der jeweilige Heimatstaat jene Mittel nicht besitzt und die Gemeinschaft folglich die wirtschaftliche und soziale Existenzfähigkeit von Bewohnern ganzer Landstriche nicht bewahren kann. Hier ist das Gegenüber nicht der eigene Staat, sondern die Gemeinschaft der fremden Staaten. Zu dieser Menschenrechtsgeneration zählt besonders das Recht auf Entwicklung, das Ländern des armen Südens von reichen Industrienationen einklagen, damit ihre Bewohner aus eigener Kraft überleben können. Die Basis dafür ist das Recht auf Leben in Gestalt des Rechtes auf Überleben. Auch dieses Recht auf Überleben ist ein Schutzrecht des Individuums vor der Gemeinschaft, obwohl hierfür die Aktivitäten der anderen Gemeinschaften eingefordert werden. Es behandelt die wirtschaftliche Selbstbestimmung und zielt auf eine Subsistenzsicherung, die unabhängig von Almosen und Zuwendungen macht. Es geht um eine Gerechtigkeit im Sinne der Verteilungsgerechtigkeit, die über eine Ruhigstellung des Gewaltpotentials im Elend hinausgeht. Diese Art von Verteilungsgerechtigkeit umgeht das Machtproblem im Arm-Reich-Gefälle nicht, sondern rückt den Ohnmachtsgehalt dieses Gefälles ins Zentrum der Auseinandersetzung. Sie fordert den Respekt der Reichen gegenüber den Entscheidungen der Armen und Armgemachten ein, mit denen sie sich in sozialer, wirtschaftlicher und politischer Hinsicht eigenständig und von jenen unabhängig machen. Recht auf Entwicklung bedeutet ja gerade nicht, daß die reichen Völker jenen Menschen, die vom Elend geschlagen sind, mit Almosen das Überleben sichern. Es geht um

[17] Zur Auseinandersetzung um den Sinn dieser neuen Generation von Menschenrechten vgl. Gerhard Stuby, Universalismus versus Partikularismus. Die Menschenrechte der dritten Generation. In: Aus Politik und Zeitgeschehen 46-47 (1998), S. 27-35.

die Würde, die stets ein personales Thema ist, aber in wirtschaftlicher Vernetzung einen gehörigen Strukturanteil besitzt und eine gesellschaftliche Macht auf dem Boden von Ohnmacht verkörpert. Wer den Lebensunterhalt mit eigener Arbeit sichern kann, markiert die Not des Lebens mit dem Überleben, aber zugleich den Segen, vor der Potenz wirtschaftlicher Mächte standhalten zu können. Das ist eine personale Frage und ein Organisationsproblem des Wirtschaftens. Im Zeitalter der Globalisierung bedeuten die sozialen Menschenrechte deshalb eine Gegen-Ökonomie, die von der Würde gerade der Armen ausgeht und darin das Machtgefälle im weltwirtschaftlichen Maßstab offenbar macht.[18]

Menschenrechte der zweiten und dritten Generation sind mehr als nur die Pflicht der Reichen, Unterstützungshilfe zu leisten, um die Unzufriedenheit der Zukurzgekommenen und die warnende Stimme des eigenen Gewissens zu beruhigen.[19] Es ist die Anerkennung der Eigenständigkeit des Lebens derer, die um das Überleben ringen; ihre Existenz ist eine Macht gegenüber denen, welche wirtschaftliche Macht besitzen und mit ihren Entscheidungen die Subsistenzsicherung der anderen direkt betreffen. Eine solche Eigenständigkeit wird von den Strukturen eines globalisierten Weltmarktes nicht gefördert und wahrscheinlich sogar auch nicht geduldet. Wer nicht die Potenz hat, sich mit den Mitteln des Marktes Gehör zu verschaffen, wird dort nicht beachtet. Mit den sozialen Menschenrechten wird aber diese Existenz zum Thema und erhält eine sprachliche Bühne. Damit werden keine wirtschaftlichen Reservate eingeklagt, in denen ökonomische Gesetzmäßigkeiten außer Kraft gesetzt werden, sondern wird die Würde einer eigenständigen Subsistenzsicherung zu einem Maßstab, der dem globalisierten Markt

---

[18] Für die philosophische Konzeption einer 'Gegenökonomie' vgl. Georges Bataille, L'Économie à la mesure de l'univers, und: La Part maudite. Essai d'économie générale, beide in Œuvres complètes. Vol. VII, Paris: Gallimard, 1992, S. 17-179.

[19] Diese Strategie stand durchaus Pate am Beginn der Arbeitslosenbildung, vgl. Reh, Arbeitslosenbildung a.a.O. (Fn. 15), bes. S. 67-69 und 105-134. Diese hat sich im Verlauf ihrer Geschichte oft in der Diskrepanz zwischen diesen Erwartungen der Organisatoren und den ganz anderen Hoffnungen der Betreuten verheddert. Im Problem der Massenarbeitslosigkeit geht es deshalb um mehr als um den Fortschritt einer Industriegesellschaft. Sie zeigt auf die Brisanz des Problems, wie jemand ohne Arbeit sich in der Welt von heute darstellen und die eigene Identität bewahren kann. Vgl. dazu auch meine Überlegungen in: Das Lebenszeichen Arbeit und der Sprachverlust der Arbeitslosen. Die Herausforderung eines Zeichens der Zeit. In: Diakonia - Internationale Zeitschrift für die Praxis der Kirche 29 (1998), S. 33-39.

gegenübersteht. Soziale Menschenrechte bringen die ökonomische Ohnmacht derer zur Sprache, die auf diesem Markt kein Gehör finden können. Sie zeigen auf die verletzte Selbstbestimmung und damit auch auf ein Defizit für den Markt selbst. Schließlich beruht jeder funktionierende Markt auf der Fähigkeit von Menschen, dort von sich her tätig zu werden. Soziale Menschenrechte stellen deshalb auch auf die Unternehmensfähigkeit unter den Armen gegenüber den *global players* ab. In ihnen wird die gleiche Konstellation auf der Ebene wirtschaftlicher Strukturen erzeugt, die für Menschenrechte der ersten Generation im Verhältnis von Individuum und Staat gilt.

Insofern sind die Menschenrechte jeder Generation eine besondere Art von Rechten: nämlich solche, die dem Recht und der sozialen Regelung vorgeordnet sind. Im Grunde sind sie gar keine Rechte, weil sie jeden Wechsel in der Ordnung des Rechts überdauern und von keiner Herrschaft abhängen. Sie stehen konträr zu den Strukturen des Rechts und bedeuten daher einen latenten Beschränkungsgrund realer Rechte. Sie sprechen nicht die Sprache der Macht, sondern der Ohnmacht. Macht sich eine Herrschaft Menschenrechte zu eigen, dann geschieht das in Anerkennung ihrer eigenen Ohnmacht, aber bedeutet keinesfalls einen Konstitutionsakt für deren Existenz. Menschenrechte bedürfen nicht der Anerkennung durch die Herrschaft und nicht der Verkündigung durch den Souverän einer Gesellschaft, um Gehör finden zu können. Hingen sie von ihrer Proklamation ab, dann wären sie gewöhnliche Rechte und könnten per Proklamation auch wieder abgeschafft werden. Aber sie lassen sich nicht von einer Gemeinschaft abschaffen, sondern nur von einem Individuum in einem freiwilligen Akt. Jeder Mensch kann auf das Einklagen seiner Menschenrechte vor den anderen verzichten, aber niemand kann jemand anderen zwingen, keine Menschenrechte mehr zu haben. Sie lassen sich nicht außer Kraft setzen, sondern nur mißachten. Die Mißachtung hebt ihre Existenz nicht auf, während ein Recht, das nicht beachtet wird, keines mehr ist und von dieser Gewohnheit ausgelöscht wird. Ein Rechtsakt kann die Menschenrechte nur anerkennen, aber nicht herstellen. Die Sprache der Macht kann sie mißachten, aber nicht ihre Repräsentanz verhindern; vielmehr ist die Mißachtung selbst bereits eine mögliche Repräsentanz ihrer Bedeutung.

Menschenrechte sind also keine gesellschaftlichen Selbstläufer. Weder wird Versammlungsfreiheit noch Datenschutz noch Meinungsfreiheit noch Eigentum einfachhin so akzeptiert. Um sie muß gerungen werden. Und nur solange um sie gerungen wird, kann es diese Dinge als unveräußerliche Rechte geben. Der Widerspruch gegen ihre Veräußerung und gegen ihre Mißachtung ist kein ärgerliches Nebenprodukt von Menschenrechten, sondern geradezu ihr Produktionsverfahren. Sie basieren auf Ohnmacht, die dargestellt wird. Im Modus der Macht kann es sie gar nicht geben. Ohne Repräsentanz der Ohnmacht werden sie zu Papiertigern. Was schon über das Individuum im modernen Rechtsverfahren gesagt wurde, gilt insbesondere für die Menschenrechte: Sie werden nicht über das Ja-Sagen zum Faktor der Individuen gegenüber der Gemeinschaft, sondern über den Widerspruch. Menschenrechte wirken nicht, wenn das Rechtsverfahren "Ja!" zu ihnen sagt, sondern wenn ihre Träger in einem Rechtsverfahren oder einer sozialen Regelung aus ihnen die Basis machen, "Nein!" zu sagen.

Menschenrechte sprechen weder die Sprache der Macht, noch verkörpern sie die Ohnmacht der Sprache. Sie bedeuten eine Sprache des Widerspruchs in der Sprache der Macht und damit die Macht der Sprache, Ohnmacht in die Macht des Wortes zu bringen. Menschenrechte sind umstrittene Rechte oder fallen aus der Grammatik ihrer Darstellung heraus. Sie bilden eine Klasse von Rechten, die als selbstverständliche Größen einer Gesellschaft aufhören würden, das zu präsentieren, was sie bedeuten. Erst der Streit um die Grenzen der Leerstelle sozialen Zugriffs, die sie markieren, macht sie zu einer gesellschaftlichen Macht.

Wenn man das moderne Recht über das Verfahren bestimmen kann, das es produziert, dann sind die Menschenrechte eine eigenen Klasse von Verfahren: nämlich jene Verfahren, die einen Mechanismus in die Gesellschaft hineintragen, der Rechtsverfahren und Regelungsmechanismen gegen die einzelne Person verhindert. Das ist der Vorbehalt, den die Menschenrechte über alle anderen Rechte gießen. Ein jedes Verfahren in der Gesellschaft wird von den Menschenrechten unter Vorbehalt gestellt; werden Menschenrechte in einen sozialen Komplex eingebracht, setzen sie dessen Vollzug aus. Das gilt sowohl für die individuellen Freiheitsrechte wie die sozialen Rechte der Person. Wenn jemand in Armut lebt und vom Elend bedroht ist, dann hat die Person ein Recht darauf, daß die üblichen Verteilungsregelungen gesellschaftlichen Wohlstandes ausser Kraft gesetzt werden und er/sie bekommt, was ihm vom Recht der Gemeinschaft gesehen womöglich gar nicht zusteht. Das austarierte System der Verteilung wird außer Kraft gesetzt, wie es im Fall des berühmten "Fringsens" im Nachkriegs-Köln geschehen ist. Insofern ist Gerechtigkeit immer ein Störfaktor, und keine Gesellschaft kann auf Gerechtigkeit bauen. Denn dann würde sie ihre Verfahren unmöglich machen. Aber die sozialen Menschenrechte bedeuten dieses Außer-Kraft-Setzen der gesellschaftlichen Entwicklung. Sie ziehen in die Gesellschaft Orte ein, in denen eine Art Gegen-Ökonomie zur herrschenden Wohlstandsproduktion existiert.

Ich werde deshalb im folgenden Menschenrechte als Widerstandsaktionen begreifen, in denen die Menschen sich gegen das stellen, was ihre Würde antastet. Sie verkörpern die Ohnmacht angesichts menschenunwürdiger Verhältnisse und Gewalten und sind zugleich eine Sprache, die dieser Ohnmacht in der gesellschaftlichen Auseinandersetzung eine Macht verleiht. Ohne diesen sprachlichen Charakter wird man des Machtgehaltes der Menschenrechte nicht ansichtig. Diese Sprache ist eine Sprache der Anklage und des Widerstandes. Sie bringt ins Wort, worin Menschen an ihrer Ohnmacht zugrunde zu gehen drohen oder zugrunde gehen. Insofern sind sie ein Ereignis im gesellschaftlichen Diskurs und haben einen vorrechtlichen Status. Durch die Sprache, die sie sprechen, werden aber die Rechtsregeln und -verfahren beeinflußt und *in the long run* verändert; aber die Menschenrechte bleiben auch in Kraft, d.h. in der Kraft ihres Wortes, wenn sie nicht in geltendes Recht überführt werden. Es kann sogar Situationen geben, in denen sie nicht in Recht überführt werden können, ohne daß sie ihre Macht verlieren. Das ist dann der Fall, wenn über eine Menschenrechtsgesetzgebung gesellschaftlicher Widerstand gebrochen werden soll. Sie dienen dann den gesellschaftlichen Mächten und Gewalten und nicht der gesellschaftlichen Repräsentanz von Ohnmacht. Im Modus der Macht aber verlieren Menschenrechte den Ort, der sie allen gesetzten Rechten entgegenstellt. Dieser Ort kann nicht mit einer Sprache der Macht bestimmt werden, weil er sie in die Schranken weist. Aber in einer Sprache der Ohnmacht wird er zu einer Macht, eine Gesellschaft auf die Menschen hinzuordnen, die sie leben.[20]

---

[20] Diesen sprachlichen Gehalt möchte ich gegenüber Entwürfe für den Begriff der Menschenrechte anführen, von denen auch Norbert Brieskorn seine Grundlegung der Menschenrechte in einer pragmatischen Perspektive abhebt (vgl. Norbert Brieskorn, Menschenrechte. Eine historisch-philosophische Grundlegung. Stuttgart: Kohlhammer, 1997, S. 19-23 und 122-137). So stellt Ernst Tugendhat besonders auf den moralischen Gehalt der Menschenrechte ab. Sie gelten ihm als "moralische Rechte, die von einer moralischen Gesetzgebung verliehen sind, und welche die kollektive moralische Pflicht auferlegen, Verfahren der Einklagbarkeit einzurichten." (ebd., S. 104) Mit der Einklagbarkeit hat Tugendhat etwas Entscheidendes benannt: Menschenrechte sind sprachlicher Natur. Es gibt sie nur, wenn Menschen sie vor anderen äußern und in

Erst im sprachlichen Gegenüber zu den sozialen Verfahren und Rechtsverhältnissen wird der Rechtscharakter der Menschenrechte offenkundig. Ihre Macht ist allein die Sprache derer, die sie einfor-

---

Auseinandersetzungen ins Wort bringen. Das Problem ist aber die 'moralische Gesetzgebung', weil es keine allgemeine Anerkennung moralischer Vorstellungen gibt. In einer pluralistischen Gesellschaft gibt es den notwendigen Grundwertekonsens nicht auf dem Boden einer Moralität; dafür sind die Differenzen der Lebensentwürfe zu stark. Tugendhat geht noch weiter und sieht "eine moralische Verpflichtung zur Schaffung einer legalen Instanz" (ebd., S. 105). Damit wechselt man von der Ohnmacht in das Format der Macht. Dann muß man wie Tugendhat unweigerlich auf den Staat setzen, der Menschenrechte auf Basis der wechselseitigen moralischen Verleihung schützt. Das ist aber nur im Idealfall gegeben. Die Erfahrung dieses Jahrhunderts begründet leider starke Zweifel an der Realisierung dieses Idealfalls.
Eine andere Tradition setzt die Menschenrechte rein formal an. Sie geht auf J.G. Fichte zurück, der im eigentlichen "Menschenrecht, das dem Menschen zukommt, die Möglichkeit, sich Rechte zu erwerben" (ebd., S. 106) sieht. Die Bedingungen der Möglichkeit der Rechte ist hier die Fähigkeit der Menschen, sich über Rechte zu verständigen. Das ist die Grundvertragstheorie. Menschenrechte gibt es bei Fichte entsprechend nur im Singular: als die schlechthinnige humane Möglichkeitsbedingung, Rechtsverhältnisse unter Menschen zu gestalten. Das findet sich auch bei Hannah Arendt, die unter Menschenrechten "das Recht, Rechte zu haben" (ebd., S. 107) versteht. Auch hier ist der Singular entscheidend. Er deutet auf die transzendentale Ebene und den formalen Grundduktus. Menschenrechte sind damit ein Begründungsverfahren von Rechten. Das hebt einen wichtigen Aspekt an ihnen heraus, nämlich die Realisierung durch rechtssetzende Akte. Aber es verlangt nach der Anerkennung solcher Letztbegründung von Rechtssetzung. Dann entsteht aber ein gedankliches Problem. Denn warum sollen Menschen nicht Wesen sein, die sich verweigern, Rechte zu erwerben? Der Rechtserwerb erscheint als der rationale Vorgang schlechthin; aber die Rechtsverweigerung kann es im gleichen Maße sein. Bei Fichte kommt hinzu, daß er davon ausgeht, daß man diesen Rechtserwerb auch verwirken kann. Dann aber kann es in einer Gesellschaft Menschen geben ohne Menschenrecht. Und wie sollen die sich von solcher Letztbegründung überzeugen lassen? Dieser Formalismus setzt auf Menschenrechte als Machtinstanz in der Rechtssetzung. Die Basis dieser Macht ist die vernünftige Einsicht. Doch ist die ja eher eine Ohnmachtserfahrung, was in diesem Formalismus nicht benannt werden kann.
Bei Otfried Höffe kommt gegen solchen Formalismus die Anthropologie materialiter ins Spiel. Er bestimmt Menschenrechte als "Voraussetzungen, die den Menschen als Menschen allererst möglich machen" (ebd., S. 107). Nun sind auch unsere Lungen solche Voraussetzungen, was schon die Abgrenzungsprobleme dieses Ansatzes zeigen. Das eigentliche Problem liegt aber eher in einer Art Wesen des Menschen, von dem hier impliziert wird, daß es nicht nur angenommen, sondern auch erhoben werden könne. Darüber gibt es aber keinen Konsens und wird es auch nicht geben. Durchsetzbar wären Menschenrechte auf dieser Grundlage erst, wenn ein Gemeinwesen sich darauf verständigt, was solche Voraussetzungen sind. Sie wären dann wesentlich ein gemeinschaftlicher Ausdruck dessen, was nach Ansicht der diese Gemeinschaft tragenden Subjekte den Menschen ausmacht. Höffe spricht deshalb auch von 'Menschheitsrechten'. Dann ist die Differenz zwischen der Ohnmacht des Einzelnen und der Macht der Gemeinschaft in den Hintergrund gedrängt. Menschheitsrechte verdecken diese Differenz und können Menschenrechte nur über eine Sprache der Macht fassen.
Gerhard Ritter (1888-1967) formuliert in seiner Definition deutlicher als Höffe den Machtgehalt solcher gemeinschaftlich getragener Vorstellungen über das, was den Menschen ausmacht. Für ihn sind Menschenrechte: "Sittliche Gestaltungsprinzipien für

dern. Sie offenbaren insofern die Ohnmacht der Individuen als Macht gegenüber der Herrschaft des Rechts. Sie sind so etwas wie die Transzendenz des Rechts und ein Vorgriff auf einen Zustand, in dem Rechte bedeutungslos geworden sein werden. Diesen Zustand gibt es natürlich nicht unter den Bedingungen dieser Welt, aber er repräsentiert eine Leerstelle im gesellschaftlichen und politischen Gefüge, das dessen Macht relativiert. Es ist der Ort, an dem Ohnmacht eine Macht verkörpert. Die Grenze zwischen diesem Ort und der alltäglichen Ordnung der Dinge ist nicht historisch vorgegeben, sondern selbst ein geschichtlicher Prozeß. Zu den Menschenrechten gehört der Streit um diese Grenzziehungen; sie geschieht im Zeichen der Differenz von Macht und Ohnmacht.

Die Menschenrechte sind von dieser Differenz gekennzeichnet. Aber sie findet sich nicht nur bei Menschenrechten, sondern auch beim christlichen Glauben. Seine Darstellung ist strukturell von ihr bestimmt. Die christliche Rede von Gott setzt an bei der Erfahrung des Kreuzes Jesu, beim Gleichnis über den, der unter die Räuber fiel und bei der Erinnerung an die Knechtschaft Israels in Ägypten. Christlicher Glaube ist ohnmachtserfahren und hat sich zugleich in der Spur der Bedeutung dieser Ohnmacht entwickelt. Seine Darstellungen spüren eine Sprache für die Macht der Ohnmacht auf im Bekenntnis der Auferstehung Christi, im Vorbild des barmherzigen Samariters und in der Hoffnung des Exodus. Die Botschaft des Evangeliums bringt Gott in der Differenz von Macht und Ohnmacht zur

---

den Aufbau der Gesellschaft und des Staates, entsprechend dem bestimmten Menschenbild, das sich durchsetzen wird" (ebd., S. 108). Das aber ist problematisch; denn was machen die, deren Menschenbild sich nicht durchsetzen wird, wenn ihre Rechte bedroht sind? Hier werden die Menschenrechte von sich her zu einer Machtgröße der herrschenden Meinung. Auf dieser Basis könnte man etwa kaum etwas gegen die Niederwalzung des Aufstandes auf dem Tienanmen-Platz in Peking einwenden. In Ritters Idee der Durchsetzbarkeit steckt aber indirekt die sprachliche Macht, welche Menschenrechte darstellen.

In diese Richtung geht eine Begriffsbestimmung bei R. Wolfrum: "Menschenrechte sind diejenigen Freiheiten, Schutzrechte und Wohltaten, von denen der gesellschaftlich anerkannte Wertestandard sagt, daß ein jedes menschliche Wesen fähig sein sollte, sie als sein Recht in der Gesellschaft einzufordern, in welcher es lebt" (ebd., S. 108). Das Problem ist auch hier die Vorwegnahme eines 'gesellschaftlich anerkannten Wertestandards'; selbst wenn der nicht gegeben ist, können Menschenrechte eingefordert werden. Wenn es einen solchen Standard gibt, ist bereits ein entscheidender gesellschaftlicher Schritt zur Menschenrechtstauglichkeit gesetzt worden: die Repräsentanz der Ohnmacht von Menschen als eine nicht zu brechende gesellschaftliche Größe. Auf ihrer Basis können gegebene Wertestandards in den Machtbereichen überschritten werden, in denen Menschen zerstört und geknechtet werden. In diesem Prozeß erlangen Menschenrechte Anerkennung für das gesellschaftliche Miteinander.

Sprache. Die Sprache der Ohnmacht, deren Macht die Menschenrechte markieren, und der Glaube an die Macht der Ohnmacht, der die christliche Rede von Gott bestimmt, stehen in einer sachlichen Beziehung zueinander; es ist eine Aufgabe der systematischen Theologie, diese Beziehung zu klären und für die Verteidigung der Wahrheit des Glaubens fruchtbar zu machen. Die Hoffnung der Menschenrechte steht dieser Rechenschaft gegenüber. Die Beschäftigung mit Menschenrechten bringt Theologie in eine jener Innen-Außen-Konstellationen, wie sie für die Sprünge nach vorn kennzeichnend sind, zu denen die Theologie in ihrer Tradition stets fähig gewesen ist und deren Notwendigkeit Papst Johannes XXIII. dem II. Vatikanum ins Stammbuch schrieb.[21] Es ist eine Aufgabe der Theologie, das Verhältnis zwischen der Hoffnung auf die Menschenrechte und dem Glauben an das Evangelium zu klären; das gehört zu ihrem Wagnis, eine Gott und den Erfahrungen der eigenen Zeit angemessene Sprache zu sprechen.

Die Ebene, auf der diese Klärungen stattfinden können, wird von einer Sprache über die Differenz von Macht und Ohnmacht aufgespannt. In der Auseinandersetzung um die Menschenrechte bieten sich Möglichkeiten, Gottes Macht aus der Erfahrung der Ohnmacht heraus ins Wort zu bringen. Und im Evangelium gibt es eine Basis, eine Sprache der Macht der Ohnmacht heute zu entwickeln. Um eine systematische Beziehung zwischen Glaube und Menschenrechten herzustellen, muß als erster Schritt geklärt werden, wie christlicher Glaube in der Differenz von Macht und Ohnmacht begreifbar ist.

[21] Vgl. Kaufmann/Klein, Profetie, a.a.O. (Fn. 2), S. 135f, Sp. 214-227.

Die Menschenrechte stellen die Ohnmacht der einzelnen Person gegenüber gesellschaftlicher Macht heraus, indem sie dieser Ohnmacht eine Sprache geben, die überzeugender ist als die Macht der Gemeinschaft. Sie schaffen in der Gemeinschaft von Menschen eine Leerstelle für das Individuum, die lebenswichtig für dessen Existenz ist. Ähnliches vollzieht sich im Glauben. Er verwandelt die Ohnmacht der Allgemeinheit vor der Individualität zur Macht der einzelnen Person; in seinem Bekenntnis wird die Individualität menschlicher Existenz sprachfähig vor den anderen. Und doch ist diese Macht keine Herrschaftsbasis der einzelnen Person über die anderen; sie ist nur auf der Basis der Anerkennung der eigenen Ohnmacht handlungsfähig. Das hängt mit der Differenz zusammen, die sich im Glauben offenbart: die Differenz von Gott und Mensch, von Schöpfung und Geschöpf, von Inkarnation und Erlösung. Ohne die Sprache der Gemeinschaft ist der Glaube der Person keine sinnvolle Größe, und ohne den Willen von Personen, ihn zu bekennen, bedeutet er nichts. Die Macht der Person in Glaubensdingen ergibt sich aus der Ohnmacht der Gemeinschaft, den Glauben nicht erzwingen zu können; und doch ist die Darstellung dieser Macht ein Dienst an der Gemeinschaft und damit eine Übergabe der individuellen Macht an die Sprache der Gemeinschaft. Die Bedeutung des Glaubens erfährt, wer zu dieser Ohnmacht bereit ist. Das bedeutet, daß die Macht in Glaubensdingen im Übergang zur Ohnmacht liegt. Wer im Glauben etwas zu sagen hat, geht selbst durch die Ohnmacht hindurch. Wer die Ohnmacht erfahren hat, kann eine Sprache finden, die der Macht des Glaubens zum Ausdruck verhilft. Über diese sprachliche Beziehung ist der christliche Glaube ein Faktor für die Förderung der Menschenrechte; das zeigt sich bereits am Anfang seiner Darstellung.

4) Die Bekehrung zum Evangelium - eine Erfahrung der Ohnmacht

Am Beginn christlichen Glaubens steht systematisch gesehen kein Glaubenssatz, kein Dogma; es steht auch keine Gemeinschaft, keine bergende Heimaterfahrung. Am Beginn steht die Erfahrung einer personalen Tat: die Umkehr. Sie ist die Bedingung der Möglichkeit, daß gehört werden kann, was der christliche Glaube besagt, und daß wachsen kann, was er an Gemeinschaft herstellt. Der Ursprung des christlichen Glaubens liegt in den beiden Sätzen, welche die Bibel als die ersten öffentlichen Worte Jesu überliefert: 'Die Zeit ist erfüllt, das Reich Gottes ist nahe. Kehrt um, und glaubt an das Evangelium!' (Mk 1,15) Die Fülle der Zeit ist eine machtvolle religiöse Größe. Aber sie wird hier eben nicht mit einer Sprache der Macht verbunden, sondern in einer Sprache der Ohnmacht bestimmt. Zur Fülle der Zeit gehört die Umkehr. Wer sich in die Fülle der Zeit begibt, steht in der Last der Umkehr.

Sich selbst die Notwendigkeit zur Umkehr zu sagen, ist schwer; sie von sich vor anderen zu sagen, ist noch schwerer. Beides ist eine Ohnmachtserfahrung, die den normalen Verlauf der Zeit überschreitet. Denn damit äußere ich etwas, worin ich - religiös gesprochen - 'sündig' geworden bin. Ich sage, was an mir und bei mir verkehrt ist, worin ich fehlgehe, was andere von mir unter keinen Umständen übernehmen sollen. Der Ursprung des Glaubens ist die Ohnmacht angesicht der Realität der eigenen Existenz. Diese Ohnmacht versuchen wir normalerweise zu verstecken. Sie ist uns peinlich. Bekannt wollen wir nur das machen, worin andere uns bewundern können, wovon wir im Verhältnis zu anderen etwas haben, was uns bei anderen Einfluß sichert. Genau das wird im Glauben konterkariert. Er beginnt mit der Einsicht in das, was wir im Verhältnis zu anderen nicht einklagen können, sondern was wir im Verhältnis zu uns selbst anklagen müssen. Und er gibt diesem Vorgang eine Sprache. Das ist seine Macht: Sie lockt die Ohnmacht unseres falschen Selbst hervor. So gesehen ist der Glaube zunächst eine bedrohliche Macht für das, was wir sind. Er hat einen kritischen Gehalt gegenüber uns selbst. Dieser Gehalt kommt aber nur zur Wirkung und jene Macht nur zum Vorschein, wenn wir uns der Sprache des Glaubens auch bedienen. Die Ohnmacht erfahren wir, wenn wir sie aussprechen. Das ist der Ursprung der Macht des Glaubens.

Deshalb ist der Glaube an seinem Beginn eine Botschaft: das Evangelium. Die Gute Nachricht, die sich einstellt, wenn wir uns überwunden haben und der Ohnmacht angesichts der eigenen Existenz Ausdruck geben können. Die Gutheit dieser Nachricht ist an jene Ohnmacht von uns selbst geknüpft. Das ist die spezifische Heilserfahrung christlichen Glaubens: gerade in der Ohnmacht liegt eine kreative und gute Macht verborgen. Der Glauben bringt sie zum Vorschein und läßt sie leuchten. Zunächst geschieht das auf Kosten unseres Ansehens vor den anderen. Denn in der Umkehr entblößen wir uns mit dem, was andere von uns fernhält und an uns abschreckt. Die Erkenntnis der eigenen Fehler und das Bekenntnis ihrer Realität vor anderen, das Zur-Sache-Kommen mit uns und Zur-Sprache-Bringen dessen vor anderen macht einsam. Glaubenserfahrung ist ein personaler Akt, der die Person an ihre Grenzen führt. Ohne Anerkennung dieser Grenzen gibt es keine Glaubenserfahrung. Wer die Gute Nachricht hört und sie sich zu eigen macht, steht zunächst vor den Trümmern seines eigenen Lebens. Die Gutheit dieser Nachricht ist keine billige Versöhnung, kein 'Schwamm-Drüber'-Halleluja, sondern eine existentielle Härte, eine Zumutung an unsere Selbstdarstellung und an unseren Hochmut vor anderen. Allein das Bekenntnis des Evangeliums beinhaltet diese Macht. Ohne die Anerkennung der eigenen Ohnmacht geschieht es nämlich nicht; sonst sagten wir zwar, was das Evangelium besagt, aber wir sagen nicht das Evangelium aus. Das aber sagen wir aus, wenn wir die Güte der Ohnmacht erfahren, in die es uns hineinzwingt.

Es gibt ein aktuelles Beispiel für diesen Sprachzusammenhang, der christlich motiviert ist, aber zunächst keinen institutionellen religiösen Rahmen hat: die südafrikanische Wahrheitskommission. Dort traten Mörder auf, um ihre Menschenrechtsverbrechen zu bekennen. Sie wurden dafür nicht bestraft, sondern haben Amnestie erhalten; wenn sie nicht vor diese Kommission getreten sind, müssen sie jedoch mit Strafverfolgung und Verurteilung rechnen. Die Wahrheitskommission war ohnmächtig, aber sie zwingt die, die vor ihr auftreten, in die Ohnmacht.[22] Und darin liegt ihre gesellschaftliche Macht. Eine größere Demütigung für den rassistischen Hochmut eines Pieter Wilhelm Botha kann es nicht geben, als vor dieser Kommission aussagen zu müssen. Er muß sagen, was er getan hat und kann nicht das vertuschen, was er von sich im Gedächtnis der anderen nicht wissen will. Ob diese Macht aus der Ohnmacht auch eine versöhnende Macht in der Gesellschaft haben wird, muß sich noch zeigen. Sie durch-

---

[22] Zum politischen Sachverhalt vgl. Kendall Thomas, Die Verfassung der Amnestie: Der Fall Südafrika. In: Gary Smith/Avishai Margalit (Hg.), Amnestie oder die Politik der Erinnerung in der Demokratie. Frankfurt: Suhrkamp, 1997, S. 179-191. - Den soziologischen Zusammenhang einer charismatischen Überwindung der Macht im Modus der Ohnmacht kann man gerade auch bei Jesus von Nazareth beobachten, vgl. dazu Michael Ebertz, Macht auch Ohnmacht. Die stigmatischen Züge der charismatischen Bewegung um Jesus von Nazareth. In: Winfried Gebhardt/Arnold Zingerle/Michael N. Ebertz (Hg.), Charisma. Theorie-Religion-Politik. Berlin: de Gruyter, 1993, S. 71-90.

bricht den Rachezyklus, aber sie bringt Ohnmachtserfahrungen - für die Täter und die Opfer sowie deren Hinterbliebene. Das zeigt auch die geheime Macht der Bosheit, die allseits nur Ohnmacht produziert. Wo Bosheit herrscht, verlieren letztlich alle die Macht und am Ende hat nur die Bosheit selbst die Macht. Deshalb sind Verbrechen an der Menschenwürde für alle gefährlich.

Das Evangelium ist eine Art sprachlicher Wahrheitskommission. Seine Botschaft hat aufklärerische Kraft; denn seine Sprache begreift nur, wer sich aufklären läßt darüber, was falsch an ihm oder an ihr ist. Ohne die Anerkennung der eigenen bitteren Wahrheit bleibt seine Wahrheit verborgen. Was es besagt, ist eine Bühne für die Erkenntnis der eigenen Grenzen. Was es benennt, ist ein Weg für die Überschreitung dieser Grenzen - aber nicht im Modus der Macht, die diese Grenzen mißachtet, sondern im Modus der Ohnmacht, die diese Grenzen anerkennt. Wer glaubt, ist mit dem konfrontiert, was in seinem Leben nicht förderlich ist und andere gefährdet. Ohne die Auseinandersetzung mit der Gefahr, die von mir für mich und für andere ausgeht, kann es kein Bekenntnis des Glaubens geben. Dieses Wissen ist die Basis des Glaubens; es gibt daher keinen Gegensatz von Glauben und Wissen. Beide sind innerlich miteinander verbunden. Der Glaube ist ein Weg zum Wissen - *credo ut intelligam*. Der Glaube, der diesen Weg des Wissens und der Aufklärung über die reale Gefahr, die jemand für andere bedeutet, nicht gehen will, ist ein irrender Glaube. Denn wie Anselm von Canterbury in seinem anderen theologischen Programmspruch sagt: *fides quaerens intellectum* - der Glaube sucht zu begreifen. Wer den Glauben bekennt, sucht gerade auch das zu erkennen, was bei der eigenen Person im Argen liegt.

Ohne diese freigelegte Wahrheit durch die öffentliche Anerkennung der Bosheit gelingt das Evangelium nicht. Über diesen Sprachprozeß bringt es Umkehr. Und in dieser Umkehr liegt die Würde der Ohnmacht der Glaubenden. Diese Ohnmacht ist eine Macht - aber nicht für den, der glaubt, sondern für die, vor denen er den Glauben bekennt.

5) Die Gemeinschaft zum Glauben - eine Erfahrung der Macht

Glauben ist eine personale Tat und eine Erfahrung der Ohnmacht, aber seine Sprache wird nicht von denen hervorgebracht, die ihn bekennen, sondern von denen, vor denen jene seine Botschaft bekennen. Das ist zunächst eine Selbstverständlichkeit. Sobald wir uns äußern, benutzen wir Worte, die nicht von uns stammen, sondern die wir von anderen gelernt haben. Es gibt keine Privatsprache, und es kann auch keine Äußerung rein privater Natur geben, die verständlich wäre. Eine Äußerung ist dann sprachlicher Natur, wenn die Möglichkeit auf Verständnis gegeben ist. Dafür aber muß man eine Sprache sprechen, die nicht aus der eigenen Existenz entsteht, sondern aus dem sozialen Zusammenhang, den wir mit denen gemeinsam haben, mit denen wir sprechen. Hier sieht man schon die Eigenständigkeit der Sprache und auch die Macht, die sie dem Subjekt gegenüber verkörpert.

Aber dieser Zusammenhang ist auch eigentümlich für den christlichen Glauben. Glaube gründet in der Offenbarung eines Wortes. Es wird von denen gesprochen, die seine Botschaft benennen. Zwischen dem Wort und seinen Bekennern besteht eine Gemeinschaft, die konstitutiv für das ist, was hier an Offenbarung zu Gehör kommt. Wenn diese Botschaft benannt wird, kann Offenbarung präsent werden. Ohne das Wort hat der christliche Glaube keine Existenz. Er ist nicht ein Mysterium, in das Auserwählte einführen, sondern vielmehr eine Selbstmitteilung jenes Gottes, um den es in ihm geht, in dem, was die Bekenner des Glaubens zum Ausdruck bringen. Gott ist keine Schöpfung dieses Bekenntnisses, sondern das Wort dieses Bekenntnisses ist seine Schöpfung. Das bedeutet auf der anderen Seite, daß diejenigen, die ihn zum Thema machen, selbst ein Thema dieses Bekenntnisses sind. Sie hören nicht etwas durch zusätzliche Ohren, das sie dann wiedergeben, sondern es hängt an ihrer Sprache, daß die Selbstmitteilung Gottes hörbar ist. Daher ist die Sprache des Glaubens ein Problem seiner Existenz. Das Wort, das diese Sprache benennt, liegt ihr voraus und muß deshalb eigens zum Thema werden. Das ist das Evangelium.

Die Vorrangigkeit des Wortes zeigt sich in der geschilderten Ohnmachtserfahrung. Man gelangt erst zur Erfahrung dieses Wortes, wenn man sich mit den eigenen Fehlern konfrontiert hat. Man kann das Evangelium zwar ohne diese Ohnmacht verstehen, aber man begreift es erst, wenn die Macht seines Wortes zu einer Erfahrung der eigenen Person wird. Das geschieht, wenn es dem klärenden Selbstverhältnis die nötige Sprache gibt. Hier zeigt sich seine Macht, die zugleich die Macht derer ist, die diese Sprache sprechen. Die Gemeinschaft im Wort des Evangeliums ist eine mächtige Größe. Sie ermächtigt die einzelnen Mitglieder, sich in dem auszusprechen, was sie wirklich sind. Sie erniedrigt diejenigen nicht, die Ohnmacht erfahren, sondern gibt ihnen die Macht, diese Erfahrung zu benennen. Das macht diese Gemeinschaft gegen Bedrohungen von außen widerständig. Menschen, die wissen, wer sie auch in der Ohnmacht sind, und die im Durchgang durch ihre dunklen Seiten authentisch werden, lassen sich nicht einfach brechen. Sie befürchten nicht so einfach den Tod und können nicht ohne weiteres unterjocht werden. Nicht das Martyrium ist ihnen das Schlimmste, sondern der Verlust der eigenen Identität. Das Martyrium widersteht geradezu diesem Verlust. Das ist die Ohnmacht der Gewalt vor denen, die glauben. Verfolgung kann ihre Gemeinschaft nicht brechen, sondern bestärkt sie in der Stärkung jener, die ihre Identität gerade in der Ohnmacht suchen.

In der Sprachgemeinschaft des Evangeliums entsteht ein Raum, in dem Personen zu dem werden können, wozu sie berufen sind. Das ist eine Machtansammlung, die positiv oder negativ verwendet werden kann: negativ, wenn die Gemeinschaft das Wissen nutzt, das sich in der Aussprache der einzelnen Person offenbart, um sich diese Person gefügig zu halten; positiv, wenn genau dieses Wissen der Grund für den Respekt vor ihr ist. Aber nur im zweiten Fall wird die Gemeinschaft die Macht des Wortes erfahren, das sich in der Sprache ihres Glaubens findet. Im ersten Fall wird sie selbst mächtig, aber nur in dem Sinn, daß sie Verfügung über andere hat, aber eben nicht über sich selbst. Denn auch für sie gilt, daß dieses Wort sie mit der eigenen Bosheit konfrontiert. Der nicht auszuweichen, sondern sie anzugehen, ist eine gemeinschaftliche Befreiungstat. In der Auseinandersetzung der Gemeinschaft mit sich selbst, hat die einzelne Person die Schlüsselstellung. Wird ihrer Umkehr Respekt gezollt und wird damit ihre Ohnmacht eine Macht vor den anderen, oder wird sie kleingemacht und in quälender Hilflosigkeit gehalten? Das erste bedeutet die Freiheit des Glaubens. Das aber stellt die Gemeinschaft der Glaubenden vor die Freiheit der einzelnen Person gerade in dem Glauben, der diese Gemeinschaft bekennt. Hier meldet sich die Gewissensfrage.

6) Das Bekenntnis zum Gewissen - eine Erfahrung der Ohnmacht der Macht

Wer sich dem Glauben aussetzt, geht durch das tiefe Tal der Ohnmacht vor den eigenen Fehlern. Er oder sie wird mit dem konfrontiert, worin die eigene Existenz problematisch ist und scheitert. Ohne Aufklärung über die falschen Verhaltensweisen und bösartigen Strukturprinzipien der eigenen Person ist das Evangelium von der eigenen Person nicht zum Thema zu machen. Die Instanz in der Person dafür ist das Gewissen. Über seine Existenz sind Menschen sich seit langem klar. Altorientalische Eidgötter, griechische Erinnyen, lateinische Furien belegen die Kenntnis des Problems in der Kulturgeschichte.[23] Platon berichtet von seinem Lehrer Sokrates, er habe von einem 'daimonion' gesprochen, einer inneren Stimme, die ihn vor schlechten Taten warnte.[24] Das Gewissen markiert die menschliche Existenzgestaltung in der Differenz von Gut und Böse und hat es stets mit Konflikten zu tun. Ein gutes Gewissen gibt es im Grunde nicht, zumindest steht es stets in der Gefahr, zu einem ruhiggestellten Mahner zu werden. Es ist dann, wie es Bonhoeffer ausdrückt, "ein salviertes Gewissen" und entsteht, wenn man "sein eigenes Gewissen belügt, um nicht zu verzweifeln."[25] Im Gewissen kommt die Ohnmacht vor den eigenen Fehlern zu Wort - und wird dadurch zu einer Macht der eigenen Existenz gegenüber.

Mit dem Gewissen lassen sich die ethischen und moralischen Fragen wie in einem Brennpunkt fassen; es steht daher auch im Zentrum jeder Moraltheologie und ethischen Philosophie. Das möchte ich hier nicht weiter ausfalten, sondern die analytische Potenz des Gewissens in Richtung auf die Menschenrechte hin freilegen. Sie zeigt sich, wenn man die Gewalt in der Differenz von Gut und Böse zum Thema macht. Menschenrechte stehen in der Differenz von Gut und Böse; sie verweisen auf das Gute im Menschen gegen die Bosheit, zu der er fähig ist. Sie sind gesellschaftliche Größen und innerlich mit der Gewalt als einer herausragenden sozialen Größe verbunden. Es gibt kein spezielles Gewissen für die Menschenrechte, aber sie legen im Gewissen die Gewaltproblematik frei, die zur

---

[23] Vgl. Hildegard Cancik-Lindemeier, Art. 'Gewissen'. In: Handbuch religionswissenschaftlicher Grundbegriffe. Bd. 3. Stuttgart: Kohlhammer, 1993, S. 20, Fn. 11.
[24] Des Sokrates Apologie 31c7-d4, und Phaidros 242b4-c3, vgl. Platon, Werke in acht Bänden. Griechisch und Deutsch. Hg. v. Gunther Eigler. Darmstadt: Wissenschaftliche Buchgesellschaft, 1990, Bd. 2 und Bd. 5.
[25] Dietrich Bonhoeffer, Ethik. 2., überarb. Auflage. München: Kaiser, 1998, S. 65.

Existenz gehört. Insofern läßt sich hier vielleicht schon erahnen, welche neuen Perspektiven das Thema der Menschenrechte in die Tradition der Theologie einbringt.

Mit dem Gewissen wird der Person eine Stimme für die Ohnmachtserfahrung gegeben, die sich durch die Bosheit einstellt, der jemand verfallen ist. Diese Stimme bringt schonungslos die Gewalt zu Wort, die sich in der eigenen bösen Tat befindet und sich in der Regel hinter Rechtfertigungen wie 'keine andere Wahl' oder 'nicht gewollt' oder 'Befehlsnotstand' etc. versteckt. Das Geheimnis des Bösen liegt in seiner Macht, außerhalb seiner selbst ausschließlich Ohnmacht herstellen zu können; niemand ist dem Bösen kraft eigener Macht gewachsen. Seine Realität verwandelt jede Macht in eine Ohnmacht. Dagegen steht das Gewissen auf; es erzeugt die Erfahrung vom Fluch der bösen Tat im Innen der eigenen Person. Es ist die eigene Stimme, die sich nicht vom Getöse der Diskurse überdecken läßt und alle zur Schau gestellte äußere Macht mit der inneren Ohnmacht vor der eigenen Bosheit konfrontiert. Wenn der Mensch dem Menschen zum Wolf wird, spricht diese Stimme. Es ist die Stimme des Täters, nicht die des Opfers. Das Opfer wird nicht von ihr heimgesucht, es hat vielmehr unter der Gewalt von außen zu leiden. Aber das kann so weit gehen, daß Opfer, die das Glück hatten, den Todesmaschinerien dieses Jahrhunderts zu entgehen, sich vor denjenigen schuldig fühlten, die darin ermordet wurden. Opfer erleiden Ohnmacht, und das hört nicht einfach auf, wenn die Opferkonstellation verlassen ist. Die Sprachlosigkeit vor der Gewalt, der man entronnen ist, wirkt lange nach.

Das Gewissen jedoch ist nicht sprachlos, sondern sprachmächtig. Es spielt sich im Inneren des Täters ab und gewinnt Kraft aus der äußeren Gewalt, die der Täter gegenüber dem Opfer übt, und verwandelt sie in die Macht des Widerstandes gegen diese Gewalt. Je größer die Gewalt, desto dringlicher der Widerstand. Zugleich aber ist dieser Widerstand ohnmächtig; er kann nicht den Täter mit einer Tat stoppen. Er kann lediglich mit der Kraft der Stimme einschreiten. Das Gewissen ist ein sprachlicher Akt, folglich ohnmächtig gegen die Tat. Es kann die Tat nur anklagen, nicht kraft eigener Macht verhindern. Es verfügt über keine Gewalt, sondern nur über die Kraft des inneren Widerstandes. Aber sofern hier die Ohnmacht des Widerstandes gegen die Gewalt zu Wort kommt, entsteht eine Basis, diese Kraft nach außen zu transformieren. Im Gewissen lernen wir, der eigenen Gewalt Widerstand zu leisten. Es stellt uns vor die Ohnmacht des Opfers in der Erfahrung der Ohnmacht vor der eigenen

Bosheit. Diese Erfahrung ist für die eigene Existenz lebenswichtig und im sozialen Kontext eine Überlebensfrage. Sie ist lebenswichtig, weil wir auf Dauer nicht mit reiner Bosheit existieren können, weil wir dann zu einer immer ohnmächtigeren Gestalt verkommen. Am Ende bestimmt uns nur noch die böse Tat, nicht aber mehr der eigene Willen.

Tyrannen sind nach außen hin mächtig, erscheinen manchmal sogar als allmächtig, aber sie werden nur noch von der Bosheit der eigenen Taten beherrscht. Sie haben sich der Logik des Bösen auf Gedeih und Verderb ausgeliefert. Der Wille, der das Böse will, hat keine Alternative mehr im Wollen. Er verliert eine entscheidende Qualität des Willens: sich entscheiden zu können. Leute wie Nero, Iwan, Hitler, Stalin, Pol Pot kannten kein Zögern und kein Zweifeln darüber, was sie glaubten, tun zu müssen. Sie hatten sich 'immer schon' entschieden, eine weitere Entscheidung war nicht mehr nötig. Die Bosheit, der sie sich verschrieben hatten, machte sie vor den anderen unglaublich mächtig, also vor jenen, die zögerten und zweifelten, ob dieser Weg der richtige sei. Die Macht der 'immer schon' getroffenen und glasklaren Entscheidung ist faszinierend, wenn es aber die Entscheidung zum Bösen ist, bedeutet sie die bloße Gewalt. Gerade weil der Wille Hitlers keine Zweifel mehr kannte, konnte er die anderen beherrschen und seinen Willen zum kollektiven Willen machen.[26] Es gab keine inneren Differenzen mehr und deshalb konnte er die äußeren Differenzen überwältigen. Die Person Hitler existierte am Ende nicht mehr, es gab nur noch den Tyrannen; die öffentliche Person und die eigene Person waren identisch und damit zugleich die Schuldfrage strukturell ausgegrenzt. Der ein-

[26] Er löste damit das Identitätsproblem, vor das eine einzelne Person angesichts der überwältigenden Zahl möglicher Orientierungen in einer modernen Zivilisation gestellt wird. Rainer Bucher erkennt darin die strukturelle Basis von Hitlers religiöser Potenz und erklärt damit seine Faszination auf die Zeitgenossen. "Denn Hitler versprach die Segnungen der Moderne ohne deren identitätsgefährdende Pluralitätszumutungen. Es [sic] entsprach damit tatsächlich wohl den geheimen oder offenen Sehnsüchten vieler im deutschen Volk. Die Gesellschaft als konfliktintensive Pluralität wurde als Zumutung erlebt, die Sehnsucht nach einem identitären Mythos war allgemein." (Kirchenbildung in der Moderne. Eine Untersuchung der Konstitutionsprinzipien der deutschen katholischen Kirche im 20. Jahrhundert. Stuttgart: Kohlhammer, 1998, S. 94) Die Ohnmacht der einzelnen Person, die in der Pluralitätserfahrung liegt, wird bei diesem Prozeß in kollektive Macht umgewandelt, das sich nur im Repräsentanten dieser Umwandlung als personale Macht niederschlägt. Damit geht aber die Auslieferung an dessen Machtgebrauch einher. Der Gewaltgehalt in der Ohnmacht der anderen wird dabei nicht aufgelöst, sondern verstärkt. Das kann jenen Sündenbockmechanismus auslösen, für den die deutschen tausend Jahre von 1933 bis 1945 exemplarisch sind.

mal eingeschlagene Weg sollte und konnte nicht mehr verlassen werden. Eine Kapitulation kam selbst nach der Niederlage von Stalingrad nicht in Frage; deshalb mußten weitere Millionen Menschen sterben.

Die Erfahrung des Gewissens ist aber nicht nur lebenswichtig für die Überwindung der Bosheit in der eigenen Existenz, sondern auch überlebenswichtig im Verhältnis zu den anderen und deren Bosheit. Wer es lernt, die böse Tat vor sich selbst anzuklagen und ihrer Gewalt in der Ohnmacht der eigenen Person zu widerstehen, wird fähig, sich von der Macht der anderen nicht schrecken zu lassen und deren Gewalt mit der eigenen Ohnmacht zu widerstehen. Wer vor sich selbst und der Auseinandersetzung mit der eigenen Bosheit nicht davonläuft, hat das auch nicht im Verhältnis zu anderen und deren Bosheit nötig. Wer keine Angst vor dem Eingeständnis der eigenen Ohnmacht hat, fürchtet die Macht der anderen nicht. Was sich über das Gewissen im Innen der Person abspielt, hat einen Handlungsradius im Außen der anderen. Deshalb findet die Macht von außen hier ihre Grenze. Das Gewissen ist ein Ort, den die Gewalt der Macht nicht brechen kann und der für sie potentiell gefährlich ist. Gewalt kann Menschen zerstören, aber sie ist nicht fähig, das Gewissen der anderen Person in Besitz zu nehmen. Deshalb ist es für die Existenz der Menschen angesichts der Gewalt ihres Zusammenlebens von unersetzlichem Wert. Die eigene Ohnmacht, die sich im Gewissen äußert, wird in der Auseinandersetzung mit dieser Stimme zu einer Machtbasis für einen selbst im Verhältnis zu den anderen.

Im Glauben wird auf diesen Zusammenhang abgestellt. Er ist auf die Ohnmacht der Menschen in der Umkehr von der Bosheit ursprünglich bezogen und deshalb an der Fähigkeit interessiert, daß wir den Spruch des Gewissens hören können. "Denn der Mensch hat ein Gesetz, das von Gott in seinem Herzen eingeschrieben ist, dem zu gehorchen eben seine Würde ist und gemäß dem er gerichtet werden wird."[27] Diese Würde geht nicht verloren, wenn das Gewissen objektiv irrt. Das ist eine der Spitzenleistungen der Theologie der Scholastik; sie war die Hochzeit der theologischen Auseinandersetzung um das Gewissen. Die Unterscheidung von *synderesis* und *conscientia*, vom Wissen um die Handlungsprinzipien und der Er-

---

[27] Pastoralkonstitution über die Kirche in der Welt von heute *Gaudium et spes* 16, vgl. DH 4316

kenntnis ihrer konkreten Anwendung, stammt aus dieser Zeit.[28] Thomas von Aquin unterscheidet zwischen der Unfehlbarkeit der *synderesis*, die eine *participatio* am göttlichen Gesetz ist, und der möglichen Fehlbarkeit der *conscientia*, die im konkreten Urteil neben der Wahrheit liegen kann. Doch gerade das bedeutet, daß wir auch im Fehlurteil des Gewissens mit Gott verbunden bleiben. Wer der *conscientia* nicht folgt, kann auf die *synderesis* nicht mehr vertrauen. Deshalb gilt gerade für den Ordensmann Thomas, daß Menschen auch dem irrenden Gewissen folgen müssen. Denn diesem auszuweichen, hieße Gott auszuweichen, der uns im Gewissen einem Urteil unterzieht. Wer das Gewissen gering achtet, weil es im Konkreten fehlgehen kann, verliert die humane Basis der Existenz. Gerade weil wir fehlgehen können, gibt es das Gewissen. Seine mögliche Fehlbarkeit ist kein Argument gegen seine Autorität, sondern ein Beleg für sein humanes Fundament. Für Immanuel Kant - nebenbei gesagt - ist das irrende Gewissen "ein Unding".[29] Das erklärt sich aus seiner rein formalen Ethik. Kant gewichtet nicht die Maxime, sondern den Mechanismus ihrer ethischen Überprüfbarkeit. Beim irrenden Gewissen ist man jedoch auf der Ebene der Maximen, deren ethische Qualität Kant unterschätzt hat. Doch erst auf der Handlungsebene selbst geht es um die Humanität. Der kategorische Imperativ gehört zu den Bedingungen ihrer Möglichkeit, ist aber nicht ihre Realisierung. Realisiert wird sie jedoch im Gewissensspruch. Er bedeutet die Auseinandersetzung mit der Gewalt im Innen und im Außen der eigenen Existenz. Der christliche Glaube fördert das Gewissen und ist deshalb unweigerlich mit der Gewalt verstrickt, auf die es reagiert. In der Förderung des Gewissens fördert der Glaube zugleich eine Instanz im Menschen, die sich gegen die Gewalt der Religion dieses Glaubens wenden kann. Darin liegt eine gewisse Tragik für das Christentum, doch macht das auch seine Größe aus. Eben weil christlicher Glaube das Gewissen fördert, wird er zu einer tragenden Größe in der Auseinandersetzung mit den Mächten und Gewalten unter den Menschen. Das Bestehen auf der Gewissensfreiheit ist deshalb eine Basis der Menschen-

---

[28] Vgl. Hildegund Keul, Menschwerden durch Berührung. Bettina Brentano-Arnim als Wegbereiterin für eine Feministische Theologie. Frankfurt: Lang, 1993, 381-388.
[29] Metaphysik der Sitten, Einleitung zur Tugendlehre. Werke in zehn Bänden. Hg. von Wilhelm Weischedel. Bd. 7. Darmstadt: Wissenschaftliche Buchgesellschaft, 1983, S. 532, sowie: Über das Misslingen aller philosophischen Versuche in der Theodizee, ebd., Bd. 9, S. 120.

rechte, die vom Glauben mitgebaut wird. Er tut es um seiner selbst willen; doch damit entsteht eine Bühne, auf der die Menschenrechte zu einem prinzipiellen Thema der Menschwerdung selbst werden.

Die schwache Kraft der personalen Ohnmacht wird durch den Spruch des Gewissens zu einer Erfahrung der Ohnmacht der Macht, der man gegenübersteht. Das dreht nicht einfach das Machtgefälle um, so daß die eigene Person plötzlich die Macht besäße und die anderen ihre Gewalt verlören. Es zieht vielmehr eine Grenze für die Übergriffe der Macht von außen, indem es die Macht der eigenen Ohnmacht verstärkt und zum Widerstand gegen diese Gewalt befähigt. Nicht die Übergriffe werden aufgelöst, aber die Angst vor der eigenen Ohnmacht, also ihre Machtlosigkeit. Sie wird zur Macht des Widerstandes gegen die Macht der anderen und darin zu einem Ort, sich vor allen anderen authentisch zu Wort zu melden.

Die Freiheit des Glaubens ist auf das Gewissen angewiesen. Es gibt ihr die humane Würde, ohne die sie sich nicht zur Wehr setzen kann. Wer Glaubensfreiheit fordert, fördert Gewissensfreiheit. Damit aber betritt man die Arena der Politik. Denn den politischen Mächten und Gewalten werden Grenzen gezogen, die sie nicht überschreiten können und die in der Stimme des Gewissens sich auch Gehör verschaffen. Das Gewissen macht Menschen menschenrechtsfähig, der Glaube gibt dem eine Sprache vor den anderen. Die Freiheit des Glaubens ist deshalb ein Politikum und eine Plattform der politischen Auseinandersetzung. Wenn Politik von der Freiheit des Glaubens her betrachtet wird, zeigt sich die Differenz von Macht und Ohnmacht in den Eckdaten der Politik. Das soll im nächsten Schritt herausgearbeitet werden.

B. POLITISCHE ECKDATEN

Menschenrechte sind keine natürlichen, sondern politische Rechte. Sie haben keinen immanenten, sondern einen transzendenten Ursprung. Sie sind nicht einfach in die Natur der Dinge gelegt, sondern werden in der Auseinandersetzung um die Gewalt von Menschen an Menschen hervorgebracht. Sie sind sprachliche Größen, die der Ohnmacht der Menschen vor der Gewalt eine Darstellung geben und selbst in diesen Darstellungen zum Thema werden. Sie werden von den Auseinandersetzungen geboren, in denen Menschen sich gegen die Verletzung ihrer Würde verwahren und zu Wort melden.

Ihre politische Natur macht sie zu einem Schlüssel in der Welt der Politik. Wer über Menschenrechte reden will, muß die Strukturen dieser Welt zur Kenntnis nehmen. Und wer jene mit diesen konfrontiert, beleuchtet die Politik von einer Perspektive, die ihr zunächst fremd ist: die Perspektive der Ohnmacht, die Menschen in der Gewalt ihrer Beziehungen erfahren. Das ist nicht die genuine Logik der Politik; denn Politik ist die gemeinschaftlich organisierte Herrschaft von Menschen über die Natur, die Gesellschaft und andere Menschen.

III. Die Innen-Außen-Konstellationen der Politik Die Darstellung der Macht der Herrschaft für die Gesellschaft

Menschen können einander zu Wölfen werden. Sie benötigen um ihrer selbst willen Sicherungssysteme vor sich selbst. Diese herzustellen, ist das Geschäft der Politik. Sie betreibt es nach innen in die eigene Gruppe hinein und nach außen vor den anderen Gemeinschaften. Gleich welche Begründungsfigur man nimmt, ob nun die Vertragstheorie von Locke oder Rousseau, oder die Zwangstheorie von Hobbes und Kant, in jedem Fall entsteht Politik um das Problem, wie wir Menschen den Ausbruch der Gewalt unter uns begreifen, kanalisieren und möglichst verhindern. Das Material, mit dem Politik ihr Geschäft betreibt, ist die Macht von Menschen über Menschen.

Als Moses Mendelssohn im Berlin des 18. Jahrhunderts von einem judenfeindlichen Mitbürger wegen seines etwas angestaubten Rockes angegangen wurde, womit er als Jude denn so handle, gab er dem arroganten Lackaffen die Antwort: "Ich handle mit Vernunft, und in diesem Artikel werden wir gewiß nicht miteinander handeln, denn Sie haben wenig Bedarf an demselben."[30] Das Wort Mendelssohns kann man abwandeln und auf jene Menschen anwenden, die das Geschäft der Politik betreiben. Sie können auf diese Frage nach ihrer Handelsware antworten: "Ich handle mit Macht, und in diesem Artikel werden wir gewiß nicht miteinander handeln, denn Sie sollten möglichst wenig Anteil an demselben haben." Politiker betreiben das Geschäft der Macht zum Wohle der Menschen - so sagen sie zumindest -, und das bedeutet: zur Einschränkung des ungeregelten Austauschs der Macht unter den Menschen. Sie versuchen, die Macht unter Menschen in den Griff zu bekommen, um sie für die Menschen und ihr Gemeinwohl zu verwenden. Politik wird von der fundamentalen Differenz zwischen der Herrschaft und den Beherrschten bestimmt. Daß die Politiker selbst zu den Beherrschten eines Systems gehören, das geradezu spezifisch für seine Bedürfnisse zugeschnittene Charaktere hervorbringt, widerspricht dem nicht, sondern zeigt nur die schwer beherrschbare Handelsware Macht. Sie bildet Systeme aus, deren Eigendynamik auch von herausgehobenen mächtigen Einzelnen nur begrenzt beherrscht werden kann. Das System Politik ist eine eigene Größe menschlichen Handelns und eine Struktur zur Verhältnisbestimmung von Menschen untereinander. Sie konstituiert ein 'Dispositiv der Macht', eine Ordnungsgröße für die Diskurse unter Menschen, welche die Gesellschaft von Menschen betreffen.[31] Sie strukturiert die Auseinandersetzung unter Menschen auf einer sprachlichen Ebene und zieht Fäden darin ein, an denen wir uns entlang bewegen, wenn wir etwas mit und vor anderen erreichen wollen.

Im Handel mit der Macht entsteht Gesellschaft als jener Ort, an dem die Differenz von Ohnmacht und Macht ausgetragen wird. Je nachdem, welche Macht an diesem Ort repräsentiert wird, und je

---

[30] Norbert Hinske (Hg.), Ich handle mit Vernunft ... Moses Mendelssohn und die europäische Aufklärung. Hamburg: Meiner, 1981, S. viii.

[31] Vgl. Foucault, Ordnung a.a.O. (Fn.3).

nachdem, wie Ohnmacht hervorgebracht wird, entstehen unterschiedliche Staatsformen. Ich kann hier keine Staatstheorie formulieren; das ist keine Sache für einen Theologen. Ich will vielmehr elementare Differenzen von Macht und Ohnmacht im Komplex von Politik benennen, die für den Diskurs der Menschenrechte einschlägig sind und für ihn selbst Dispositive bereitstellen. Die Grundstruktur politischer Grammatik liegt dabei in der Differenz zwischen Herrschaft und Volk.

7) Herrschaft und Volk - die Grundstruktur der Macht

Die Verfassung des deutschen Bundeslandes Bayern bestimmt in ihrem ersten Artikel: "(1) Bayern ist ein Freistaat" und im zweiten Artikel: "(1) Bayern ist ein Volksstaat".[32] Man kann es schon als kennzeichnend für die bayerische Mentalität empfinden, daß in Bayern zuerst die Staatsform - der Freistaat (Artikel 1, Abs. 1) -, die Landesfarben - weiß-blau (Artikel 1, Abs. 2) - und das Landeswappen - durch Gesetz festzulegen (Artikel 1, Abs. 3) - bestimmt werden, ehe man auf das Volk zu sprechen kommt; man hat ein urtümliches Verhältnis zu repräsentativen Symbolen, was bis auf die spätrömischen Ursprünge der Bajuwaren zurückgeht. Aber es ist auch realistisch; denn das Volk übergibt dem Staat zwar die Gewalt, doch steht es ihm auch gegenüber. Der zweite Artikel über den Volksstaat Bayern wird denn auch von dieser Polarität bestimmt: "(1) Bayern ist ein Volksstaat. Träger der Staatsgewalt ist das Volk. (2) Das Volk tut seinen Willen durch Wahlen und Abstimmungen kund. Mehrheit entscheidet."[33] Damit ist die Demokratie des Volksstaates festgeschrieben.

Demokratie ist die Herrschaft des Volkes; aber das heißt nicht, daß das Volk nicht beherrscht wird. Es zeigt vielmehr seine Herrschaft, indem es die Orte seiner Ohnmacht selbst bestimmt. Es tritt die Macht ab, die es durch seine schiere Präsenz schon verkörpert, und wird von denen beherrscht, die es in die Ämter mit Macht gewählt hat. Die Inhaber dieser Ämter müssen bei der Wahl dann

[32] Bayerische Landeszentrale für politische Bildung (Hg.), Verfassung des Freistaates Bayern. Grundgesetz für die Bundesrepublik Deutschland. Eigenverlag der Landeszentrale, 1984, S. 19f.
[33] Ebd., S. 20.

die Macht wieder für einen kurzen, doch entscheidenden Augenblick abtreten. Wenn stets die gleichen gewählt würden, dann wird dieser Augenblick immer weniger entscheidend und am Ende gehört der Staat nicht dem Volk, sondern denen, die es beständig mit Macht ausstattet.

Gleichwohl ist die Gegenüberstellung von Herrschaft und Volk nicht zufällig. Sie gehört konstitutiv zur Politik, auch in der Demokratie. In den anderen Staatsformen ist das ja noch offensichtlicher. Die absolutistischen Monarchien funktionieren nach erblicher, die Volksdemokratien nach politbürokratischer und die Militärdiktaturen nach stabsorganisierter Logik. Jeweils steht eine geblütsbewußte Elite, eine ideologische Avantgarde oder eine ehrpusselige Clique der großen Masse des Volkes gegenüber. Auch die Demokratien westlichen Zuschnitts arbeiten mit einer kleinen *classe politique*, die in Ämter rückt, welche gesellschaftsbestimmende Macht und Potenz bedeuten.

Diese Polarität ist zwangsläufig; sie zeigt, daß Herrschaft kein Naturprodukt der Macht ist, sondern ein Ergebnis von Organisation. Macht muß organisiert werden, damit sie etwas bedeutet. Wer das Sagen hat, aber nichts sagt, sitzt auf der Macht, doch sie verfault darüber. Macht muß arbeiten, um Realität zu sein; diese Realität kann vielfältige Gestalten annehmen. Nur ein Tenor, der singt, verfügt über die Macht der Musik, nur eine Schriftstellerin, die schreibt, hat die Macht des Wortes, nur ein Stürmer, der Tore schießt, ist eine Macht im Fußballspiel etc. Die politische Realität der Macht ist die Herrschaft. Diese Form von Machtarbeit geschieht mit Organisation. Herrschaft ist das Management von Macht, um es mit einem gegenwärtig herrschenden Sprachspiel zu sagen. Die amorphe Masse Volk wird organisiert, soweit die jeweilige Herrschaftsform das zuläßt.

Aber keine Herrschaft ist so mächtig, daß sie alle Lebensäußerungen eines Volkes organisieren kann. Die jeweiligen Formen unterscheiden sich auch durch den Schwerpunkt, den sie in ihrer Organisation setzen. Sie definieren den Herrschaftsbereich jeweils anders; was sie darunter verstehen, ist dann der harte Kern des Staatsbetriebes. Die Organisation von Macht durch die Herrschaft bringt den hoheitlichen Bereich des Staates hervor. Eine Volksdemokratie geht dabei sehr weit in Sachen öffentlicher Äußerung, eine Militärdiktatur geht sehr weit in Sachen Waffenführung, eine absolutistische Monarchie geht sehr weit in Sachen privilegierter Repräsentation, eine westliche Demokratie geht sehr weit in Sachen öffentlicher Finanzverwaltung. Je nachdem, worin die Macht organisiert wird, kann man auch das Gegenüber erkennen, das eine Herrschaftsform unter allen Umständen verhindern will und das die hoheitliche Gewalt gefährdet. Volksdemokratien fürchten die Darstellung von Dissens, Militärdiktaturen den Aufstand, Monarchien die Gleichmacherei, westliche Demokratien den Bankrott. Volksdemokratien brauchen deshalb einen gut organisierten Spitzeldienst, Militärdiktaturen ein starkes stehendes Herr, Monarchien viele Orden und Empfänge, Demokratien breit angelegte Haushaltsgesetze. Hier wird die Macht zur Hoheit organisiert, die aus der Ansammlung von Menschen entsteht und deren Gewalt zugleich im Zaum hält. Was jeweils diese Hoheit gefährdet, gilt als das Gegenteil davon: als niedrig oder nicht standesgemäß, als volksschädlich oder Verrat am Proletariat, als ehrenrührig oder primitiv, als unsolide oder ohne Maß und Ziel. Die jeweils nicht-herrschaftlich organisierte Gewalt kann dann eben Umsturz, Konterrevolution, Aufstand oder Korruption genannt werden. Es gibt keine Herrschaft ohne die Gefahr, daß ihre Hoheit stürzt. Dagegen muß sich die Macht in der Herrschaft verwahren; ein Großteil der politischen Energie fließt in diesen Bereich. Die Organisation muß dann verbessert und engmaschiger ausgebaut werden.

Hier liegt zugleich ein Gefährdungspotential für die Menschenrechte. Denn wichtiger als das Volk muß der Herrschaft ihre Hoheit sein, wenn sie an der Macht bleiben will. Folglich kann man durch Privilegien, Überwachung, Waffengebrauch, Bürokratie Menschenrechte antasten und verletzen. Das gilt dann für die jeweilige Herrschaft in einer Gesellschaft als selbstverständlich, weil ohne dieses Vorgehen ihre Hoheit angefochten würde. Im Gegenüber zum Volk ist die Herrschaft normalerweise betriebsblind in Sachen Menschenrechte; ist sie es nicht, muß sie Einbußen in ihrem hoheitlichen Bereich hinnehmen. Ein gutes Beispiel dessen ist die Ausländergesetzgebung in Deutschland. Durch die doppelte Staatsbürgerschaft sah lange Zeit eine Mehrheit der Herrschenden die Hoheit des Staates gefährdet. Wenn es doch zu einer solchen doppelten Staatsbürgerschaft kommen sollte, dann würde in der Tat der hoheitliche Bereich des Staates eingeschränkt - zu Gunsten des realen Volkes in Deutschland, also all jener Menschen, die in der deutschen Gesellschaft leben. Die sind nicht identisch mit der abstrakten Größe des 'deutschen Volkes'. Dieser Begriff wird durch die Einführung einer doppelten Staatsbürgerschaft schwieriger zu definieren sein. Doch schadet das dem Volk nicht, vielleicht aber denjenigen, die seine Autorität für eigene Zwecke nutzen wollen. - Menschenrechte verschärfen also die Differenz von Herrschaft und Volk; sie lassen das Problem zu Tage treten, das hier sitzt: die Gewalt. Wegen ihrer Existenz sind Menschenrechte auch von der Herrschaft latent gefährdet, und für ein Volk, das in Harmonie mit seiner Herrschaft lebt, eben keine selbstverständliche Größe.

Die Gewalt, die unter Menschen aufkommen kann, sitzt weder nur allein auf einer Seite, noch läßt sie sich auf Dauer für Volk oder Herrschaft sichern. Sie fließt zwischen beiden hin und her und ist selbst eine eigenständige Größe in beider Differenz. Es gibt nur zwei Möglichkeiten, ihr zu begegnen: die Gewalt verstärken, oder die Gewalt eindämmen. Das erste bedeutet selbst Gewalt, das zweite bedeutet Widerstand gegen die Gewalt.

Beides, Gewalt und Widerstand, können von der Herrschaft oder vom Volk ausgehen. Wenn Herrschaft oder Volk selbst zur Gewalt greifen, dann gibt es eine Verfolgungswelle oder einen Bürgerkrieg. Folgen sie der Grammatik des Widerstandes, dann gibt es entweder Notstandsgesetze oder eine Revolution. Das Gegenüber von Gewalt und Widerstand beschreibt den Grundkonflikt in der menschlichen Geschichte.

8) Gewalt und Widerstand - der Grundkonflikt der Geschichte

Die Erfahrung der Menschen in der Neuzeit zeigt: Krieg ist der Normalfall, Frieden die Ausnahme. Diese Erfahrung hat das moderne Denken tief geprägt. Man fragt sich: Woher stammt die Gewalt? Und wie kommt der Friede? In der Aufklärung gab es dazu zwei divergierende Positionen, die als Antipoden bis heute im Diskurs der Macht zu finden sind. Die einen gehen davon aus, daß Menschen von Natur aus gewalttätig sind und nur durch strenges Selbst- oder Fremdregiment zum Frieden kommen; die anderen glauben an die natürliche Unschuld der Menschen, die durch einseitige und unvernünftige Interessen beim Zusammenleben in den Kriegszustand umschlägt. Die einen glauben an die Notwendigkeit, die Menschen unter vernünftigen Zwang zu stellen, um ihrer Natur zu entgehen, die anderen setzen auf die Selbstverpflichtung der Menschen, die durch die Vernunft gesellschaftlich notwendig ist. Beide setzen auf die Macht des Rechts, die durch souveräne Gewalt oder durch rationalen Widerstand hervorgebracht wird. Die Vertreter der souveränen Gewalt fordern den rationalen Widerstand des Gemeinwesens gegen seine Selbstzerstörung, die Vertreter des bürgerlichen Widerstands die Gewalt der vertraglichen Selbstverpflichtung.

Die erste Position hat idealtypisch Thomas Hobbes (1588-1679) in seinem 'Leviathan' formuliert.[34] Das Buch erscheint 1651 nach dem Bürgerkrieg zwischen Krone und Parlament (1642-1648) in der Cromwell-Ära als eine Rechtfertigung des absolutistischen Souveräns, weil für Hobbes die Alternative noch schlimmer ist. Man hat oft argumentiert, er wollte damit Cromwells Wohlwollen gewinnen, dessen Lordprotektorat nichts anders als eine Militärdiktatur (Elitetruppe der *Ironsides*) war. Doch reicht Hobbes' Grundposition weit über die Tagesaktualität hinaus und eignet sich nicht zur Ideologie puritanischer Staatsgewalt: Besser der Leviathan einer alles bestimmenden Staatsgewalt als die gegenseitige Vernichtung im Krieg aller gegen alle. Hobbes glaubte nicht an die göttliche Einsetzung von Königen oder Protektoren, sondern an die rationale Begründung von Souveränität. Jeder Souverän ist besser als gar keiner; denn nur der Souverän, also die Größe mit der Entscheidungsmacht über Leben und Tod, verhindert die Selbstzerstörung. Souveränität ist folglich eine politische Größe; sie wird durch die Geschichte gemacht, nicht von einem Jenseits her eingesetzt. Sie ist der Staat selbst. Er ist eine Nachahmung des Menschen durch den Menschen, ein künstliches Gebilde, das drei wesentliche Charakterzüge der Menschen reproduziert: frei zu sein, in der Manifestation dessen über andere zu herrschen und daran durchaus Lust zu haben. Dieser künstliche Mensch wird geschaffen, um dem natürlichen Menschen zu entgehen; er erhält Gewalt über die Menschen, weil die Gewalt sonst über den Menschen herrscht und seine Freiheit vernichtet. Der Übermensch Leviathan wird von Menschen geschaffen, um den Untergang des Menschen zu verhindern. "Denn durch Kunst wird jener große *Leviathan* geschaffen, genannt *Gemeinwesen* oder *Staat*, auf lateinisch *civitas*, der nichts anderes ist als ein künstlicher Mensch, wenn auch von größerer Gestalt und Stärke als der natürliche, zu dessen Schutz und Verteidigung er ersonnen wurde. Die *Souveränität* stellt darin eine künstliche Seele dar, die dem ganzen Körper Leben und Bewegung gibt, die *Beamten* und anderen *Bediensteten* der Jurisdiktion und Exekutive künstliche *Gelen-*

---

[34] Thomas Hobbes, Leviathan, oder Stoff, Form und Gewalt eines kirchlichen und bürgerlichen Staates. Hg. u. eingel. v. Iring Fetscher. 5. Auflage. Frankfurt: Suhrkamp, 1992.

ke, Belohnung und *Strafe*, die mit dem Sitz der Souveränität verknüpft sind und durch die jedes Gelenk und Glied zur Verrichtung seines Dienstes veranlaßt wird, sind die *Nerven*, die in dem natürlichen Körper die gleiche Aufgabe erfüllen."[35] Der Leviathan ist eine übermenschliche Apparatur, den Menschen aus rationaler Einsicht schaffen, weil sie sich sonst selbst in den Untergang stürzen. Sie tun es nicht aus eigener Machtvollkommenheit, sondern aus der ohnmächtigen Einsicht in den Zerstörungsmechanismus ihres eigenen Zusammenlebens. "Die Menschen, die von Natur aus Freiheit und Herrschaft über andere lieben, führten die Selbstbeschränkung, unter der sie, wie wir wissen, in Staaten leben, letztlich allein mit dem Ziel und der Absicht ein, dadurch für ihre Selbsterhaltung zu sorgen und ein zufriedeneres Leben zu führen - das heißt, dem elenden Kriegszustand zu entkommen, der, wie im 13. Kapitel gezeigt wurde, aus den natürlichen Leidenschaften der Menschen notwendig folgt, dann nämlich, wenn es keine sichtbare Gewalt gibt, die sie im Zaume zu halten und durch Furcht vor Strafe an die Erfüllung ihrer Verträge und an die Beachtung der natürlichen Gesetze zu binden vermag, die im vierzehnten und fünfzehnten Kapitel aufgestellt wurden."[36]

Der moderne Staat ist kein naturgegebener Zustand, sondern ein historisches Produkt aus Suche nach Freiheit, Furcht vor Gewalt und selbstgewählter Ohnmacht. Er selbst - und schon gar nicht der Souverän desselben - ist nicht von Gott her gewollt, sondern aus der Not geboren. Menschen schließen sich als Gemeinschaft unter diesem Leviathan zusammen, weil sie sich sonst als Individuen ausrotten würden. Sie tun es, weil sie gleich sind. Doch ist diese Gleichheit keine hehre Idee, der alle zustimmen, sondern eine Gefahr, die alle bedroht. Gleich sind wir Menschen darin, daß jeder und jede zum Opfer der Gewalt der anderen werden kann. Niemand ist vom eigenen Körper her gegen die Zerstörung durch andere vollständig gefeit. "Die Natur hat die Menschen hinsichtlich ihrer körperlichen und geistigen Fähigkeiten so gleich geschaffen, daß trotz der Tatsache, daß bisweilen der eine einen offensichtlich stärkeren Körper oder gewandteren Geist als der andere besitzt, der Unterschied zwischen den Menschen alles in allem doch nicht so beträchtlich ist, als daß der eine auf Grund dessen einen Vorteil beanspruchen könnte,

---

[35] Ebd., S. 5.
[36] Ebd., S. 131.

den ein anderer nicht ebensogut für sich verlangen dürfte. Denn was die Körperstärke betrifft, so ist der Schwächste stark genug, den Stärksten zu töten - entweder durch Hinterlist oder durch ein Bündnis mit anderen, die sich in derselben Gefahr wie er selbst befinden."[37]

Das ist eine sehr kühle Analyse der Gleichheit, kein heißes Verlangen nach ihrem Gut. Weil wir in der Vernichtungsfähigkeit im *genitivus subjectivus* gleich sind, müssen wir einander fürchten. Die Vernunft macht uns das klar - wir können es uns geradezu *more geometrico* ausrechnen -, daß kein Schutz perfekt ist. Wenn wir unsere Freiheit voreinander erhalten wollen, müssen wir diese Gleichheit in den Griff bekommen. Es hat keinen Sinn, sie emphatisch auf die Fahnen zu schreiben, es gilt vielmehr, ihrer Gefahr nüchtern zu begegnen. Weil wir gleich vernichtungsfähig sind, bedürfen wir der Übereinkunft, diese Gleichheit nicht zur Grundlage des allgemeinen Verhaltens zu machen. Das ist auf der einen Seite ein ziemlich scharzer Humor im Umgang mit einem Ideal, auf der anderen Seite aber ein Argument von mathematischer Präzision. Uns Menschen ist die Gleichheit eine solche Last, daß wir selbst die Kunst entwikkeln, uns in gleicher Weise durch ein übermächtiges Wesen zwingen zu lassen. Es wird hervorgebracht durch den gemeinschaftlichen Willen der Menschen, der Furcht voreinander so wenig Entfaltung wie irgend möglich zu geben. Das ist der Staat. Seine Gewalt ist zum Fürchten, und deshalb obsiegt sie in der Furcht vor der allgemeinen Gleichheit. "Ein *Staat* wird *eingesetzt* genannt, wenn bei einer *Menge* von Menschen *jeder mit jedem* übereinstimmt und *vertraglich übereinkommt,* daß jedermann, sowohl wer *dafür* als auch wer *dagegen stimmte*, alle Handlungen und Urteile jedes *Menschen* oder jeder *Versammlung von Menschen*, denen durch die Mehrheit das *Recht* gegeben wird, die Person aller zu *vertreten*, das heißt, ihre *Vertretung* zu sein, in derselben Weise *autorisieren* soll, als wären sie seine eigenen, und dies zum Zweck eines friedlichen Zusammenlebens und zum Schutz vor anderen Menschen."[38] Daraus entsteht die Souveränität. Sie ist keine personale, sondern eine strukturelle Größe. Kein Mensch ist souverän über einen anderen, sondern der Leviathan über alle. Die Ausgestaltung des Leviathan äußert sich in der Art, wie die Furcht vor dieser Souveränität allge-

[37] Ebd., S. 94.
[38] Ebd., S. 136.

mein begreiflich repräsentiert wird. Diese Repräsentation ist veränderlich und je nach Staatsform unterschiedlich; nur die Souveränität des Leviathan selbst ist rational begründet und durch eherne Gleichheit verursacht. Also sind Könige, Tyrannen, Präsidenten politisch vorübergehende Größen, keine der Übereinkunft enthobenen Potentaten. Es ist kein Wunder, daß weder der englische Hof noch die Kirchen sich von Hobbes Leviathan unterstützt empfanden; der eine sah sich bei seinem arroganten Selbstanspruch ertappt, die anderen fanden ihre allzumenschliche Position entlarvt. Vor dem einen mußte Hobbes ins Exil fliehen, von den anderen wurde er angegriffen und auf den Index gesetzt. Wer so zwischen allen Stühlen sitzt, muß eine für alle bedeutsame Macht haben: "And this force, this impulse is politics. Any research into Hobbes's thinking ends in *Leviathan* and the essence of *Leviathan* is politics, politics and once again, politics. The philosophy of Hobbes was roused by politics, gave itself up to politics and ended in politics. It is Hobbes himself who shows us the way to *la priorité du problème politique* as Mme. Goyard-Fabre puts it."[39]

Hobbes Leviathan ist ein Klassiker der Staatsphilosophie; es gibt keine emotionslose Behandlung dieser emotionslosen Analyse menschlicher Abgründe und Nöte. Oft wird sie wegen ihrer analytischen Härte umgangen.[40] Aber was Marx später für den wirtschaftlichen und Freud für den psychologischen Komplex geworden sind, ist Hobbes für den politischen. Er entlarvt die Fassade des schönen Scheins im menschlichen Miteinander und legt den Finger in die Wunde unserer Sozialität. Die Sterblichkeit der Menschen wird hier mit der Gewalt konfrontiert, die daraus ihre Macht gewinnt. Der Staat ist ein Schmarotzer an dieser Gewalt - aber ohne ihn wären wir der Gewalt verfallen, die wir im unvermeidlichen Miteinander heraufbeschwören. Das bedeutet aber, es gibt den Staat nicht ohne die Gewalt - weder ohne die Gewalt der Menschen noch ohne den Widerstand gegen diese Gewalt. Der Staat kann deshalb sowohl Ursache von Ohnmachtserfahrungen sein wie auch die Bühne, auf der die Ohnmacht zu einer Macht findet. Im Verhältnis zur Ohn-

---

[39] Bernard Willms, Tendencies of Recent Hobbes Research. In: Bend, J.G. van der (ed.): Thomas Hobbes. His View of Man. Amsterdam: Rodopi (Elementa 21), 1982, S. 143-155, S. 143.

[40] So etwa bei Jürgen Bellers, Klassische Staatsentwürfe. Außenpolitisches Denken von Aristoteles bis heute. Darmstadt: Wissenschaftliche Buchgesellschaft, 1998.

de durch seine schon in Holland geschriebenen, aber erst 1690 veröffentlichten *Two Treatises of Government* zum *mastermind* der neuen Ordnung, in der das Besitzbürgertum endgültig die Macht gewann und die Aristokratie nur noch eine politisch untergeordnete Rolle spielte. Er hat erkenntnistheoretisch Bedeutendes geleistet - *Essay Concerning Human Understanding* - und maßgeblich am englischen Empirismus geformt.

In der politischen Philosophie ist seine Theorie vom Gesellschaftsvertrag bis heute einflußreich. Sie vertritt die genaue Gegenposition zu Hobbes: "Um politische Gewalt richtig zu verstehen und sie von ihrem Ursprung herzuleiten, müssen wir sehen, in welchem Zustand sich die Menschen von Natur aus befinden. Es ist ein Zustand vollkommener Freiheit, innerhalb der Grenzen des Naturgesetzes seine Handlungen zu lenken und über seinen Besitz und seine Person zu verfügen, wie es einem am besten scheint - ohne jemandes Erlaubnis einzuholen und ohne von dem Willen eines anderen abhängig zu sein."[43] Im *First Treatise of Government* widerlegt Locke das göttliche Recht des Königtums und vor allem die Analogie zwischen der königlichen Gewalt über die Untertanen mit der elterlichen Gewalt über die Kinder. Hier zieht er die natürliche politische Eigenständigkeit aller Menschen weiter aus: Die Menschen sind gleich, niemand hat Vorrechte oder besitzt mehr als die anderen und deshalb herrscht allgemeiner Friede. Auf diesen Naturzustand hin ist das von der Vernunft konstituierte Naturrecht zu verstehen; seine Beachtung und seine Durchsetzung obliegt allen und ist jedem einzelnen durch Gebrauch der Vernunft einsichtig. "Im Naturzustand herrscht ein natürliches Gesetz, das für alle verbindlich ist. Die Vernunft aber, welcher dieses Gesetz entspringt, lehrt alle Menschen, wenn sie sie nur um Rat fragen wollen, daß niemand einem anderen, da alle gleich und unabhängig sind, an seinem Leben, seiner Gesundheit, seiner Freiheit oder seinem Besitz Schaden zufügen soll."[44] Vernunft auf dem Boden des Naturrechtes ist ein kritisches Instrument gegen die Realität der sozialer Gewalt. Jeder ist für die Einhaltung des Naturgesetzes im Naturzustand zuständig: " [...] so ist in jenem Zustand die Vollstreckung des Naturgesetzes in die

---

[43] John Locke, Über die Regierung (The Second Treatise of Government). In der Übersetzung von Dorothee Tidow, hg. v. Peter C. Mayer-Tasch. Bibliograph. ergänzte Ausgabe. Stuttgart: Reclam (RUB 9691), 1983, S. 4f.
[44] Ebd., S. 6.

gar nicht realisierbar. Sie stehen der Geschichte gegenüber und verkörpern deshalb die Ohnmacht, die erst den lebenswichtigen Widerstand gegen die Gewalt von Menschen ermöglicht. Sie sind ein Weg, die Gewalt des Leviathan zu kanalisieren und daraus ein Widerstandspotential für die Menschenwürde zu machen. Auch der Glaube kann dem Leviathan nicht entgehen. Spätestens in der Moderne hat man die Differenz Glaube-Leviathan begriffen, die aber eine unausweichliche Beziehung darstellt. Jede Religion muß sich entscheiden, ob sie den Leviathan mästet, der nicht zu zerstören ist, oder ob sie hilft, ihn als Schutzinstanz der Menschenwürde abzurichten.

Hobbes steht aber nur für die eine Grammatik der Politik in der Moderne. Die andere zeichnen seine Gegner. Deren Hauptargument liegt im anderen Ursprung der Politik: Sie entsteht nicht aus einem Kriegszustand am Anfang, sondern aus der Rückführung des realen Kriegszustands auf den menschlichen Ursprung eines friedvollen Naturzustandes. Klassisch sind dafür zwei Autoren geworden: John Locke (1632-1704) in England und Jean Jacques Rousseau (1712-1778) in Frankreich. Beide gehen von einem Naturzustand aus, in dem die Menschen gut sind und der deshalb gegen die Realität ihrer Bosheit kritisch in Stellung gebracht werden kann. Rousseau, gebürtig in Genf, als Jugendlicher ein Gesellschaftsaussteiger und ein genialer Autodidakt, mußte oftmals Frankreich verlassen oder sich verstecken, lebte die letzten zwölf Jahre teils unter falschem Namen; seine dezidierte Ablehnung des Aristokratischen, wovon der Erziehungsroman *Émile* beredt Zeugnis gibt, machte ihn zu einer Art Staatsfeind des *Ancien Regime*. Seine Utopie vom Gesellschaftsvertrag hat stark auf die französischen Revolutionäre gewirkt.[42]

Locke war kein Gesellschaftsaussteiger, sondern Oxford-Gelehrter und Sprachrohr des Besitzbürgertums gegen die katholisierenden Tendenzen der englischen Restauration nach Cromwells Tod 1658. Er arbeitete Lord Ashley, später Graf Shaftesbury, zu, dem er auch ins Exil nach Holland folgte. Dort verfaßte er seine 'Epistola de tolerantia', die für Glaubensfreiheit - mit Ausnahme der Atheisten - und Respekt vor der Freiheit des Andersdenkenden argumentieren. Erst nach der *Glorious Revolution* 1688 kehrte er zurück und wur-

[42] Jean- Jacques Rousseau, Vom Gesellschaftsvertrag. Oder Grundsätze des Staatsrechts. Suttgart: Reclam (RUB 1769), 1977.

de durch seine schon in Holland geschriebenen, aber erst 1690 veröffentlichten *Two Treatises of Government* zum *mastermind* der neuen Ordnung, in der das Besitzbürgertum endgültig die Macht gewann und die Aristokratie nur noch eine politisch untergeordnete Rolle spielte. Er hat erkenntnistheoretisch Bedeutendes geleistet - *Essay Concerning Human Understanding* - und maßgeblich am englischen Empirismus geformt.

In der politischen Philosophie ist seine Theorie vom Gesellschaftsvertrag bis heute einflußreich. Sie vertritt die genaue Gegenposition zu Hobbes: "Um politische Gewalt richtig zu verstehen und sie von ihrem Ursprung herzuleiten, müssen wir sehen, in welchem Zustand sich die Menschen von Natur aus befinden. Es ist ein Zustand vollkommener Freiheit, innerhalb der Grenzen des Naturgesetzes seine Handlungen zu lenken und über seinen Besitz und seine Person zu verfügen, wie es einem am besten scheint - ohne jemandes Erlaubnis einzuholen und ohne von dem Willen eines anderen abhängig zu sein."[43] Im *First Treatise of Government* widerlegt Locke das göttliche Recht des Königtums und vor allem die Analogie zwischen der königlichen Gewalt über die Untertanen mit der elterlichen Gewalt über die Kinder. Hier zieht er die natürliche politische Eigenständigkeit aller Menschen weiter aus: Die Menschen sind gleich, niemand hat Vorrechte oder besitzt mehr als die anderen und deshalb herrscht allgemeiner Friede. Auf diesen Naturzustand hin ist das von der Vernunft konstituierte Naturrecht zu verstehen; seine Beachtung und seine Durchsetzung obliegt allen und ist jedem einzelnen durch Gebrauch der Vernunft einsichtig. "Im Naturzustand herrscht ein natürliches Gesetz, das für alle verbindlich ist. Die Vernunft aber, welcher dieses Gesetz entspringt, lehrt alle Menschen, wenn sie sie nur um Rat fragen wollen, daß niemand einem anderen, da alle gleich und unabhängig sind, an seinem Leben, seiner Gesundheit, seiner Freiheit oder seinem Besitz Schaden zufügen soll."[44] Vernunft auf dem Boden des Naturrechtes ist ein kritisches Instrument gegen die Realität der sozialer Gewalt. Jeder ist für die Einhaltung des Naturgesetzes im Naturzustand zuständig: " [...] so ist in jenem Zustand die Vollstreckung des Naturgesetzes in die

[43] John Locke, Über die Regierung (The Second Treatise of Government). In der Übersetzung von Dorothee Tidow, hg. v. Peter C. Mayer-Tasch. Bibliograph. ergänzte Ausgabe. Stuttgart: Reclam (RUB 9691), 1983, S. 4f.
[44] Ebd., S. 6.

Hand aller gegeben. Ein jeder hat das Recht, diejenigen, die das Gesetz überschreiten, in dem Maße zu strafen, wie es nötig ist, eine neue Verletzung zu verhindern."[45] Jeder hat also ein Widerstandsrecht gegen die Gewalt, mit der jemand anderes den Naturzustand der Menschen außer Kraft setzen will.

Dieses Widerstandsrecht, das jeder absoluten Herrschaft widerstreitet, ist von entscheidendem politischen Gewicht. Der Naturzustand ist eine Ursprungsvision menschlicher Vergesellschaftung, aber keine soziale Realität. Er stellt ein Konzept dar, um in staatlichen Unterdrückungssituationen der Ohnmacht eine Sprache zu geben. Er zeigt die Alternativen auf, die der Macht abgetrotzt werden müssen, wenn die Ohnmächtigen in ihr gesellschaftliches Recht gesetzt werden. Denn die realen Machtverhältnisse sind vom Kriegszustand bestimmt. Dieser entsteht letztlich aus der Ressourcenknappheit und der Aneignung von Besitz. Hier greifen Menschen überlegt und rational zur Gewalt, um ihre politischen Interessen durchzusetzen. "Der Kriegszustand ist ein Zustand der Feindschaft und Vernichtung. Wer daher durch Wort oder Tat einen nicht aus Erregung oder Übereilung veranlaßten, sondern geplanten Anschlag auf eines anderen Leben kundgibt, versetzt sich dem gegenüber, gegen den er eine solche Absicht erklärt hat, in den Kriegszustand. [...] Ein solcher Mensch nämlich ist nicht gebunden durch das gemeine Gesetz der Vernunft und kennt keine anderen Regeln als die der bloßen Stärke und Gewalt. Man mag ihn deshalb behandeln wie ein Raubtier".[46] Im Naturzustand gibt es keinen Oberherrn, er kann deshalb jederzeit in Kraft treten; im Kriegszustand bedarf es der Gewalt auf der Basis des Rechtes, er ist jederzeit das politische Problem der Menschen. Um es zu lösen und den Kriegszustand aufzulösen, schließen sie einen Vertrag miteinander, der auf dem Naturzustand basiert, aber die Existenz außerhalb seiner sichert. "Diesem Zustand des Krieges zu entgehen [...] ist ein Hauptgrund, daß sich die Menschen zu einer Gesellschaft vereinigen und den Naturzustand verlassen."[47]

Dieser Gesellschaftsvertrag sichert die Freiheit außerhalb des Naturzustandes, die im Kriegszustand unweigerlich der Gewalt zum Opfer fällt. "Die Freiheit des Menschen in der Gesellschaft bedeutet, daß er keiner anderen gesetzgebenden Gewalt untersteht als der

---

[45] Ebd., S. 7.
[46] Ebd., S. 14.
[47] Ebd., S. 18.

durch Übereinkunft in dem Staatswesen begründeten noch unter der Herrschaft eines Willens oder der Beschränkung irgendwelcher Gesetze als lediglich derjenigen, die von der Legislative gemäß dem in sie gesetzten Vertrauen beschlossen werden."[48] Sie ist für die Existenz der Menschen konstitutiv; niemand kann sie aufgeben, "ohne gleichzeitig seine Erhaltung und sein Leben zu verwirken."[49] Daraus folgt, daß die Gesellschaft für den Menschen überlebenswichtig ist und deshalb seine politische Mitwirkung an ihrem Vertrag gesichert werden muß. Hier entsteht allgemeine Herrschaft auf dem Boden der Individuen. Sie müssen jeweils für sich den Gesellschaftsvertrag ratifizieren, sonst wird der allgemeine soziale Zustand kritisch. Das ist ein unscheinbarer politischer Akt, aber er ist für das individuelle Leben von entscheidender Bedeutung und deshalb ein Basisvollzug menschlicher Existenz. Sie anerkennt die soziale Vernetzung jedes Subjektes und den Vorrang der Gemeinschaft in der Herrschaft. Doch ist dieser Vorrang nicht gegen die ursprüngliche Lebensgestaltung der Subjekte gerichtet wie in Hobbes Leviathan, sondern deren freiheitlicher Lebensvollzug macht sich diesen Vorrang zu nutze. Es kann ihn sonst nicht geben. Das Subjekt kommt zu sich selbst unter der Herrschaft der Mehrheit. "Von allen Menschen, die sich aus dem Naturzustand zu einer Gemeinschaft vereinigen, muß daher vorausgesetzt werden, daß sie die ganz [sic] Gewalt, die für das Ziel ihrer Vereinigung in die Gesellschaft notwendig ist, an die Mehrheit jener Gemeinschaft abtreten [...] was schon den ganzen Vertrag ausmacht, der zwischen den Individuen, die in das Staatswesen eintreten oder es begründen, geschlossen wird und notwendig ist."[50]

Der Ursprung politischer Gesellschaft liegt für Locke also weder in göttlicher Verfügung noch in souveräner Machtergreifung, sondern im Vertragsschluß aller. Er geschieht nicht formell, sondern implizit durch die Anerkennung der herrschaftlichen Gewalt der Gesellschaft zur Sicherung der Freiheit. Die beste Voraussetzung dieser indirekten Vertragsratifizierung ist der Besitz von Eigentum. Die Lockesche Gesellschaftsvertragstheorie hat einen bürgerlichen Boden. Sie argumentiert, "daß jeder Mensch, der irgendwelchen Be-

---

[48] Ebd., S. 19.
[49] Ebd.
[50] Ebd., S. 76.

sitz hat oder sich irgendeines Stückes Land innerhalb des Herrschaftsbereiches irgendeiner Regierung erfreut, hiermit seine stillschweigende Zustimmung gibt - und somit, solange er sich dieses Besitzes erfreut, den Gesetzen jener Regierung in demselben Maße zum Gehorsam verpflichtet ist wie jeder andere, der unter ihr steht."[51] Die bürgerliche Gesellschaft braucht Menschen mit Besitz, um den Frieden zu wahren. Die Entwicklung zum Sozialstaat liegt auf dieser Logik; ist der Besitz so verteilt, daß die große Mehrheit nichts hat, wird die Gesellschaft in die Brüche gehen.

Aus der Gesellschaftsvertragstheorie ergeben sich ganz ähnliche strukturelle Konsequenzen wie aus der Souveränitätstheorie von Hobbes: Staatliche Gewalt und Individuen stehen sich in der Differenz von Macht und Ohnmacht gegenüber. Nur solange die staatliche Gewaltverteilung zum Wohle der Individuen ist und deren Ohnmacht zum gesellschaftlichen Respekt verhilft, ist sie gerechtfertigt. Wenn die staatliche Gewalt ihre Untertanen vernichtet, dann werden diese auf ihren Naturzustand pochen und Widerstand leisten. Nur unter Respekt vor diesem Naturzustand und den dort bestimmenden Rechten der einzelnen Menschen kann es Gesellschaft geben. Im Lockeschen Ansatz sind die Menschenrechte konstitutiv angelegt; sie werden im Widerstand gegen den gebrochenen Gesellschaftsvertrag zum Thema. Daran zeigt sich auch ein gesellschaftliches Bedrohungspotential, das bei Hobbes noch nicht zu sehen ist: der Mangel an Mitwirkung in der politischen Gemeinschaft. Wenn im Handel mit der Macht die Ohnmacht nicht auch Sitz und Stimme hat, zerfleddert der Gesellschaftsvertrag. Ohne politischen Respekt vor der Ohnmacht und ohne Orte, an denen sie zur Macht gelangt, zerbricht eine Gesellschaft. Wenn deren Vertrag nicht von den Individuen ratifiziert wird, wird er nicht von Bestand sein können. Man kann diese Mitwirkung über den Besitz erreichen - also Sozialstaat - oder durch direkte politische Beteiligung des Volkes an der Herrschaft. Ohne Appellationsinstanzen im Staat gegen den Staat hat der Naturzustand keine Verankerung in der Gesellschaft und wird sich über den Widerstand der Bürger Gehör verschaffen müssen. Menschenrechte sind Basisrechte zur Mitwirkung an der Politik. Ihr politischer Charakter fordert Mitwirkung ein. Wird die beschnitten, sind diese Rechte in Gefahr, und die Gewalt des Staates verliert ihren Boden.

---

[51] Ebd., S. 92f.

In beiden Alternativen, bei der Souveränität des Leviathan gegen den Krieg aller gegen alle wie bei dem Vertrag aller zur Herrschaft der politischen Gesellschaft, wird auf eine Differenz abgehoben, die für die Menschenrechte von großer Bedeutung ist: die von Staat und Gesellschaft. In ihr wird die Polarität von Gewalt und Widerstand umgesetzt, ohne die Menschenrechte keine reale Bedeutung gegenüber der Gewalt unter Menschen gewinnen.

9) Staat und Gesellschaft - die Grunddifferenz der Moderne

Wer in einer Gemeinschaft lebt, nimmt ihre Strukturen als gegeben hin. Erst wenn man zu ihr in Differenz tritt, werden diese Strukturen wahrnehmbar. Außenperspektiven machen den Weg zu dieser Wahrnehmung frei. Das ist ein Diskursphänomen allgemeiner Art. Ohne Abstand zu einer Sache kann sie nicht zum Thema werden.

Das gilt auch vom Thema Staat. In dem Augenblick der Geschichte, in dem die Einheit der Gesellschaft mit ihren religiösen Strukturen zerfällt, wird der Staat zum Thema. Die Reformation zwingt dazu. Denn die protestantischen Kirchenführer brauchten den Staat, um ihre Ideen durchsetzen zu können bzw. sich gegen die päpstliche Gewalt halten zu können, aber es konnte nicht derselbe Staat wie der bisher gekannte sein. Denn der war vom Ordnungsfaktor der katholischen Religion ausgegangen. Seit dem Augsburger Religionsfrieden von 1555 ist die Differenz von Staat und Gesellschaft offenkundig: *cuius regio, eius religio*. Dieser Kompromiß bedeutete nicht, daß die Gesellschaft dem Landesherrn gehört. Die Herrschaft konnte die Konfession ihrer Untertanen bestimmen, aber mußte die ziehen lassen, die eine andere Konfession leben wollten. Über die religiöse Frage bildet sich eine Gesellschaft aus, die zunehmend zum Staat auf Abstand geht. Die religiösen Differenzen treiben die Differenz von Staat und Gesellschaft weiter. Der Staat wird zum Ort der Machtdemonstration der Herrschaft, die Gesellschaft zum Ort der Machtdemonstration des Gewissens. Des einen Macht ist der anderen Ohnmacht. Der nächste Schritt war der Bürgerkrieg, in dem eben unterschiedliche gesellschaftliche Gruppen auf den Staat zielten. So kämpften Hugenotten und Katholiken in Frankreich, Protestanten und Katholiken in Deutschland, spanische Katholiken und holländische Calvinisten in den Niederlanden, Katholiken und Anglikaner in England um die Vorherrschaft und damit um das Recht, von ihrer jeweils eigenen Gemeinschaft aus den Staat zu gestalten. Der Staat sollte ihr Bekenntnis garantieren und es zum alleinigen Ordnungsfaktor in der Gesellschaft machen. Das Problem war nur, daß es große Differenzen unter den Gemeinschaften gab und deshalb für die Gesellschaft kein Friede zu garantieren war.

Wer den Staat haben wollte, durfte auf die unterschiedlichen Vorstellungen von Gesellschaft keine Rücksicht nehmen. Das schärft Machiavelli seinem Fürsten ein, und der hielt sich erfolgreich daran. Die Medici haben diese neue Macht der absolutistischen Regierungsform auch in künstlerischer Hinsicht zu präsentieren gewußt; das ist bis heute eine der Existenzgrundlagen dieser Stadt in Form des Tourismus. Auch ein Henri IV. begreift die Macht, die darin liegt, unterschiedliche religiöse Vorstellungen nicht zur Grundlage der Politik zu machen. Aber sein Modus ist das Eingeständnis der Ohnmacht der Mächtigen vor religiösen Dingen. Henri IV. fand Paris, also die Herrschaft im französischen Staat, einer Messe wert und brach ideell mit seinen eigenen hugenottischen Bundesgenossen. In diesem Fall entsteht auch ein absoluter Staat, doch um des Friedens willen. Gerade weil der König sich zu den religiösen Differenzen in der Gesellschaft neutral verhielt und seine Ohnmacht aushielt, konnten deren Differenzen gelebt werden; erst jener Staat, für dessen Herrschaft die Konfession beliebig war, konnte eine neue Bartholomäusnacht verhindern. Diese unter Henri IV. glückliche Lösung war jedoch nur vorübergehender Natur. Der Staat verselbständigt sich und zwingt der Gesellschaft ihr zunächst fremde Transformationsprozesse auf. Den Merkantilismus hätte es in Frankreich ohne die Differenz von Staat und Gesellschaft nicht gegeben. Ludwig XIV. konnte ihn durchsetzen, weil er vor aller Gesellschaft den Staat mit sich identifiziert: *L'état, c'est moi!* Was zuvor eine selbstverständliche Einheit war, mußte nun gesagt und durchgesetzt werden. Im absolutistischen Staat ist die Differenz von Staat und Gesellschaft voll ausgebildet. Sie stehen sich gegenüber, gerade auch in religiösen Dingen. Je nachdem, wie diese Differenz geregelt wird, entsteht Zwangsherrschaft und Bürgerkrieg oder Wohlstand und Friede.

Für die Menschenrechte hat diese Differenz prinzipielle Bedeutung. Sie werden wegen der möglichen Gewalt dieser Differenz zum Thema und können aufgrund dieser Differenz überhaupt erst zu einem Faktor im Zusammenleben der Menschen werden. Sie sind im Diskurs über die Differenz von Staat und Gesellschaft angesiedelt. Sobald sie diesen Diskurs bestimmen, wird entweder die Gesellschaft oder der Staat gestärkt - je nachdem, wer von beiden die Eigenständigkeit der Menschen mehr respektiert, aus denen Staat und Gesellschaft bestehen. In der Moderne zeigt sich das in der Revolutionsgeschichte. Revolutionen sind mit der Suche der Menschen nach Eigenständigkeit und Respekt vor ihren elementaren Rechten verbunden. In ihrer Anfangsphase werden sie wie die Amerikanische, die Französische und die Russische Revolution von gesellschaftlichen Gruppen gegen den Staat ins Rollen gebracht: in der Boston Tea Party von den Kolonisten, die nicht zahlen wollen, ohne mitreden zu dürfen; im Sturm auf die Bastille von Paris von den Mitgliedern des dritten Standes, die bisher im Staat nicht hinreichend vertreten waren; im Sturm auf das Winterpalais von Petersburg von den Bauern und Soldaten, die im Krieg bluten mußten für die Verträge des Zarenhauses; in der Berliner Machtergreifung Hitlers 1933 von den Volksmassen, die sich nicht mit der großbürgerlichen Herrschaft der Weimarer Zeit identifizierten und auf den starken Mann hofften. Aber eine jede dieser Revolutionen bringt dann eine Staatsherrschaft vor die Gesellschaft, welche elementare Rechte von Menschen nicht respektiert: in den USA die staatliche organisierte Landnahme auf Kosten der Ureinwohner, in Frankreich den *terreur* der Jakobiner und die Kriegsherrlichkeit Napoleons, in der UdSSR Stalin und die Tscheka, in Deutschland die Nazibarbarei.

Jede dieser vier Entwicklungen konnte sich auf einen zeitweiligen Konsens in der Gesellschaft stützen. Verändert wurde die jeweils damit einhergehende Anti-Menschenrechtsherrschaft auch über den Staat: in den USA im Bürgerkrieg, den der Norden gegen den Süden ausficht; in Frankreich durch das Direktorium und den Wiener Kongreß, welche die Jakobinerherrschaft und die Weltherrschaftspläne Napoleons beenden; in der UdSSR durch den XX. Parteitag der KPdSU unter Chruschtschows Führung, der die Verbrechen Stalins mit Namen nennt und für die friedliche Koexistenz votiert; in Deutschland durch das Kriegsbündnis der Allierten, ohne deren Gewaltanstrengung die Naziherrschaft nicht zu beenden war. Keine dieser Staatsaktionen ist um der Menschenrechte willen ausgeführt worden: Lincoln zog nicht wegen der Sklaven, sondern um der Einheit der Nation willen in den Krieg; das Direktorium war eine bürgerliche Restauration auf nationaler und der Wiener Kongreß eine monarchische Restauration auf internationaler Ebene; Chruschtschow war ein Nach-Stalin-Herrscher in der Linie der Diktatur des Proletariats; die Allierten kämpften um die Weltmachtstellung der westlichen Demokratien und insbesondere die USA um ihre endgültige Inthronisierung als führende Supermacht. Gleichwohl hat jede dieser Aktionen die Menschenrechte indirekt mehr befördert, als die inneren gesellschaftlichen Kräfte es direkt erreichen konnten oder wollten. Den USA bringt es das Ende der Sklaverei ein, zu der die Abolitionisten nicht die politische Durchsetzungskraft besaßen; Frankreich das Ende von Guillotinenherrschaft und Soldatenherrlichkeit, die von den Revolutionären nicht verhindert und von den Aufsteigern in Napoleons Reich gestützt wurde; in Rußland die langsame Beendigung des Archipel Gulag und das Ende der Kulakenvernichtung; in Deutschland das Ende der Vernichtungslager und des arischen Rassismus. Es ging nicht um Menschenrechte. Die Ohnmacht der Betroffenen war nur von sekundärem Rang, und doch wurde Respekt davor erreicht. Die genannten Staatsaktionen schufen Orte, an denen eine Sprache für die Ohnmacht entwickelt werden konnte. Das zeigt: Menschenrechte oder ihre Verletzungen finden sich niemals nur auf Seiten des Staates oder der Gesellschaft, sondern mitten in ihrer Differenz. Sie sind mit der Ohnmacht verbunden, die in ihr zur Darstellung gelangt.

In der Moderne hat sich eine Herrschaftsform herausgebildet, die auf diese Orte der Ohnmacht Rücksicht nimmt und sie geradezu in ihre Konstitutionsprinzipien einreiht: die Demokratie. Sie ist die Staatsform der Menschenrechte und die Gesellschaftsstruktur ihrer Beachtung. Das zeigt sich an Institutionen, die für ihre Herrschaft signifikant sind.

10) Gewaltenteilung und Öffentlichkeit - die Grundinstitutionen der Demokratie

Nach den Religionskriegen dämmerte es allen aufgeklärten Geistern, daß man weder mit der Bibel einen Staat machen kann, noch ihn allein auf die *potestas* eines monarchischen Souveräns gründen darf. Das eine führt in den Bürgerkrieg und das andere in die Schrekkensherrschaft, sei es die religiös motivierten von Calvin und Cromwell, oder die ästhetisch motivierte eines Louis XIV.

Einen Ausweg zeigten die Niederlande und schließlich nach der *Glorious Revolution* auch England in der Machtverteilung auf unterschiedliche Institutionen. Bereits bei John Lockes *Treatises of Government* kann man diese Überlegungen wiederfinden. Er hat die Ständeherrschaft in Holland kennen- und schätzengelernt. Er hat allerdings auch nicht unter ihr leiden müssen wie zwei Generationen vor ihm Hugo Grotius (1583-1645).[52] Locke unterscheidet zwischen der exekutiven, der legislativen und der föderativen Gewalt[53] und spricht an vielen Stellen von der Gewaltenteilung. Aber er macht ihre Differenz noch nicht zum Prinzip des Staatsaufbaus; er unterscheidet sie nur und bewegt sich damit auf einer ersten analytischen Ebene.

Auf die Differenz der Gewalten im Staat selbst aber reflektiert Charles Louis de Secondat, Baron de la Brède, bekannt als Montesquieu (1689-1755), eigentlich der von ihm angenommene Name seines Onkels. Er gehörte in die Patrizierschaft von Bordeaux, wo er sich auch seine politischen Sporen im Stadtsenat verdiente. Das von seinem kinderlosen Onkel geerbte Richteramt in Bordeaux gab ihm die finanzielle Unabhängigkeit, um als Privatgelehrter des Ancien Régime zu reisen, zu publizieren und in Paris seinen Studien nachzugehen. Er verkaufte das Amt 1726, nachdem er durch die 1721 anonym erschienen *Lettres persanes* berühmt geworden war. Nach 18-jähriger Arbeit erschien 1748 das Hauptwerk *De l'esprit des lois*; es wird in Genf gedruckt und 1755 auf den Index gesetzt. Im 6. Kapitel des 11. Buches des *Esprit* wird die Idee der Gewaltenteilung vertreten.[54] Montesquieu benutzt kaum diesen Begriff, spricht vielmehr von 'einer gewissen Verteilung der Gewalten *Legislative*, *Exekutive* und *Judikative*' und warnt: "Alles wäre verloren, wenn ein und derselbe Mann beziehungsweise die gleiche Körperschaft entweder der Mächtigsten oder der Adeligen oder des Volkes folgende drei Machtvollkommenheiten ausübte: Gesetze erlassen, öffentliche Beschlüsse in die Tat umsetzen, Verbrechen und private Streitfälle aburteilen."[55] Erfahrungshintergrund ist die absolute Herrschaft, wie sie der Sonnenkönig vorexerziert hatte. Er will gegen einen alleinigen Souveränitätsanspruch einen Ausgleich der unterschiedlichen Gruppen der Gesellschaft schaffen: König, Adel und Volk. Aus Rechts- und Kulturvergleichen schien ihm das geboten, weil sonst die Herrschaft einer Gesellschaft über ihre Probleme ver-

---

[52] Vgl. dazu Norbert Konegen in Bellers, Staatsentwürfe, a.a.O. (Fn. 40), S. 56-72.
[53] Vgl. Locke, Regierung, a.a.O., S. 111-113.
[54] Vgl. Charles L. de Secondat Montesquieu, Vom Geist der Gesetze. Auswahl, Übersetzung und Einleitung von Kurt Weigand. Stuttgart: Reclam (RUB 8953), 1994, S. 216-230.
[55] Ebd., S. 217.

lorengeht, was an dem Untergang des Römerreiches nach seiner Auffassung paradigmatisch studiert werden kann.

Der geniale und bis heute weiterverfolgte Gedanke besteht darin, für diesen Ausgleich einen institutionell geregelten Konflikt anzustoßen. Daraus besteht die Teilung der Gewalten; der meist mit *low intensity* geführte Konflikt zwischen Legislative, Exekutive und Judikative sichert die Freiheit. Erst die Darstellung der Differenz unter gleichzeitiger institutioneller Machtverteilung ermöglicht einen Ausgleich unter der Gewalt der gesellschaftlichen Gruppen. Im Aufführen des Konflikts entsteht hier ein Ausgleich in der Herrschaft, der zum Wohl der beteiligten Menschen geschieht. Das ist die Grundstruktur der Demokratie. Über den Konflikt ihrer Gewalten auf der institutionellen Ebene befördert sie die Menschenrechte. Der Konflikt wird natürlich nicht um der Menschenrechte willen geführt, sondern wegen des Machtinteresses der jeweiligen Institutionen. Doch sind diesen jeweils institutionelle Fesseln angelegt, die es möglich machen, daß die Menschenrechte auf die Bühne schlüpfen und die Ohnmacht der Menschen am Ende durch die Auseinandersetzung eine Sprache findet.

Damit die Aufführung begrenzten Konfliktes unter den Gewalten nicht nur eine staatliche, sondern auch eine gesellschaftliche Macht erhalten kann, bedarf es aber mehr als nur der drei Institutionen Parlament, Regierung und Oberstes Gericht. Eine vierte Gewalt ist nötig, die Öffentlichkeit, die den Konflikt der anderen eigens zum Thema macht. Sie ist nicht institutionell verankert, sondern steht den Institutionen im Modus der Ohnmacht gegenüber. Sie gibt daher auch nicht die Antworten einfach weiter, die diese äußern, sondern stellt Fragen an diese Antworten. Die Sprache der Ohnmacht, die sich hier herausbildet, ist kritischer Natur. In diesem Modus der Ohnmacht ist die Öffentlichkeit eine tragende Säule in der Differenz von Staat und Gesellschaft, und zwar von der Ohnmacht der Gesellschaft her. Sie ist nicht eingerichtet worden, sondern hat sich historisch entwickelt.

Es ist das bleibende Verdienst von Jürgen Habermas, das prinzipiell herausgearbeitet zu haben. Die Grundlage dafür hat er in seiner Marburger Habilitationsschrift von 1961 gelegt.[56] Habermas hat begriffen, daß in der Differenz von Staat und Gesellschaft die Auf-

---

[56] Jürgen Habermas, Strukturwandel der Öffentlichkeit. Untersuchungen zu einer Kategorie der bürgerlichen Gesellschaft. Neuwied: Luchterhand, 1962 (Politica 4).

stiegschance des Bürgertums lag. Machtpolitisch ohnmächtig, nutzt es die Chancen, die sich ihm in dieser Differenz boten. Es stößt in sie hinein und grenzt seinen privaten Bereich von dem anderen ab, auf dem Adel und König dominieren. Aber in der Ohnmacht seines Privatbereichs vor dem Staat sammelt es Macht, weil es Besitz und Eigentum anhäuft. Es wird zu einer wirtschaftlichen Potenz, die sich selbst durch die selbstgeschaffene Öffentlichkeit zugleich präsentieren kann und das Interesse untereinander weckt.

Wirtschaften braucht Kommunikation, und Nachrichten sind in Wirtschaftsfragen bis heute ein entscheidender Faktor. Der Baron Rothschild hat den Grundstock seines Reichtums gelegt, als er als erster mit dem Wissen um Napoleons Niederlage von Waterloo nach London an die Börse galoppierte. Er konnte die Papiere günstig kaufen, deren Kurse Stunden später in astronomische Höhen schossen. Das ist an den Börsen heute nicht anders. Das Interesse an Neuigkeiten und Nachrichten befriedigen im Bürgertum der frühen Aufklärungszeit die Journale. Zunächst über Nachrichten aus dem Privatbereich geboren, gehen sie immer weiter in das weite Feld von Berichten, aus denen sich Kapital schlagen läßt. Es entsteht die Öffentlichkeit, und ihr Grundmerkmal ist der kritische Bericht im bürgerlichen Interesse. Er ist ein Zeichen für die Ohnmacht der Bürger, aber zugleich eine Sprachform, die dieser Ohnmacht Ausdruck gibt. Hier werden die Fragen gestellt, die zur Beachtung des Bürgertums zwingen. "Weil die dem Staat gegenübertretende Gesellschaft einerseits von öffentlicher Gewalt einen privaten Bereich deutlich abgrenzt, andererseits aber die Reproduktion des Lebens über die Schranken privater Hausgewalt hinaus zu einer Angelegenheit öffentlichen Interesses erhebt, wird jene Zone des kontinuierlichen Verwaltungskontraktes zu einer 'kritischen' auch in dem Sinne, daß sie die Kritik eines räsonierenden Publikums herausfordert."[57] 'Öffentlichkeit' ist eine Kategorie, um die Differenz von Staat und Gesellschaft vom Ort der Ohnmacht aus zu benennen. Sie entsteht daraus und weist daraufhin. Ihre Macht bezieht sie daraus, daß sie das Gegenüber von beiden benennen kann. Sie ist die klassische Bühne des Bürgertums, das sie bis heute auch in Besitz hat und zu verteidigen weiß.

Politisch entscheidend ist nun, daß diese Öffentlichkeit nicht einfach da ist, sondern gemacht wird. Sie wird produziert, wenn die

---

[57] Ebd., S. 39.

Differenz von Staat und Gesellschaft vor aller Augen aufgeführt wird. Träger dieser Produktion ist das Publikum; es hat nur Einfluß auf Staat und Gesellschaft, wenn es sich dieser Aufführung auch hingibt und an den gestellten Fragen festhält. Darin jedoch agiert es widerständig. Das ist das Prinzip seiner Existenz und der Grund seiner Macht: "Der Öffentlichkeit als einer zwischen Gesellschaft und Staat vermittelnden Sphäre, in der sich das Publikum als Träger öffentlicher Meinung bildet, entspricht das Prinzip der Öffentlichkeit - jene Publizität, die einst gegen die Arkandisziplin der Monarchen durchgesetzt werden mußte und seitdem eine demokratische Kontrolle der Staatstätigkeit gestattet."[58] Verliert die Öffentlichkeit diese ohnmächtige Widerständigkeit, wird das Publikum machtlos gegenüber Staat und Gesellschaft. Medien, die nicht kritisch sind, sind belanglos und bloßer Zeitvertreib. Ihre Kritikfähigkeit wird nicht zuletzt durch ihren Konkurrenzkampf geschärft. Wir können nur froh sein, daß wir heute Organe kaufen können wie die FAZ und die SZ, oder BILD und DER SPIEGEL etc., die auf so verschiedene Arten kritisch sind. Presse ist am Dissens und eben nicht am Konsens ausgerichtet.

Für die Menschenrechte bedeutet die Öffentlichkeit sowohl eine Chance wie eine Gefahr. Sie ist ihre Chance, weil hier ein Ort entstanden ist, an dem mit den Mitteln von Sprache die Mißachtung von Menschen zum Vorschein kommen kann. Aber ebenso entsteht hier eine Gewalt, von der die Ohnmacht von Menschen mißbraucht werden kann. Die Sensationsberichte über Kindesmißbrauch und über Lady Diana seien nur als Beispiele für beide Möglichkeiten genannt. Menschenrechte sind öffentlichkeitsfähig und stehen ihr zugleich gegenüber. Sie bedürfen der gesellschaftlichen Öffentlichkeit, um im Spiel der staatlichen Gewaltinstitutionen zur Sprache zu kommen, aber sie bedürfen von Seiten des Staates aus des Schutzes, um in der Gier des Publikums nach Neuigkeiten nicht unterzugehen. Wie jede Gewalt ist auch die Öffentlichkeit eine mächtige Bedrohung, aber wie jeder Ort, der in der Differenz von Staat und Gesellschaft geschaffen wird, ist sie ein möglicher Ort des Widerstandes durch die Darstellung der Ohnmacht. Öffentlichkeit gehört zu den Dispositiven der Menschenrechte. In ihrer Machtsphäre haben sich in diesem Jahrhundert zwei weitere Orte ent-

---

[58] Jürgen Habermas, Kultur und Kritik. Frankfurt: Suhrkamp, S. 62.

wickelt, die zur Demokratie gehören und von der Differenz zwischen Macht und Ohnmacht bestimmt sind.

11) Wahlkampf und Demonstration - die Grundinszenierungen demokratischer Macht

Keine Wahl ohne Wahlkampf, kein politisches Anliegen ohne Demonstration, und beide finden in einem öffentlichen Raum statt. Das sind Erfahrungen aus dreihundert Jahren moderner Demokratie. Wahlkampf und Demonstration sind aber keine Erfindungen der Demokratie, sondern Erfordernisse einer Machtergreifung, die mitten in der Auseinandersetzung über Differenzen stattfindet. Es gab sie schon lange vor der Erfindung der modernen Demokratie, aber sie werden in den westlichen Demokratien auch zu Treibriemen, um die Macht in der Gesellschaft zu ergreifen.

Dafür, daß es sie schon vorher gab, ist die katholische Kirche ein Beleg, die ja nicht gerade als Inbegriff demokratischer Verfahren gilt. Wenn ein Papst verstirbt und ein Konklave nach Rom einberufen wird, dann halten viele Kardinäle Nachrufe auf den toten Papst und beten öffentlich für den gerade verstorbenen Toten. Das wird stets sehr beachtet - aber nicht allein wegen des Gedenkens an den toten Papst, sondern weit mehr aus Interesse darüber, welcher Kardinal sich in welcher Weise vor den anderen zu Wort meldet. Diese Nachrufe nutzen eine Sprache der Ohnmacht, um die Macht neu auszutarieren. Sie sind gleichzeitig Erinnerung an den Toten wie Wahlpropaganda für die Wahlberechtigten unter dem Kardinalshut. Diese sind die öffentliche Gruppe, die hier im Blick ist. Das ist eine kleine Öffentlichkeit und deshalb bedarf es da keiner Massenmedien. Aber man kann sicher sein, daß die jeweiligen Nachrufer Kopien ihrer Nachrufe an interessierte Personen weitergeben, die dann anderen interessierten Personen davon berichten oder es ihnen kopieren. Was dann an Wahlkampf passiert, wenn die Kardinäle eingemauert sind, wissen wir nicht; darüber dürfen sie unter Strafe der Exkommunikation nicht sprechen. Sowohl die Erinnerung an den Toten wie das strikte Schweigegebot über den Wahlkampf gibt Ohnmachtserfahrungen im Übergang der Macht Raum. Hier wird die Differenz zum gerade beendeten Pontifikat hergestellt, die aber im Interesse der Macht von Kirche nicht vor aller Augen in Erscheinung treten darf. Aber sie muß vor den Augen derer, die wahlberechtigt sind, aufgeführt werden. Dem dienen die Nachrufe auf den Toten. Die Sprache der Ohnmacht ermöglicht hier den Übergang der Macht.

Es ist eine sehr subtile Form von Wahlkampf, die um die Institution des Konklave stattfindet, aber es ist Wahlkampf. In der Ohnmachtsdimension ist er signifikant auch für Wahlkämpfe, die in Demokratien stattfinden. Wer an die Macht will, muß durch die Ohnmacht vor der Öffentlichkeit gehen können. Niemand, der gewählt wird, hat die Wahl vor dem Wahlakt schon gewonnen. Mit dem Wahlkampf gestehen die Bewerber um die Macht ihre Ohnmacht vor den Wahlberechtigten. Jeder Wahlkampf zeigt auf die Macht und bedarf deshalb Zeichen von Ohnmacht. Wenn eine der beiden Seiten wegfällt, dann verflüchtigt sich der Wahlkampf zur Propaganda. Die Bedingung der Möglichkeit, daß Wahlkampf nicht zur bloßen Propaganda wird, ist die horchende und interessierte Öffentlichkeit. Ohne diese Öffentlichkeit bedürfte es keines Wahlkampfes. Daß es diese Öffentlichkeit bei der Papstwahl gibt, zeigt schon, daß die katholische Kirche keine absolute Monarchie ist, die nach Vererbungsgesichtspunkten funktioniert, sondern eine politische Größe, die nach Differenzgesichtspunkten abläuft. Lediglich werden hier die Differenzen besser versteckt als in den modernen westlichen Wahlkämpfen, was ja auch bei über 1500 Jahren Übung kein Wunder ist. Ist der weiße Rauch dann aufgestiegen und der neue Papst dann gewählt, ist sein erster und vornehmster Akt eine Demonstration. Sie besteht darin, daß er sich selbst einen Namen gibt. Auch hier treten Macht und Ohnmacht in ein Wechselspiel. Den Namen kann niemand dem neuen Papst vorschreiben, aber er kann ihn nicht noch einmal ändern. Mit diesem nun endgültigen Namen bis zum Tod wird der Betreffende dann vor den Augen der Gläubigen und dann auch der versammelten Medienwelt präsentiert. Das ist eine Demonstration der Macht, die er nun hat, und auch der Differenz, die er zu seinem Vorgänger setzt. Denn zunächst einmal steht dessen Name im Raum. Zu ihm muß er sich verhalten - entweder indem er die Reihung dessen Namens fortsetzt, oder sich einen anderen wählt oder eine Art Kompromiß dazwischen sucht, wie es der derzeit regierende Papst getan hat. Auch diese Demonstration setzt die Öffentlichkeit voraus - die der Kardinäle als erstes und dann die der Gläubigen. Der neue Name dieser Person ist die Größe, mit der er im Raum dieser Öffentlichkeit von nun an präsent ist. Daraufhin ist er ansprechbar und daran orientieren sich die Erwartungen oder Befürchtungen an das neue Pontifikat.

Wenn eine Gesellschaft eine staatliche Struktur über die Differenz ihrer eigenen Gewalten sucht, dann inszeniert sie Wahlkämpfe und bedarf der Demonstrationen, um die veränderte Ordnung ihrer Dinge auch zu vergegenwärtigen. Sowohl in den Wahlkämpfen wie in den Demonstrationen werden die Differenzen in der und um die Macht vor aller Augen in Szene gesetzt. Sie sind politische Zwillingsgeschwister vor der Öffentlichkeit. Sie markieren deren Macht und bringen Ohnmachtserfahrungen. Wer einen Wahlkampf führt oder demonstriert, begibt sich in die Situation von Ohnmacht, die nichts anderes als das andere der gesellschaftlichen Macht verkörpert.

Im Wahlkampf ist das besonders deutlich, gerade weil man versuchen muß, die eigene Ohnmacht erfolgreich zu verstecken. Wahlkämpferinnen und Wahlkämpfer treten machtvoll auf, vor allem in der us-amerikanischen Version medialer Wahlkämpfe. Sie sollen wie Siegerinnen und Sieger aussehen, weil sie dann anziehend wirken und eine größere Anhängerschaft hinter sich bringen. Aber in einer funktionierenden Demokratie gibt es vor dem Wahltag keine Sieger, der Wahlkampf ist offen und deshalb eine Ohnmachtserfahrung für die Wahlkämpfer selbst. Nicht alle werden Sieger sein; mit dieser Ohnmacht müssen Wahlkämpfer umgehen und geradezu tanzen können. Die Inszenierung der Macht mit großen Reden, auf Plakaten, in Fernsehspots dient diesem Tanz mit der Ohnmacht. Politische Verhältnisse sind umso weniger demokratisch, je geringer die Ohnmacht der Wahlkämpfer ist. Wenn Konkurrenten schon vor dem Wahltag mundtot gemacht wurden, oder mittels Gewalt an der Bewerbung gehindert wurden, oder nur scheinbar eine andere politische Perspektive vertreten, dann bedeutet der Wahlkampf nichts anderes als eine zynische Aufführung der Macht derer, die sie sowieso schon in Händen haben. Für die Demokratie ist die Ohnmacht der Wahlkämpfer ein hohes Gut, weil sie die Macht des Volkes darstellt. Sind die Wählerinnen und Wähler der eigentliche Souverän, dann sind die Gesten der Macht im Wahlkampf eine Sprache der Ohnmacht. Hier zeigen die Bewerber, daß sie sich von der Ohnmacht, in der sie sich befinden, nicht schrecken lassen und vor ihr nicht stumm werden. Das qualifiziert sie für die Macht, um die sie konkurrieren.

Aber mit dem Ohnmachtscharakter des Wahlkampfes ist eine Gefahr verbunden, die nicht zu vermeiden ist. Die Aufführung der Ohnmacht mit der Wahlkampfsprache der Macht ist potentiell gewalttätig. Die Versuchung liegt nahe, die Macht über die eigene Ohnmacht dadurch zu präsentieren, daß andere in die Ohnmacht gestoßen werden. Das können die Konkurrenten sein, wenn man sie verunglimpft oder mit falschen Beschuldigungen überzieht; das ist risikoreich, weil die ja mit gleicher Münze zurückzahlen können. Es können aber ganz besonders Leute oder Gruppen sein, die sich im Modus des Wahlkampfes nicht wehren und nicht zu Wort melden können. Wahlkampfparolen lesen sich deshalb bisweilen auch wie Kriegserklärungen und wie Angriffsbefehle auf besonders geeignete Sündenböcke. Je ungewisser der Ausgang, desto mehr steigt die Gefahr der Gewalt. Je entschlossener die Kräfte, welche Wahlkampf führen, der Gewalt widerstehen, in deren Versuchung sie stehen, desto demokratischer werden die Verhältnisse in der Gesellschaft.

Die Auseinandersetzung mit der Gewalt ist nicht zu vermeiden, und deshalb ist jeder Wahlkampf zugleich ein Gradmesser für die Bedeutung der Menschenrechte in einer Gesellschaft. Für sie ist der Wahlkampf Chance und Gefahr zugleich. Menschenrechtsthemen sind Ohnmachtsthemen, sie taugen für die Wahlkämpfer daher sowohl zur Demonstration der eigenen Macht wie zur kreativen Bewältigung der eigenen Ohnmacht. Relevant im Sinn der Menschenrechte ist zum einen der Umgang mit den jeweils angegriffenen politischen Gegnern und sind zum anderen die Menschen, über deren Schicksal die jeweils umkämpfte politische Frage entscheidet. Daher gibt es unausgesprochene Grenzen in einem demokratisch geführten Wahlkampf, die jeweils neu austariert werden und auch werden müssen. Ein Wahlkampf ist insofern auch ein Gradmesser über den Menschenrechtsstandard in einer Gesellschaft. Er zeigt an, wie Menschenrechtsthemen in ihr repräsentiert sind. Gerade die Vergöberung, mit der im Wahlkampf gearbeitet wird, ist hier signifikant. Sie legt eine ehrliche Rechenschaft darüber ab, was in einer Gesellschaft öffentlichkeitswirksam zur Sprache kommen kann. Parolen im Wahlkampf zeigen an, welche Menschenrechtsfähigkeit eine Gesellschaft entwickelt hat. Der Diskurs im kleinen Expertenkreis ist nicht signifikant für die politische Potenz einer Fragestellung, wohl aber die zugkräftige und auch zugespitzte Formulierung. Die Zuspitzungen sind zwar stets grobe Keile, aber sie bringen die Differenzen, um die sich ein politisches Thema wirklich dreht, umso deutlicher zum Vorschein. Ohne Attacke auf die andere Seite kommt kein Wahlkampf aus. Denn dafür gibt es ihn ja: die Differenzen in der politischen Sachfrage und Lösungsstrategie zum Vorschein zu bringen. Wer versucht, diese Differenzen zu übergehen, zeigt, daß diese Gruppe keinen Willen zur Macht hat und deshalb der Gegnerschaft ausweichen will. Eine solche Gruppe wird zurecht nicht beachtet. Politik kann nicht nur über die bessere Einsicht und das größere Wissen gemacht werden; sie verläuft entlang der Grenzen der Benennbarkeit solcher Themen, die Menschen in ihrer Existenz betreffen. Das mag man aus einer rationalen Perspektive bedauern. Aber es ist das bisher erfolgreichste politische Modell, um in bestehenden gesellschaftlichen Differenzen zu leben, ohne mit Gewalt übereinander herzufallen.

Aber hier lauern auch die Gefahren. "Ausländer raus!" ist mehr als eine parteipolitische Parole in einer aktuellen Wahlauseinandersetzung. Wenn sich eine Partei damit durchsetzen würde, ginge die Bedeutung von Menschenrechten in der Gesellschaft zurück. Die Parole "Opferschutz vor Täterschutz!" zielt auf den Umgang der Gesellschaft mit Menschen, die anderer Rechte verletzt oder gar mit Füßen getreten haben. Wer sie im Wahlkampf benutzt, muß sich zur Logik der Rache darin verhalten und kann ihr eben auch verfallen. In Wahlkämpfen führen gesellschaftliche Gruppen einen *low intensity conflict*. Unter Menschenrechtsgesichtspunkten sind sie weniger an der Aufführung der Macht zu messen, die sie als Darstellungsform benutzen, als vielmehr an der Sprache, mit der sie die Ohnmacht von Menschen ansprechen. Weil Wahlkämpfe die Sprache der Macht sprechen, können sie die Ohnmacht anderer mit Füßen treten. Nur wenn Wahlkämpfer Respekt vor dieser Ohnmacht haben und damit auch mit der eigenen Ohnmacht leben können, können sie der Gewalt wehren, die durch den Wahlkampf in einer Gesellschaft droht.

Diese Gewalt locken auch Demonstrationen unweigerlich an. Sie führen auf, welche Differenzen es gibt, und sie wollen die treffen, die anderer Meinung sind. Dafür sind sie da - die anderen herauszufordern, ihre Position vor aller Augen zur Sprache zu bringen. Der Tanz mit der Differenz von Macht und Ohnmacht verbindet und unterscheidet sie zugleich von Wahlkämpfen. Diese werden ja gemanagt; deshalb ist die gute Organisation ein Qualitätsmerkmal, das zugleich für ein politisches Amt empfehlen soll. Es muß bei Wahlkundgebungen größtes Augenmerk darauf gelegt werden, daß keine Gewalt ausbricht; denn das diskreditiert den Bewerber für die Macht, nach der er strebt. Deshalb zieht der mediale Wahlkampf die große Halle dem herkömmlichen Marktplatz vor. Diese Gewaltvermeidungsstrategie ist im Fall der Demonstration weitaus schwieriger. Hier wird die Konfrontation mit den Menschen auf der Straße ja geradezu gesucht; denn hier sind die anzutreffen, die bisher am Thema nicht interessiert waren, oder die gänzlich anderer Meinung sind. Da sind unliebsame Überraschungen nicht ausgeschlossen und der schräge Ton gehört zur Demonstration. Deshalb werden in den westlichen Demokratien solche Demonstrationszüge auch von staatlichen, im Idealfall neutralen Sicherheitskräften begleitet. Wer demonstriert, geht die Gewalt in einem Streitthema frontal an mit dem, was er oder sie zur Sprache bringt, also mit Sprüchen, Schildern, Reden, Gesängen. Das lockt Gewalt förmlich hervor - um sie damit zu entlarven und durch diesen öffentlichen Akt auch im Zaum zu halten. Deshalb folgen Demonstrationen vom Ansatz her einer Gewaltvermeidungsstrategie wie Wahlkämpfe, aber sie gehen den umgekehrten Weg - die direkte Auseinandersetzung mit einem Gewaltpotential. Deshalb sind sie auch gesellschaftlich aussagekräftiger für eine umstrittene Fragestellung als Wahlkämpfe, aber sie können auch leichter der Gewalt zum Opfer fallen, die sie provozieren. Menschenrechte sind bei Demonstrationen viel unmittelbarer präsent als im Wahlkampf. Dort sind sie ein indirekter Faktor, hier sind sie schon bei denen bedroht, die demonstrieren. Werden ihre Rechte auf körperliche Unversehrtheit, unzensierte Rede, Freiheit der Versammlung von denen beachtet, die sie provozieren? Achten sie die Rechte derer, die sie provozieren? Benutzen sie die Macht, die sie durch die Demonstration erwerben, um die Ohnmacht zur Sprache zu bringen, die über Menschen in einer Opfersituation kommt? Oder erliegen sie der Versuchung, diese Ohnmacht durch eigene Macht zu übertönen?

Die Montagsdemonstrationen in Leipzig bei der Wende 1989 waren stets ein Ritt auf dem Tiger der Staatsorgane. Weil die Menschen in Leipzig diese Gewalt geritten haben, ohne ihre Ohnmacht zu verlieren und der geballten Wucht der eigenen Macht ein klare Widerstandslinie gaben, haben sie dem SED-Staat das Rückgrat gebrochen. Sie stellten ihn in die Differenz von Macht und Ohnmacht hinein.[59] Entweder die Mächtigen entschieden sich, die Gewalt ausbrechen zu lassen, die dem Staat die Macht über die Menschen gab, oder vor dem Widerstand zu weichen, der ihnen jeden Montag entgegentrat. Im ersten Fall hätten sie der Ohnmacht eine blutige Bühne gegeben, die den eigenen Staat international vollstän-

[59] Vgl. Wolf-Jürgen Grabner/Christine Heinze/Detlef Pollack (Hg.), Leipzig im Oktober. Kirchen und alternative Gruppen im Umbruch der DDR. Analysen zur Wende. Berlin: Wichern, 1990; Alexander Fischer/Günther Heydemann (Hg.), Die politische 'Wende' 1989/90 in Sachsen. Rückblick und Zwischenbilanz. Weimar: Böhlau, 1995, bes. 77-85.

dig diskreditiert und ohnmächtig gemacht hätte. Der zweite Fall zeigt die Ohnmacht dieser Mächtigen, die eben nicht auf der Zustimmung der Beherrschten basierte, und damit zum Verlust der Macht führte. Daß sich die SED-Kommunisten für das letztere entschieden haben, gleich wie sehr sie dazu gedrängt wurden, zeugt davon, daß sie nicht mit den Nazis auf eine Stufe zu stellen sind. Denn die NSDAP baute ihre Macht durch gewaltsame Demonstrationen auf und zögerte nicht, andere Demonstranten niederzuschießen. Die SA-Truppe war die vorstaatliche Machtbasis der Faschisten; deren Schlägereien haben sie groß gemacht. Wie leicht die Gewalt solcher Demonstrationen umschlagen kann, zeigt sich an der SA selbst. Der sog. Röhm-Putsch fand Zustimmung, weil die SA eben diese Schlägertruppe war. Daß Hitler damit die einzige ernsthafte Konkurrenz los wurde, zeugt von seinem machtpolitischen Geschick und von der politischen Unbedarftheit seiner bürgerlichen Gegner. Denn die mußten ihm nun auch noch für eine unrechtmäßige Gewalt applaudieren, ein Applaus, der dann erst nach Stalingrad eine Ernüchterung fand. Doch da war es bereits zu spät. Niemand im Deutschland der 30er Jahre war demonstrationsfähig, wie es die Menschen 1989 in der ehemaligen DDR gewesen sind.

Aber zwischen den 30er und den 80er Jahren lagen auch 50 Jahre. Und damit eine ganze Reihe von Entwicklungen in der Menschenrechtsgeschichte, die den politisch Handelnden das reine Machtkalkül erschwerten und den politisch Ohnmächtigen Äußerungsmöglichkeiten gaben. In der langsamen, mühsamen, aber dennoch hoffnungsvollen Geschichte der Menschenrechte gibt es einige Wegmarken, welche die Welt der Politik von der Ohnmachtsseite her beleuchten. Auch sie stehen in der Differenz von Macht und Ohnmacht. Die Sprache der Ohnmacht, die hier entwickelt wurde, ist mit der Geburt des Subjektes verbunden.

IV. Neuzeitliche Erklärungen der Menschenrechte Die Geburt des Subjektes aus den Erfahrungen mit der Staatsgewalt

Die Menschenrechtserklärungen der letzten 50 Jahre sind allesamt von Staaten oder Staatengemeinschaften verkündet worden. Aber sie haben eine lange Vorgeschichte in der Auseinandersetzung von gesellschaftlichen Größen mit dem Staat.[60] Erst in diesem Jahrhundert ist die Größe 'Staat' unter Einbeziehung von Menschenrechten konstituiert worden.[61] Das ist ein Erfolg jener Menschen, die dem Souveränitätsanspruch des Staates über jede Lebensfrage getrotzt haben. Man kann auch von einer Zivilisierung des Staates sprechen, doch suggeriert das eine harmonische Entwicklung, die es eben so nicht gegeben hat. Deutlich wird das an dem ersten Dokument, in dem sich eine Menschenrechtsperspektive findet und das noch tief ins Mittelalter hineinreicht: die *Magna Charta Libertatum* von 1215. Johann ohne Land, der Nachfolger von Richard Löwenherz, verliert 1214 die Besitztümer der englischen Krone nördlich der Loire. Der englische Adel steht gegen ihn auf und zwingt ihm einen Grundrechtskatalog ab, der die Barone stärkt und zugleich die Basis jeder Verfassung in England werden sollte. Im ersten Punkt muß Johann "auf ewig [bestätigen], daß die englische Kirche frei und im Besitz ihrer vollen Rechte und unangetasteten Freiheiten sein soll".[62] Hier zeigt sich, wie sehr eine religiöse Problemstellung mit Grundrechtsfragen verwoben ist. In den weiteren 59 Nummern der *Magna Charta* sind besonders die Rechte von Belang, in denen eine willkürliche Verhaftung, eine Strafe ohne Verhältnis zum Vergehen, eine Gefangennahme ohne Urteil angesprochen werden und der König

---

[60] Einen minutiösen Einblick bietet Wolfgang Schmale, Archäologie der Grund- und Menschenrechte in der Frühen Neuzeit. Ein deutsch-französisches Paradigma. München: Oldenbourg, 1997 (Ancien Régime, Aufklärung und Revolution 30); vgl. auch Odersky, Menschenrechte a.a.O. (Fn. 16). Weiterführende Perspektiven bieten die Oxford Amnesty Lectures von 1994: Olwen Hufton (Hg.), Menschenrechte in der Geschichte. Frankfurt: Fischer, 1998.

[61] So beginnt die ausführliche Becksche Textsammlung erst mit der Charta der Vereinten Nationen; vgl. Menschenrechte. Ihr internationaler Schutz. München: dtv, 4., neu bearb. Auflage 1998 (Beck-Texte im dtv).

[62] Wolfgang Heidelmeyer (Hg.), Die Menschenrechte. Erklärungen, Verfassungsartikel, Internationale Abkommen. 4., erneuerte und erweiterte Auflage mit einer umfassenden Einleitung vom Herausgeber. Paderborn: Schöningh (UTB 123), 1997, S. 52.

verpflichtet wird, das künftig zu unterlassen oder zu verhindern. All das steht in einem feudalen Rahmen, wie die wichtige Nummer 39 zeigt: "Kein freier Mann soll ergriffen, gefangengelegt, aus seinem Besitz vertrieben, verbannt oder in irgendeiner Weise zugrunde gerichtet werden, noch wollen wir gegen ihn vorgehen oder ihm nachstellen lassen, es sei denn auf Grund rechtmäßigen Urteiles seiner Standesgenossen und nach dem Recht des Landes."[63] Und doch werden hier generelle Orte geschaffen, auf denen der Zugriff der staatlichen Macht zurückgedrängt wird. Es ist nicht selbstverständlich, daß die staatliche Macht jemanden nur aufgrund eines Urteils in die Gewalt bekommt. Dieses Recht wird ja hier nicht formuliert, um mögliches Unrecht zu verhindern, sondern um eine gängige Praxis zu beenden. Der Normalfall ist die reine Machtherrschaft, die zu Unrecht und Terror neigt. Der wird hier die Spitze gebrochen, auch wenn es dieses Modell staatlicher Gewalt bis heute gibt. Die *Magna Charta Libertatum* war stets ein wichtiges Thema in der innerstaatlichen Auseinandersetzung in England. Die Grafen und Barone von damals haben, ohne es zu wollen, allen einen Dienst erwiesen, weil sie dem König eigene Rechte abtrotzten. Besonders wichtig ist das Recht auf ein ordentliches Verfahren bei Strafsachen. Es steht auch hinter der ersten wichtigen Menschenrechtserklärung der Neuzeit:

12) Habeas Corpus - der Schutz vor willkürlicher Verhaftung

Nach der puritanischen Militärdiktatur von 1649-1660 gelingt in England den Stuarts eine Restauration monarchischer Macht. Karl II. verkörpert eine absolute Herrschaft auf der Linie von Ludwig XIV., an dessen Hof er erzogen worden war. Er führt einen unpopulären Krieg mit den Holländern und fördert die Katholiken, etwa in der Indulgenzerklärung von 1672. Das Parlament stellt sich ihm in den Weg sowohl durch Maßnahmen gegen die Katholiken (Ausschluß von Staatsämtern in der Testakte von 1673), als auch durch Widerstand gegen Gewohnheiten, die der absoluten Herrschaft Vorschub leisten. Diese Gefahr ist insbesondere dort gegeben, wo Menschen in staatlichen Gewahrsam genommen werden. Willkürlich verhaften zu können, bedeutet eine absolute Macht über Menschen. Sie führt

---

[63] Ebd.

zu einer Ohnmacht, die stumm bleibt. Wer absolute Macht brechen will, kann an dieser Ohnmacht ansetzen. Zur Sprache bringen, worum es bei einer Verhaftung geht, ist ein erster, aber unabdingbarer Schritt, Ohnmächtige aus dem Verstummen zu befreien. Über die Macht zur Verhaftung kann sich absolute Herrschaft präsentieren, oder hier kann ihr der absolute Zahn gezogen werden. Das letztere hat das Parlament mit der *Habeas-Corpus-Akte* von 1679 im Auge. Es ist erklärtermaßen "ein Gesetz zur besseren Sicherung der Freiheit der Untertanen und zur Vorkehr gegen Gefängnishaft in Übersee".[64] Das 'habeas corpus' bezieht sich auf die Anweisung eines Justizbeamten, eine Verhaftung vorzunehmen; 'habeas corpus ad subiciendum' - du sollst einen Körper ergreifen, um ihn (der Justiz) zu übergeben - stand in jedem Haftbefehl. Auf diese Befehle bezieht sich dieses Gesetz; es macht einen Weg frei, diese Verhaftung zu überprüfen. Es behandelt daher das Ersuchen an einen staatlichen Amtsträger, die Haft einer Person zu überprüfen. Das Gesetz bestimmt nun nicht mehr, als daß dieses Haftprüfungsersuchen in einer bestimmten Frist (drei Tage nach Zustellung) bearbeitet und unter Angaben von Gründen entschieden wird. Die staatliche Gewalt wird dadurch gezwungen, die Verhaftung gegenüber dem Bürger - denn nur dieser erhielt diesen Rechtsschutz, die Nichtbürger noch nicht - erstens zu begründen, zweitens einen Verfahrensweg zu eröffnen, gegen sie zu klagen, und drittens sich selbst an klare Regelungen zu binden. Aus dem stummen Gewaltakt wird ein Ort, die Dinge beim Namen nennen zu müssen. Der willkürlichen Verhaftung, die ja allen totalitären Machthabern besonders im Falle politischer Gegner als ein probates Herrschafts-mittel erscheint, wird damit widerstanden. Wer Menschen nicht mehr einfach zu stummer Ohnmacht verdammen kann, hat die absolute Macht verloren.

Das Gesetz ist sehr minutiös angelegt, weil auf diesem Gebiet der Teufel im Detail steckt und in bürokratischen Maßnahmen alle Varianten der Willkür stecken können. Diese Eindämmung absoluter Gewalt gehört politisch zum Vorfeld der *Glorious Revolution* von 1688, in der sich die Briten endgültig von dieser Form der Staatsgestaltung verabschiedet haben. Die *Bill of rights* von 1689[65] vertiefte die Differenzen, die mit der *Habeas-Corpus-Akte* in die

[64] Ebd., S. 53.
[65] Vgl. Brieskorn, Menschenrechte, a.a.O. (Fn. 20), S. 82-84.

Regelung staatlicher Angelegenheiten eingeführt worden waren. Sie stellte König und Parlament einander gegenüber: Im Parlament galt Freiheit der Rede und des Verfahrens, der König hatte kein Recht auf ein stehendes Heer oder ein Gericht über das Parlament. In diesen Differenzen entstanden zugleich Räume für die individuellen Rechte und Zeichen für respektierte Ohnmacht: Bittschriften ohne Verfolgungsgefahr einzureichen, Waffen zu tragen, nur von rechtmäßig ernannten Geschworenen verurteilt werden zu können.

Gleichwohl hat dieser deutliche Fortschritt in Sachen Menschenrechte die Briten nicht davor bewahrt, selbst Urheber von Menschenrechtsverletzungen zu sein. Das zeigt sich besonders in ihren Kolonien. Doch die wichtigsten darunter, die nordamerikanischen, begehren dagegen auf und erkämpfen sich die Freiheit. In diesem Kampf sind für die Menschenrechte weitere Plattformen geschaffen worden:

13) Virginia Bill of Rights - der Schutz vor willkürlicher Herrschaft

Die USA gelangten zur Konstitution ihrer Staatlichkeit bezeichnenderweise über Wirtschafts- und Geldfragen. Nach dem Siebenjährigen Krieg, in dem die Briten Friedrich II. von Preußen wegen ihres amerikanischen Gegensatzes zu den Franzosen unterstützt hatten, brauchte die Krone Geld. Das trieb sie in den Kolonien ein, besonders über die Stempel-Steuer auf alle Urkunden und Druckwaren. Das wird durch den politischen Kampf der Siedler noch rückgängig gemacht. Übrig blieb nur die Sondersteuer auf Tee. Doch das genügte, um der Parole ‘no taxation without representation’ konkrete politische Nahrung zu geben.
1773 kam es zur *Boston Tea Party*, der Versenkung der Teeladung dreier Schiffe durch verkleidete Kolonisten, auf welche die Regierung der Briten mit der Sperrung des Hafens und damit mit einem massiven Eingriff in den Kommerz der Neuen Welt reagierte. Die Unabhängigkeitsbewegung kam in Gang, 13 Staaten konstituieren sich an der Ostküste Nordamerikas, beschließen 1774 auf dem Ersten Kontinentalkongreß in Philadelphia die Einstellung des Handels mit England und lösen damit den Unabhängigkeitskrieg von 1775-1783 aus, den die Milizen der Neuenglandstaaten schließlich ab 1777 gegen die britischen Söldnertruppen aus Hessen gewannen.

Vor der *Declaration of Independence* vom 4. Juli 1776 verabschiedete der Staat Virginia am 12. Juni 1776 eine *Bill of rights*,[66] die für die spätere Verfassung der USA und damit auch die Erklärung der Französischen Revolution vorbildlich wurde. Sie führt die Gewaltenteilung ein, bestimmt die Wahlfreiheit, unterstreicht die Inhalte der *Habeas-Corpus-Akte*, nennt die Pressefreiheit "eines der größten Bollwerke der Freiheit"[67] und bestimmt im 16. Artikel aus Gründen der Vernunft und aus Respekt vor dem Schöpfer die Freiheit der Religion für jedermann, womit sie bereits dokumentiert, daß der Staat sich nicht mit einer Religionsgemeinschaft verbinden wollte. Im Unterschied zur der britischen Entwicklung wird hier weniger pragmatisch auf die konkreten Verfahren geachtet, vielmehr stehen Rechte der Leute von Virginia im Zentrum "als Grundlagen und zur Gründung ihrer Regierung" (Präambel). Der erste Artikel sagt aus, "daß alle Menschen von Natur aus gleich frei [equally free] und unabhängig sind, und gewisse, ihnen innewohnende [inherent] Rechte haben, welche sie, wenn sie in einen Gesellschaftszustand eintreten, durch keine Abmachung ihren Nachkommen nehmen, oder auf die sie zu Lasten der Nachkommen auch nicht verzichten können; namentlich handelt es sich darum, sich des Lebens und der Freiheit [liberty] erfreuen zu dürfen, und dazu Eigentum erwerben und besitzen zu können, und nach Glück [happiness] und Sicherheit [safety] zu streben und beide auch zu erlangen."[68] Daraus hat dann Thomas Jefferson den berühmten ersten Satz des zweiten Abschnitts der *Declaration of Independence* formuliert: "We hold these truths to be self-evident, that all men are created equal, that they are endowed by their Creator with certain unalienable rights, that among these are life, liberty and the pursuit of happiness." Im Artikel drei bestimmt die Virginia Bill of rights dann das Widerstandsrecht der Mehrheit der Bürger, eine unfähige oder unterdrückerische Regierung "zu erneuern, zu ändern oder zu stürzen".[69] Also ist nicht eine einzelne Person die entscheidende politische Größe, sondern die Mehrheit der Individuen; sie ist Träger des Widerstandsrechtes. Es ist erfolgsorientiert und damit in der Sprache der Macht dargestellt. Aber es ist selbst eine Präsentation von

---

[66] Vgl. ebd., S. 85-91.
[67] Ebd., S. 89.
[68] Ebd., S. 85.
[69] Ebd., S. 87.

Ohnmacht. Der Widerstand der Bürger gegen eine willkürliche Regierung ist ein Akt der Ohnmacht. Mit dieser Erklärung hat sie einen konstitutiven Ort im Staat. Durch den Willen, das auch in die Tat umzusetzen, haben die USA einen Meilenstein der Menschenrechtsentwicklung gesetzt.

Ein wichtiges Vehikel dieser Entwicklung sind in den USA die Verfahren vor dem Supreme Court geworden; sie halten die Auseinandersetzungen um die Menschenrechte lebendig und im Fluß. Das oberste Gericht der USA hat dabei sowohl als Förderer wie als Bremser der Menschenrechte agiert.[70] Letztlich entscheidend sind für die Menschenrechte nicht die Entscheide der Richter, sondern die Auseinandersetzungen um die Fälle, die sie zu entscheiden haben. Sie bringen neuralgische Menschenrechtsfragen ans Licht und zwingen zur Entscheidung, wie eine Gesellschaft die Differenz von Macht und Ohnmacht gestaltet.

Die Erklärung von Menschenrechten garantiert noch nicht ihre Herrschaft in einer Gesellschaft und deren Institutionen. In den USA dauerte es fast hundert Jahre, bis auch die Sklaven des neuen Staates formell die Rechte auf 'life, liberty and the pursuit of happiness' beanspruchen durften. Noch in der *Dred-Scott-Decision* 1856 glaubte der Supreme Court, den Schwarzen in den USA bescheinigen zu können, daß sie eben nicht zu den Menschen zählten, deren *unalienable rights* die Unabhängigkeitserklärung garantieren wollte.[71] Dred Scott war ein schwarzer Sklave, der mit seinem Herrn und seiner Herrin von Missouri (Sklaverei-Staat) nach Illinois und Wisconsin (beides Staaten mit Anti-Sklaverei-Verfassung) und dann wieder nach Missouri gezogen war. Die Sklaverei war nördlich der Dixie-Linie verboten und südlich davon gängige Verfassung. War Dred Scott, weil er jenseits der Sklavereistaaten gelebt hatte, jetzt auch südlich davon ein freier Mann, oder wurde er in Missouri wieder zum Sklaven von früher? Chief Justice Roger B. Taney begründete den Spruch des Gerichts, mit dem Dred Scott zum Sklaven erklärt wurde, mit der Reichweite der Menschenrechte in der US-Unabhängigkeitserklärung: "Es ist zu klar, um darüber zu streiten, daß nicht beabsichtigt war, die versklavte Afrikanische Rasse mit einzuschließen und

[70] Vgl. John A. Garraty (ed.), Quarrels that have shaped the Constitution. Revised and expanded edition. New York, N.Y.: Harper & Row, 1988.
[71] Vgl. Fehrenbacher in ebd., S. 87-99.

daß sie kein Teil des Volkes war, das diese Erklärung geschaffen und anerkannt hat. Denn wenn die Sprache, wie sie zu der damaligen Zeit verstanden wurde, sie mit einschließen würde, dann wäre das Verhalten der ehrenvollen Männer, die die Unabhängigkeitserklärung formuliert haben, eine äußerster und offener Verstoß gegen die Prinzipien gewesen, denen sie darin zustimmten ... dann hätten sie allgemeine Ablehnung und Zurückweisung verdient und auch erhalten."[72] Diese Logik nutzte Taney für den notorischen Satz, der den ganzen weißen Rassismus der USA in sich birgt: the Negro "had no rights which the white man was bound to respect."[73]

Fünf Jahre später brach der Amerikanische Bürgerkrieg aus, der erste der brutalen Abnützungskriege der späten Moderne. Er wurde von der Auseinandersetzung um die Sklaverei - die Bewegung der Abolitionisten, besonders von den Quäkern organisiert - ausgelöst, aber von Abraham Lincoln um die Einheit der Nation geführt. Das brachte zwar die Abschaffung der Sklaverei, aber änderte nichts an der sozio-politischen Marginalisierung der Schwarzen in den Ghettos der großen Städte des Nordens und den segregierten Staaten des Südens ('whites only'). Erst die schwarze Bürgerrechtsbewegung, die sich um die Antipoden Martin Luther King und Malcolm X gruppieren läßt,[74] verbesserte die Chancen der Schwarzen, ihre Menschenrechte gesellschaftlich zur Geltung zu bringen. Aber es dauert bis heute an, Menschenrechtsverbrechen im Alltag der USA zu verhindern.

Wie sehr das ein ohnmächtiges und zugleich sprachliches Projekt ist, zeigt das Beispiel Martin L. Kings. Er war niemals in einem politischen Sinn wirklich mächtig, aber die Ohnmacht der Schwarzen, die er so tiefgründig in Sprache fassen konnte, wurde zu einer der mächtigsten Waffen, die Menschenrechte voranzubringen. Diese Waffe ist aus der kompromißlosen Entscheidung zu direkten gewaltlosen Aktionen geschmiedet und besteht in der öffentlichen Präsentation der Ohnmacht vor rassistischer Gewalt. Die Aktionen der Bürgerrechtsbewegung brachten die Ohnmacht in nicht mehr zu überhörender Weise zur Sprache, weil sie die US-Gesellschaft

---

[72] Zit. u. übers. n. James H. Cone, Black Theology and Black Power. New York, NY: Seabury, 1969, S. 9.

[73] Garraty, Quarrels a.a.O., S. 97.

[74] Vgl. Juan Williams with the Eyes on the Prize Production Team, Eyes on the Prize. America's Civil Rights Years, 1954-1965. Introduction by Julian Bond. New York, N.Y.: Viking Penguin, 1987.

mitten in die Differenzen hineinstellten, welche die Schwarzen marginalisierten. Die Ohnmacht der Opfer ist das lautstärkste Mittel der Menschenrechte; wer sie durchsetzen will, muß sich dieser Ohnmacht stellen und ihre Sprache sprechen lernen. King hat sich damit aus dem Gefängnis gegenüber jenen weißen geistlichen Amtsbrüdern gerechtfertigt, die sich zwar der Sache der Schwarzen gegenüber wohlgesonnen erklärten, King aber wegen des organisierten Massenprotestes gegen 'Bull' Connor, den rassistischen Sheriff von Birmingham, öffentlich einen 'troublemaker' nannten. In dem berühmten *Letter from Birmingham City Jail* von 1963 heißt es: "You may well ask, 'Why direct action? Why sit-ins, marches, etc.? Isn't negotiation a better path?' You are exactly right in your call for negotiation. Indeed, this is the purpose of direct action. Nonviolent direct action seeks to create such a crisis and establish such creative tension that a community that has constantly refused to negotiate is forced to confront the issue. It seeks so to dramatize the issue that it can no longer be ignored. I just referred to the creation of tension as a part of the work of the nonviolent resister. This may sound rather shocking. But I must confess that I am not afraid of the word tension. I have earnestly worked and preached against violent tension, but there is a type of constructive nonviolent tension that is necessary for growth. Just as Socrates felt that it was necessary to create a tension in the mind so that individuals could rise from the bondage of myths and half-truths to the unfettered realm of creative analysis and objective appraisal, we must see the need of having nonviolent gadflies to create the kind of tension in society that will help men to rise from the dark depths of prejudice and racism to the majestic heights of understanding and brotherhood."[75] Die Ohnmacht der Menschenrechte zu präsentieren, ist eine Provokation der gesellschaftlichen Gewalt, die diese mißachtet. Sie präsentiert die fragile Konstitution des Lebens, auf das die Menschenrechte zielen. Um diese Ohnmacht erfolgreich präsentieren zu können, bedarf es einer Alternative, die ihre Stummheit überwindet. King hatte diesen Traum und konnte ihn auch überzeugend formulieren.[76] Seine Rede vor dem Lincoln-Memorial gehört zu den machtvollsten politischen Reden, die in diesem Jahrhundert gehalten wurden. Sie

---

[75] James Melvin Washington (ed.), A Testament of Hope. The Essential Writings of Martin Luther King, Jr. San Francisco, CA: Harper & Row, 1986, S. 291.
[76] Ebd., S. 217-220.

ist zugleich eine Paradebeispiel für eine überzeugende Sprache der Ohnmacht. Die Realisierung seines Traumes verlangt die weitere öffentliche Konfrontation mit dem, was die Menschenrechte mißachtet.

Einen gewichtigen Anteil an dieser Mißachtung trägt staatlicherseits die Todesstrafe. Sie verletzt direkt das erklärte Recht auf Leben. Sie ist von der *Virginia Bill of rights* nicht ausgeschlossen und damit als Hypothek auf die Vereinigten Staaten von Amerika gelegt worden, von der die USA sich bis heute nicht losgekauft haben. In der Todesstrafe gibt es gegenwärtig eine merkwürdige Front. Hier agieren die USA gemeinsam mit dem Irak, dem Iran und China. Es gibt die Todesstrafe heute in 38 Bundesstaaten der USA. Sie wird in fünf Methoden durchgeführt: elektrischer Stuhl, Gaskammer, Todesspritze, Erhängen und Erschießen. "In einigen wenigen Bundesstaaten hat der Verurteilte das Recht, die Methode zu wählen."[77] 1972 bis 1976 war der Vollzug der Todesstrafe höchstrichterlich verboten. In Furman gegen Georgia entschied der Supreme Court, daß sie gegen das Verbot grausamer und ungewöhnlicher Strafen im achten Verfassungszusatz der USA verstoße. Aber 1976 entschied das gleiche Gericht im Fall Gregg gegen Georgia, die Todesstrafe könne verfassungskonform sein, wenn jeder Einzelfall genau geprüft werde. Derzeit gibt es mehr als 3000 Todeskandidaten in den USA; zwischen 1976 und März 1998 wurden 449 Menschen hingerichtet. 41 % der zum Tode Verurteilten sind Schwarze, ihre Bevölkerungsgruppe macht aber nur 12 % der US-Bürger aus. Die Opfer der Verurteilten waren zumeist Weiße. 2 % der Verurteilten sind Frauen. Es dauert durchschnittlich zehn Jahre, ehe das Ergebnis der Revisionsverfahren feststeht.[78] Dann kann es zu mehreren Aussetzungen der Hinrichtung kommen, bis sie endgültig vollzogen wird. Dafür gibt es in jedem Gefängnis ein eigenes Ritual, bisweilen bis in die Details vom Staat vorgeschrieben; ohne dieses Ritual könnten weder die Verurteilten noch die an seiner Hinrichtung Ar-

---

[77] Lucinda Devlin, Im Namen des Volkes. Text zur Foto-Ausstellung 'The Omega Suites'. In: Zeit-Magazin vom 8. April 1998, 24-31, S. 29.

[78] Zu beiden Entscheidungen vgl. Eileen Börner in: Christian Boulanger/Vera Heyes/ Philip Hanfling (Hg.), Zur Aktualität der Todesstrafe. Interdisziplinäre Beiträge gegen eine unmenschliche und erniedrigende Strafe. Berlin: Berlin-Verlag, 1997, S. 102-104, dort auch weitere Lit. S. 163-165. Zu den Daten vgl. Richard C. Dieter, Wenn der Staat tötet: Die Todesstrafe in den USA. In: Gunnar Köhne (Hg.), Die Zukunft der Menschenrechte. 50 Jahre UN-Erklärung: Bilanz eines Aufbruchs. Hamburg: Rowohlt, 1998, 125-140.

beitenden den Bann ertragen, in dem das Gefängnis in den Tagen vor einer Hinrichtung steht. "Das Ende aber ist immer gleich: Auf seinem Weg in die Todeszelle wird der Verurteilte von einem Geistlichen, einem Arzt und Mitgliedern der Exekutionsmannschaft begleitet. Er wird festgeschnallt und entsprechend präpariert: Elektroden werden angebracht, Kanülen in die Venen gestochen, Infusionsschläuche angeschlossen. Dann wird das Todesurteil vorgelesen und er darf eine letzte Erklärung abgeben. Schließlich erhält er Stromstöße von 2000 Volt, eine Abfolge von Giften, oder er atmet Blausäure ein, bis er tot ist."[79]

Die Ohnmacht der rechtmäßig verurteilten Mörder in den 'Omega-Suites', wie Lucinda Devlin die Räume nennt, in denen die Todesstrafe vollzogen wird, ist eine Anklage gegen dieses Rechtsinstitut. Hat jemand das Recht auf Leben verwirkt, der es anderen aus freiem Willen und bei klarem Verstand genommen hat? Darf gleiches mit gleichem vergolten werden, wenn die Vergeltung genau das bewirkt, wofür der Täter zurecht zur Verantwortung gezogen wird? Ist die Vergeltung dann gerechtfertigt, wenn sie nicht nur jede Sühne bedeutungslos macht, sondern den Tod des Mörders über all das stellt, was sein Leben über seine Mordtat hinaus bedeutet? Schließt die Souveränität des Staates das Recht über das Leben dieses verbrecherischen Teils seiner Bürger ein? Seine Souveränität bedeutet die Entscheidung über Leben und Tod, sie wird vollzogen in der Entscheidung über Krieg und Frieden. Ist die Mordtat tatsächlich ein Kriegsfall und also der Staat zur Todesstrafe berechtigt? So jedenfalls sah es auch die Ursprungsfassung des Weltkatechismus der katholischen Kirche von 1993 in der Nummer 2266: "Der Schutz des Gemeinwohls der Gesellschaft erfordert, daß der Angreifer außerstande gesetzt wird zu schaden. Aus diesem Grund hat die überlieferte Lehre der Kirche die Rechtmäßigkeit des Rechtes und der Pflicht der gesetzmäßigen öffentlichen Gewalt anerkannt, der Schwere des Verbrechens angemessene Strafen zu verhängen, ohne in schwerwiegenden Fällen die Todesstrafe auszuschließen. Aus analogen Gründen haben die Verantwortungsträger das Recht, diejenigen, die das Gemeinwesen, für das sie verantwortlich sind, angreifen, mit Waffengewalt abzuwehren."[80]

---

[79] Devlin, Omega-Suites a.a.O., S. 31.

[80] Katechismus der katholischen Kirche 1993. 1. Auflage. München: Oldenbourg, Nr. 2266, S. 576.

Die Verantwortlichen dieses lehramtlichen Werkes haben sich in diesem Fall vom Papst auf Drängen der Bischöfe der USA korrigieren lassen müssen. Johannes Paul II lehrt in seiner Enzyklika *Evangelium Vitae* von 1995 über die Todesstrafe in der Nr. 56 nämlich das Gegenteil: "Das Problem muß in die Optik einer Strafjustiz eingeordnet werden, die immer mehr der Würde des Menschen und somit letzten Endes Gottes Plan bezüglich des Menschen und der Gesellschaft entsprechen soll. [...] Die öffentliche Autorität muß die Verletzung der Rechte des einzelnen und der Gemeinschaft dadurch wiedergutmachen, daß sie dem Schuldigen als Vorbedingung für seine Wiederentlassung in die Freiheit eine angemessene Sühne für das Vergehen auferlegt. [...] Um alle diese Ziele zu erreichen, müssen *Ausmaß und Art der Strafe* sorgfältig abgeschätzt und festgelegt werden und dürfen außer in schwerwiegendsten Fällen, das heißt wenn der Schutz der Gesellschaft nicht anders möglich sein sollte, nicht bis zum Äußersten, nämlich der Verhängung der Todesstrafe gegen den Schuldigen, gehen. Solche Fälle sind jedoch heutzutage infolge der immer angepaßteren Organisation des Strafwesens schon sehr selten oder praktisch überhaupt nicht mehr gegeben."[81] Das Recht des Staates auf Todesstrafe gehört damit nicht mehr zur Lehre der katholischen Kirche, was die tatsächliche Höhe der Autorität des Weltkatechismus-Werkes zurecht rückt und zum anderen Johannes Paul II wirklich zum Menschenrechtspapst qualifiziert.

Aber das Argument wird weiterhin von Staaten in der Weise verwendet, wie es oben im Zitat anklingt: Mord wird dem Kriegsfall gleichgestellt. Im Zeitalter der Massenvernichtungswaffen kann man das durchaus begreifen, und hier kann die Entscheidung eines Einzelnen in der Tat eine gesamte Gesellschaft oder sogar mehrere Gesellschaften mit dem Tod aller und der vollständigen Vernichtung der Lebensgrundlagen bedrohen. Doch muß man sich klarmachen, daß bisher diese Entscheidung über Leben und Tod nur durch staatliche Institutionen gefällt worden ist. Auch darin sind die USA seit Hiroshima und Nagasaki Vorreiter gewesen. Der Kriegsfall und die Todesstrafe hängen durchaus miteinander zusammen, wie es der ursprüngliche Weltkatechismus andeutet. Aber dieser Zusammenhang liegt nicht auf der Ebene des Rechtes, sondern auf der

---

[81] Enzyklika Evangelium Vitae. 25. März 1995. Hg. v. Sekretariat der Deutschen Bischofskonferenz. Bonn 1995, Nr. 56, S. 69.

Ebene der Macht. Krieg und Todesstrafe sind Dokumente und Präsentationen äußerster staatlicher Macht. Doch die steht niemals allein im gesellschaftlichen Raum. In der Todesstrafe wie im Krieg gibt es noch die andere Seite der Macht: die Ohnmacht. Sie ist die Seite der Menschenrechte. Wer für die Menschenrechte eintritt, stellt sich auf Seite der Ohnmacht und muß ihr zur Sprache verhelfen. Das fällt jedem Staat schwer. Doch nur der Staat, der zu dieser Sprache fähig ist, wird vor den Verbrechen bewahrt bleiben, die seine Gewalt an der Würde der Menschen verüben kann. Dafür sich einzusetzen und in diesem Punkt der staatlichen Gewalt zu widerstehen, ist eine wenig belohnte und mit großen Risiken belastete Arbeit. Sie spricht selbst eine ohnmächtige Sprache, doch ist gerade das ein Ausweis ihrer Bedeutung für die Menschenrechte.

14) Déclaration des droits de l'homme et du citoyen - der Schutz vor willkürlicher Regierung

Die Französische Revolution ist mit dem Pathos der Menschenrechte verbunden, aber wie jeder Idealismus mußte sie der Realität menschlicher Gewalt ins Auge sehen. *La révolution* und *la terreur* gehören zusammen. Gerade hier läßt sich der Zusammenhang zwischen den Menschenrechten und der Differenz von Macht und Ohnmacht studieren. 1789 brachte das Ende des Ancien Régime und die Erklärung, aber noch nicht die Herrschaft der Menschenrechte. Das hat man in Paris versucht, doch herausgekommen ist die Jakobinerherrschaft. In Namen von Freiheit, Gleichheit, Brüderlichkeit rollten Köpfe. Sobald eine schiere Idee - auch die der Menschenrechte - zur Herrschaft gelangt, werden nicht Menschenrechtsprobleme verhindert, sondern selbst noch einmal gezeugt. Das kann man am Unterschied deutlich machen zwischen der Erklärung der Rechte des Citoyen aus den direkten ersten Revolutionswochen, die der Verfassung von 1791 vorangestellt wurde, und der Konventsverfassung von 1793, welche nicht mehr wirklich in Kraft treten konnte. Im Modus der Radikalisierung findet hier eine Verdrängung oder zumindest eine Zurückdrängung der Ohnmacht statt.

Die Präambel gibt den Grund der Existenz der *Déclaration des droits de l'homme et du citoyen* selbst an: die "Erwägung, daß die Unkenntnis, das Vergessen oder die Mißachtung der Rechte des Menschen die alleinigen Ursachen des öffentlichen Unglücks und der Verderbtheit der Regierungen sind“[82]. Die Herrschaft mißachtet die Rechte der Menschen und deshalb kann ihre Regierung nur das öffentliche Unglück bedeuten. Statt dessen werden nun, wie die Versammlung sagt, “in Gegenwart und unter dem Schutze des Höchsten Wesens“ allgemeine Menschenrechte formuliert, “damit die Handlungen der gesetzgebenden und die der ausführenden Gewalt in jedem Augenblick mit dem Endzweck jeder politischen Einrichtung verglichen werden können und so mehr geachtet werden“[83]. Zwischen der Herrschaft und dem Recht der Menschen besteht eine prinzipielle Differenz; sie stehen sich gegenüber und gerade diese Gegenüberstellung ist für eine gute Regierung konstitutiv. Wer an der Regierung ist, dem stehen die Rechte der Menschen als Aussen gegenüber; den Menschen, die unter einer Herrschaft leben, erfahren zugleich eine Ohnmacht vor dieser Macht. Besonders der Artikel zwei hebt diese Innen-Außen-Konstellation hervor: “Ziel jeder politischen Vereinigung ist die Erhaltung der natürlichen und unabdingbaren Menschenrechte. Diese Rechte sind die Freiheit, das Eigentum, die Sicherheit und der Widerstand gegen die Unterdrükkung.“[84] Die Menschenrechte geben der Herrschaft einen allgemein überzeugenden Grund. An diesem wird sie gewichtet und an ihm entzündet sich möglicherweise Widerstand. Das Widerstandsrecht gegen Unterdrückung ist hier selbst ein originäres Menschenrecht. In Differenz zur Macht einer Herrschaft zu treten, gehört zur Menschenwürde aller Menschen. Das Recht auf Widerstand gibt der Ohnmacht einen Ort, sich zu Wort zu melden und sich gegen ungerechte Beherrschung zu verwahren.

In der Konventsverfassung vom 24. Juni 1793 wird zum einen der Einfluß der nordamerikanischen Unabhängigkeitserklärung noch deutlicher herausgestellt und zum anderen der Versuch gemacht, die Menschenrechte zur Machtfrage umzugestalten. So nennt der erste Artikel als Grund der Gesellschaft “das allgemeine Glück“[85] und die Verbürgung der natürlichen und unablässigen Rechte als Grund der Regierung. In Artikel zwei wird dann gegenüber 1789 der Widerstand weggelassen: “Diese Rechte sind Gleichheit, Freiheit, Sicherheit, Eigentum.“[86] Dem Widerstand werden stattdes-

---

[82] Heidelmeyer, Menschenrechte, a.a.O. (Fn. 62), S. 56f.
[83] Ebd., S. 57.
[84] Ebd.
[85] Ebd., S. 59.
[86] Ebd.

sen eigens die letzten drei Nummern 33-35 gewidmet. Das sieht auf den ersten Blick wie eine Radikalisierung aus, weil man hier diesen Recht größeren Raum und deutlichere Gestalt geben will. In Nr. 33 heißt es aber: "Der Widerstand gegen Unterdrückung ist Folgerung aus den übrigen Menschenrechten."[87] Der Widerstand ist kein originäres Recht mehr, sondern eine abgeleitete Größe. Er ist nicht das Charakteristikum der Ohnmacht der Menschenrechte, sondern selbst eine Aktion, die Machtansprüche erheben kann, wie Nr. 35 formuliert: "Wenn die Regierung die Rechte des Volkes verletzt, ist die Erhebung dem Volke und jedem Teil davon heiligstes Recht und unerläßliche Pflicht."[88] Hier findet im Modus der Radikalisierung ein Strukturwechsel statt. Die Menschenrechte begründen Machtansprüche. Das ist nur insofern der Sache angemessen, als jeder Mensch Respekt vor der Macht seines Lebens erwarten kann. Doch ist diese Macht eine Ohnmachtserfahrung und findet sich allein in der Darstellung dieses Lebens. Deshalb ist die genannte Formulierung problematisch; in ihrer Perspektive wird gerade die Ohnmacht überspielt. Es wird so getan, als seien die Menschenrechte von sich her eine Macht. Wenn sie dazu werden, dann kann genau das entstehen, wofür die Jakobinerherrschaft 1793/4 so lehrreich stand: die Mißachtung der Menschenrechte derer, die einer Menschenrechtsherrschaft feindlich gegenüberstehen. Das aber ist das Grundproblem jeder Revolution: Wie respektiert sie die Existenz derer, die sie bekämpfen? Die Ohnmachtsfrage ist nicht schon damit erledigt, daß man sie zur Machtfrage umgestaltet. Dann erzeugt sie nur andere Ohnmacht, deren Sprache die eigenen Ansprüche diskreditiert. Erst eine strikte Differenz zwischen Recht und Menschenrecht ist weiterführend; sie hält den Platz für die Differenz von Macht und Ohnmacht frei. Dafür steht auch die wichtigste Menschenrechtserklärung dieses Jahrhunderts ein:

[87] Ebd.
[88] Ebd., S. 63.

15) Die UNO-Deklaration - der Schutz vor willkürlicher staatlicher Gewalt

Die Vereinten Nationen sind eine Frucht des Zweiten Weltkrieges. Ihre Gründung basiert auf den vier Freiheiten des US-Präsidenten Franklin D. Roosevelt vom Januar 1941 (Freiheit der Rede und der Darstellung, der religiösen Verehrung, Freiheit von Not und Furcht), der Atlantik-Charta von Roosevelt und Churchill vom August 1941, dem Sicherheitsrat-Konzept der Konferenz von Dumberton Oaks in Washington 1944 und der Notwendigkeit, nach dem Krieg eine ebensolche Auseinandersetzung künftig zu verhindern. Die UNO sind also aus der Not des Krieges geboren und bedeuten den Versuch, der Gewalt kriegerischer Not zu widerstehen. Sie sind ein erster Reflex auf den Holocaust im Bereich internationaler Politik und wollen ihm mit der Menschenrechtstradition der Moderne begegnen. In ihrer Konstitution sind daher politische Macht und Ohnmacht der Menschen verschränkt.

Die Allgemeine Erklärung der Menschenrechte vom 10. Dezember 1948[89] spiegelt diese Genese wieder. Die Präambel verweist darauf, daß die allen Menschen "innewohnende Würde und ihrer gleichen und unveräußerlichen Rechte die Grundlage der Freiheit, der Gerechtigkeit und des Friedens in der Welt bildet",[90] und sie klagt über die Akte der Barbarei, die deren Mißachtung hervorgerufen hat. Für das Verhältnis zwischen Recht und Menschenrechten besteht sie auf beider Differenz; sie nennt es wesentlich, "die Menschenrechte durch die Herrschaft des Rechtes zu schützen, damit der Mensch nicht zum Aufstand gegen Tyrannei und Unterdrükkung als letztem Mittel gezwungen wird"[91]. Das soll vermieden werden, weil der Aufstand selbst Gewalt bedeutet. Damit würde ins Gegenteil verkehrt, worum es in den Menschenrechten geht. Auf dieser Linie liegt es, daß diese Erklärung im Recht den Weg sieht, den Schutz der Menschenrechte sicherzustellen. Artikel 6 formuliert: "Jeder Mensch hat überall Anspruch auf Anerkennung als Rechtsperson."[92] Allein das zeigt bereits, daß dieser Respekt nicht überall

---

[89] Ebd., S. 209-214. Als Versuch einer Bilanz vgl. Amnesty International (Hg.), Menschenrechte im Umbruch. 50 Jahre Allgemeine Erklärung der Menschenrechte. Neuwied: Luchterhand, 1998, und Köhne, Zukunft a.a.O. (FN 78).

[90] Heidelmeyer, Menschenrechte, a.a.O. (Fn. 62), S. 209.

[91] Ebd.

[92] Ebd., S. 210.

von Staats wegen gewährt wird. Auf diesen Respekt der Staaten vor den Menschenrechten zielt die UNO-Erklärung. Artikel 15 schreibt den Staaten deshalb zwei wichtige Menschenrechte ins Stammbuch: "(1) Jeder Mensch hat Anspruch auf eine Staatsangehörigkeit. (2) Niemandem darf seine Staatsangehörigkeit willkürlich entzogen noch ihm das Recht versagt werden, seine Staatsangehörigkeit zu wechseln."[93] Ohne Staatsangehörigkeit ist eine Person in gesellschaftlichen Strukturen ohnmächtig. Dem soll hier entgegengesteuert werden. In einem markanten Satz der Präambel spricht die Erklärung diese Ohnmacht indirekt an. Sie sieht "das höchste Bestreben der Menschheit" in der "Schaffung einer Welt, in der den Menschen, frei von Furcht und Not, Rede- und Glaubensfreiheit zuteil wird"[94]. Diese Zusammenstellung ist bemerkenswert; sie stellt Ohnmachtserfahrungen und Sprachfähigkeit in diesen Erfahrungen in eine Beziehung zueinander. Mit 'Furcht und Not' ist indirekt die Ohnmacht umschrieben, in der Menschen sich durch Machtkonstellationen befinden können; sie kann durch 'Rede- und Glaubensfreiheit' zu Wort kommen.

Menschenrechte sind in dieser Erklärung keine hehren Ideale, die auf einen internationalen Sockel gehoben werden. Sie sind mit vielen kleinen pragmatischen Schritten präsent, um Furcht und Not verlassen zu können. Die Rede- und Glaubensfreiheit garantiert die Sprachfähigkeit in dieser Situation und über sie hinaus. Die Fähigkeit von Menschen, Furcht und Not in staatlichen Machtkonstellationen zu widerstehen, ist ein Ziel der deklarierten Menschenrechte. Sie kommen aus der Ohnmacht und wollen sie überwinden. Rede- und Glaubensfreiheit beschreiben Bedingungen der Möglichkeit, eine Sprache für die Ohnmacht zu finden, der Menschen mit Hilfe der Unterzeichnerstaaten widerstehen müssen. Die Menschenrechte sind von sich her eine ohnmächtige Größe. Sie bedürfen des Rechts, um in Staat und Gesellschaft respektiert zu werden. Gleichwohl ist das Recht nicht ihre Existenzbasis. Die liegt in der Macht, die aus der Ohnmacht der Menschen entstehen kann. Die UNO-Erklärung hat nicht mehr den Pathos der französischen Menschenrechtserklärung gut 160 Jahre vorher. Dafür sind die Erfahrungen des 20. Jahrhunderts zu ernüchternd. Sie sucht nach einem pragmatischen Weg im Recht. Darauf haben sich die europäischen Staaten verständigt:

---

[93] Ebd., S. 211.
[94] Ebd.

16) Die Europäische Menschenrechtscharta - der Schutz vor willkürlicher Anwendung der Menschenrechte

Die Europäische Konvention zum Schutze der Menschenrechte und Grundfreiheiten[95] ist vom Europarat 1950 verabschiedet worden und danach um mehrere Protokolle erweitert worden. Nach eigener Aussage fußt sie auf der UNO-Menschenrechtserklärung und bezweckt, "die universelle und wirksame Anerkennung und Einhaltung der darin erklärten Rechte zu gewährleisten"[96]. Sie befindet sich damit in einer Vermittlerrolle zwischen der vorrechtlichen Ebene der Menschenrechte und ihrer Durchsetzung im Recht des Staates einer Gesellschaft. Dafür bezeugt sie einen „tiefen Glauben an diese Grundfreiheiten"; die Unterzeichnerstaaten sichern "allen ihrer Herrschaftsgewalt unterstehenden Personen"[97] bestimmte Rechte zu. Diese Rechte sind damit nicht bloß Deklarationen, sondern positive Größen mit Durchsetzungsanspruch gegenüber der Macht eines Unterzeichnerstaates. Die Konvention hat folglich eine Macht- und eine Ohnmachtsperspektive.

Das wird gleich im Artikel 2 deutlich, der die Aufführungen von Grundrechten eröffnet. Er besagt, daß das Recht jedes Menschen auf Leben gesetzlich geschützt wird,[98] aber nimmt davon sogleich die Todesstrafe und die Tötung im Falle eines Aufstandes aus. In dieser Weise sind die weiteren Artikel formuliert. Sie respektieren ein Menschenrecht und nehmen dann billigende Einschränkungen auf dem Boden des Rechtes vor. Das ist für die Ohnmacht der Menschenrechte nicht wenig, aber auch nicht das ganze, wozu der Rechtsbereich fähig ist.

Die Europäische Menschenrechtscharta kommt aus einer Zwitterstellung zwischen Macht und Ohnmacht nicht heraus. Sie hat eine pragmatische Perspektive und zeigt neue Wege für die Menschenrechte. Sie verdient Anerkennung, aber muß auch überschritten werden. Ihre Logik zieht vor allem dann, wenn die Menschenrechte von Staats wegen systematisch mißachtet werden. Solche

---

[95] Vgl. ebd., S. 215-223. Zum Hintergrund der Konvention und ihrem Kontext im Einigungsprozeß Europas vgl. Klaus Dicke, Menschenrechte und europäische Integration. Kehl: Engel, 1986 (Tübinger Universitätsschriften Forschungsgruppe Menschenrechte 5), bes. S. 112-131.
[96] Heidelmeyer, Menschenrechte a.a.O. (Fn. 62), S. 215.
[97] Ebd.
[98] Vgl. ebd., S. 216.

Einschränkungen an Menschenrechten können von den Betroffenen angeklagt werden und an der Erklärung gemessen werden; damit wird der Grundmaßstab staatlicher Macht verändert. Dieser Weg kann ein erfolgreicher Weg sein, der Ohnmacht der Menschenwürde Respekt zu verschaffen. Dafür steht in der Menschenrechtsentwicklung auch die Erfahrung mit einer anderen Menschenrechtscharta, die aus der Entspannungspolitik entstanden ist:

17) Die Vereinbarung der Konferenz für Sicherheit und Zusammenarbeit in Europa - der Schutz vor willkürlicher Interpretation der Menschenrechte

Die KSZE-Akte von 1975[99] ist ein primär politischer Akt gewesen. Ihr Menschenrechtskorb enthält die Betonung, daß die unterzeichnenden Staaten "sich ungeachtet ihrer gegenseitigen Beziehungen jeder direkten oder indirekten, individuellen oder kollektiven Einmischung in die inneren oder äußeren Angelegenheiten enthalten, die in die innerstaatliche Zuständigkeit eines anderen Teilnehmerstaates fallen." Doch wird diese Abgrenzung des Machtbereichs konterkariert durch die vereinbarte Achtung der "Menschenrechte und Grundfreiheiten, einschließlich der Gedanken-, Gewissens-, Religions- oder Überzeugungsfreiheit für alle ohne Unterschied der Rasse, des Geschlechts, der Sprache oder der Religion".[100] In den Ländern, in denen die Ohnmacht sich zu Wort melden konnte, bedeutete diese Erklärung wenig. Aber in den Ländern, in denen dieser Ohnmacht die Bühne genommen war, entstand hier eine neue Plattform.[101] Die Dissidenten des Ostblocks haben sie genutzt und eine halbe Generation später die innere Aushöhlung des Herrschaftssystems ihrer Heimatstaaten vor allen dokumentiert. In diesem Sinn war die Anerkennung der Ohnmacht der erste Schritt zum Ende der Macht einer Herrschaft, die ihren Bereich eifersüchtig vor veränderndem Fremdeinfluß sichern wollte. Der Grundsatz der Nichteinmischung in der internationalen Politik bedeutet nach der KSZE-Schlußakte eben

[99] Ebd., S. 251-253.
[100] Ebd., S. 252.
[101] Vgl. dazu Fischer/Heydemann, Wende a.a.O. (Fn. 59), S. 26f, sowie Dicke, Menschenrechte a.a.O. (Fn. 95), S. 133-135.

nicht länger die Schutzlosigkeit derer, die gegen die Gewalt der heimatlichen Herrschaft auf ihre Menschenrechte pochten. In einem anderen Bereich der Welt steht das noch aus. Doch gibt es dafür aus der jüngeren Zeit vielleicht einen ersten Schritt:

18) Dokumente zum Übergang der Souveränität über Hongkong auf die Volksrepublik China 1997 - der Schutz vor willkürlicher Verkürzung der Menschenrechte durch Kollektivpflichten

Die Gegenüberstellung der chinesischen Verfassung mit der Gemeinsamen Erklärung von Großbritannien und China 1984 kann auf eine ähnliche Chance wie bei der KSZE-Schlußakte hindeuten. In Chinas Verfassung gelten die Rechte und Pflichten mit der Betonung auf Pflichten. In dieser Verfassung gilt der Vorrang des Staates und der Gesellschaft vor den einzelnen Menschen: "*Artikel 51* Die Ausübung ihrer Freiheiten und Rechte durch Bürger der Volksrepublik China darf weder die Interessen des Staates, der Gesellschaft oder der Gemeinschaft noch die gesetzlichen Freiheiten oder Interessen anderer Bürger verletzen. ..."[102] Man kann diesen Grundzug der Überordnung der kollektiven Macht vor der individuellen Ohnmacht auch wiederfinden in: "*Artikel 49* Ehe, Familien und Mutterschaft werden staatlich geschützt. Ehemann und Ehefrau haben die Pflicht, Familienplanung zu betreiben."[103] Ihnen fehlt das uneingeschränkte Recht, über die Zahl ihrer Kinder nach ihren körperlichen und wirtschaftlichen Möglichkeiten selbst zu entscheiden.

Gleichwohl haben die chinesischen Machthaber mit der rechtlichen Sonderzone Hongkong einen Bereich anerkannt, in dem die Rechte der Menschen von sich her gelten und nicht mit kollektiven Pflichten konterkariert werden. In der Gemeinsamen Erklärung des Vereinigten Königreiches und der Volksrepublik China vom Dezember 1985, die seit der Übergabe Hongkongs am 1. Juli 1997 in Kraft ist, werden die bis dahin geltenden Rechte und Freiheiten für die nächsten 50 Jahre anerkannt.[104] Der Abschnit XIII des Annex I ent-

---

[102] Heidelmeyer, Menschenrechte a.a.O. (Fn. 62), S. 158.
[103] Ebd.
[104] Ebd., S. 159-161.

hält die Menschenrechte ohne die Ausformulierung von wie auch immer dazu hingeordneten Pflichten. Damit hat die Ohnmacht der einzelnen die rechtliche Basis, sich zu Wort zu melden. Wie das in einer chinesischen Gesellschaft gelingen kann, wird die reale politische Entwicklung zeigen. Man wird gespannt sein, wer sich langfristig durchsetzt: der schwere Atem des chinesischen Drachen oder der schnelle Puls der Hongkonger Springmaus.

An der chinesischen Menschenrechtspraxis zeigt sich auch das Problem einer 'Allgemeinen Erklärung der Menschenpflichten', für die das sog. InterActionCouncil ehemaliger Staatschefs eintritt und deren Vorschlag hier in Deutschland von Helmut Schmidt publizistisch vertreten wird.[105] Wer bei den Menschenpflichten ansetzt, hat eine Perspektive der Macht auf die Menschenrechte; er oder sie fragt nach ihrer Praktikabilität im gesellschaftlichen Zusammenleben und will das gesellschaftliche Störpotential der Menschenrechte verringern. So heißt es auch sogleich in der Präambel der universalen Erklärung von Menschenpflichten des InterActionCouncil: "*da* das exklusive Bestehen auf Rechten Konflikt, Spaltung und endlosen Streit zur Folge hat und die Vernachlässigung der Menschenpflichten zu Gesetzlosigkeit und Chaos führen kann".[106] Was M.L. King aus dem Gefängnis von Birmingham schrieb (s.o.), ist auch für diese Erklärung einschlägig: Ohne die Darstellung von Differenzen sind Menschenrechtsverletzungen gesellschaftlich nicht zu überwinden. Insofern Menschenrechte die Ohnmacht von Menschen gegen die Macht zum Thema haben, sind sie unweigerlich Störpotential. Je mehr sie es sind, desto wirksamer sind sie. Je weniger sie stören, desto bedeutungsloser ist der Diskurs über sie. Die kommunitaristisch angelegte Fixierung auf Pflichten macht es nicht nur schwierig, mit Menschenrechten zu arbeiten. Sie konterkariert sie geradezu. Aus den Menschenrechten wird die Präsentation der Ohnmacht herausoperiert; dann bleibt von ihnen nichts mehr übrig als ein Schmiermittel, um den reibungslosen Betrieb der Gesellschaft sicherzustellen.[107] Sie stehen der Gesellschaft nicht mehr als

---

[105] Vgl. Helmut Schmidt (Hg.), Allgemeine Erklärung der Menschenpflichten. Ein Vorschlag. München: Piper, 1997. Für die Tradition und juristische Systematik der Verbindung von Menschenrechten und -pflichten vgl. Peter Saladin in Böckenförde/ Spaemann, Menschenwürde a.a.O. (Fn. 4), S. 267-291.

[106] Schmidt, Menschenpflichten a.a.O., S. 25.

[107] Die Anfrage von Thomas Hoppe zu diesem Projekt, das in Hans Küng auch einen theologischen Verfechter besitzt (vgl. ebd., S. 73-95), trifft den entscheidenden Punkt: Inwieweit ist eine solche Erklärung gegen die Verdunkelung des Verpflichtungs-

Mittel gegenüber, um deren soziale Realität zu gewichten. Die Deklaration von Menschenpflichten kann auf vielleicht sinnvolle Absichten hinweisen, aber ist im gesellschaftlichen Dissens bedeutunglos, weil sie die Differenz von Macht und Ohnmacht überhaupt nicht benennen kann. Es kommt nicht von ungefähr, daß die universale Erklärung der Menschenpflichten mit einer Tautologie beginnt: "*Jede Person*, gleich welchen Geschlechts, welcher ethnischen Herkunft, welchen sozialen Status, welcher politischen Überzeugung, welcher Sprache, welchen Alters, welcher Nationalität oder Religion, *hat die Pflicht, alle Menschen menschlich zu behandeln.*"[108] Das Problem ist jedoch, was 'menschlich' in den Differenzen der Menschen miteinander bedeutet. Das ist eine offene Frage, um deren Differenzen gesellschaftlich und kulturell gerungen wird. Ohne den Dissens der Ohnmacht zur Macht kann das nicht gelingen.

Gerade aber dieser Diskurs kann durch die Pflichten-Grammatik der Erklärung des InterActionCouncil stillgestellt werden; sie steht in der Gefahr, einer Ideologisierung Vorschub zu leisten, welche der Auseinandersetzung um Menschenrechte aus der Situation der Ohnmacht heraus das politische Rückgrad bricht. Georg Lohmann wendet deshalb zurecht gegen diese Erklärung ein: "Wie und wann freilich der Streit zwischen dem Vorrang von Gemeinschaftsverpflichtungen und individuellen Ansprüchen entschieden wird, das ist zu einem großen Teil eine empirische Frage. Aber im Prinzip ist dies jetzt eine kulturinterne Auseinandersetzung, und keine Kultur hat Anspruch auf so etwas wie Artenschutz, der einen bestimmten Zustand gegen den Willen ihrer Mitglieder einfriert. Politisch gesehen ist es wohl so, daß dieses Argument, verborgen unter der Forderung nach Nicht-Einmischung, zumeist politischen Eliten dient, die damit ihre illegitime Herrschaft vor Veränderungen oder sich

---

charakters der Menschenrechte gefeit? Hoppe kommentiert zurecht: "Die geplante Deklaration sollte deshalb viel deutlicher zu verstehen geben, daß sie im Kern auf eine erneute Vergewisserung über die den Menschenrechten unterliegende Hermeneutik zielt." (Thomas Hoppe, Priorität der Menschenrechte. Zur Diskussion um eine 'Allgemeine Erklärung der Menschenpflichten'. In: Herder Korrespondenz 52 (1998), S. 293-298, S. 296) Ich bin skeptisch, ob die Verkündung von Menschenpflichten das erreichen kann. Wenn sie die Anliegen der Menschenrechte vertritt, dann beziehen sich die Pflichten auf diejenigen, welche die Macht repräsentieren. Doch dann müßte sie eine Sprache der Ohnmacht sprechen und nicht eine der Macht des Kollektivs.

[108] Schmidt, Menschenpflichten a.a.O., S. 27.

vor Entmachtung schützen wollen."[109] Die Grammatik der Menschenpflichten kann nicht bestimmen, was die proklamierte allgemeine Pflicht bedeutet, "sich für die Würde und die Selbstachtung aller anderen Menschen einzusetzen"[110]. Sie weicht strategisch der Ohnmacht aus, die Menschen unter Menschen erzeugen können, und die erst diese Pflicht zu einem politisch und gesellschaftlich bedeutsamen Zeichen werden läßt. Wird diese Ohnmacht beachtet, ist sie ein Störpotential. Keine Sprache der Ohnmacht übernimmt die Ordnung des Diskurses, wie er einer Gesellschaft zugrunde liegt. Sie reißt unweigerlich Differenzen auf, die diese Ordnung stören. Mit der Pflichtenerklärung werden gerade diese Differenzen übergangen. Die Sprache der Macht, welche die ehemaligen Staatslenker sprechen, verhindert, daß sie für die Menschenrechte einen weiterführenden Beitrag leisten können.

Eine viel genauere Grammatik und weiter reichenderen Kontrast von Rechten und Pflichten ist in der letzten Enzyklika von Johannes XXIII., *Pacem in terris*, für die Menschenrechte formuliert. Sie hebt ebenfalls auf die Pflichten der Menschen ab, ehe sie die Rechte zur Sprache bringt. Aber sie durchbricht die alte römische Logik, daß wer individuelle Rechte beanspruchen will, zuerst einmal kollektive Pflichten erfüllen soll. Allen Rechten ist eine prinzipielle Pflicht zugeordnet: für diese Rechte auch selbst einzutreten. "Sofern in einem Menschen das Bewußtsein seiner Rechte erwacht, muß in ihm auch notwendig das Bewußtsein seiner Pflichten entstehen, so daß, wer bestimmte Rechte hat, zugleich auch die Pflicht hat, sie als Zeichen seiner Würde zu beanspruchen, während die übrigen Menschen die Pflicht haben, diese Rechte anzuerkennen und hochzuschätzen."[111] Wer Rechte hat, hat noch nicht einfach Macht. Vielmehr steht am Anfang des Prozesses, Menschenrechte zur Geltung zu bringen, die Ohnmacht, sich selbst für diese Rechte einsetzen zu müssen und die Mißachtung von Rechten zu Wort zu bringen.

Die Perspektive des Kollektivs ist die des Staates. Sie ist von den Menschenrechten her zu qualifizieren und nicht umgekehrt. Das

---

[109] Georg Lohmann, Warum keine Deklaration von Menschenpflichten? Zur Kritik am Inter-Action Council. In: Widerspruch 35 (1998), S. 12-24, S. 21.

[110] Schmidt, Menschenpflichten a.a.O., S. 27.

[111] Enzyklika Pacem in terris. In: KAB (Hg.), Texte zur katholischen Soziallehre. 4., erw. Auflage. o.O.: Bundesverband der Katholischen Arbeitnehmer-Bewegung, 1977, Nr. 44 S. 282f; vgl. auch DH 3977.

gehört nicht unter die Rubrik 'Gesinnungsethik der Menschenrechte', sondern wird von dem Ohnmachtsdefizit in der Konstitution des Staatskollektivs begründet. Die historische Erfahrung ist, daß Staaten an den Menschenrechten mehr scheitern, als daß sie der Ohnmacht von Menschen Respekt in der eigenen Macht zollen. Das Beispiel dafür ist leider gerade das, was am meisten aus der Konstruktion der internationalen Staatengemeinschaft zur Förderung der Menschenrechte beigetragen hat: das Völkerrecht.

19) Die blutenden Defizite überkommenen Völkerrechts - Holocaust, Killing Fields, Tienanmen, Ruanda ...

Die Menschenrechtserklärungen der Neuzeit wurden größtenteils von Staaten abgegeben und sind insofern Gegenstände des Völkerrechts. Die moderne Entwicklung dieses Rechtsbereiches nimmt die Menschenrechte mit auf, und insofern werden auch Staaten zu Garanten der Menschenwürde. Diese jeweils in ihren Beziehungen einzuklagen, ist ein politischer Akt, der die staatliche Gewalt weiter im Sinn einer humanen Macht qualifizieren kann. Aber weder setzen sich diese Akte leicht, noch wird der internationale Rechtsbereich vorrangig davon bestimmt. Das Völkerrecht, das diesen Bereich regelt, gehört nicht auf die Seite der Ohnmacht, sondern auf die der Macht; auf seiner Bühne läßt sich Ohnmacht darstellen, doch ist es nicht dafür geschaffen. Es steht im Dienst der Staaten und insofern nur mittelbar im Dienst der Menschen.

Wie alle Machtinstrumente kann auch das Völkerrecht von den Menschenrechten her qualifiziert werden. Das zeigt seine elementaren Defizite. Denn das Völkerrecht ist ein Staatenrecht; seine Subjekte sind eben nicht die Menschen, auch nicht die Völker der Erde, sondern die Staaten. Es ist ein Instrument zur Herrschaft von Gesellschaften, nicht zum Widerstand von Einzelnen. Der Einzelne, sofern er zum Fall internationaler Beziehungen wird, wird durch das Völkerrecht zur Sprache gebracht. Doch dann spricht nicht er als Person, sondern die Repräsentanten des Staates, dessen Bürger er ist. Wer als Deutscher in einem iranischen Gefängnis sitzt und dort wegen sexueller Beziehung zu einer Iranerin mit der Todesstrafe bedroht ist, kann nicht von sich her das Völkerrecht für sich nutzen. Das können nur der Außenminister oder das Botschaftspersonal der BRD; der Gefangene ist auf deren Aktionen angewiesen.

Das kann seine Chance sein, weil dann eine Macht für ihn eintritt, die größer ist als er selbst. Aber das zeigt zum anderen jedoch auch das Problem. Denn wenn der Staat kein Interesse an dieser politischen Auseinandersetzung mit dem Iran hat, wird er es nicht verfolgen. Die gefangenen Botschaftsangehörigen der USA kurz nach der Revolution des Ayatollah Khomeini wurden deshalb zu einem so intensiven politischen Problem, weil hier das Völkerrecht gebrochen worden war. Die Schicksale dieser Personen waren ein weltweites öffentliches Thema als mißachtete politische Repräsentanten internationaler Beziehungen, nicht als humane Repräsentanten für mißachtete Menschenwürde.

Der Einzelne und seine Würde werden erst dann vom Völkerrecht geschützt, wenn ein Staat, dessen Bürger er ist, erstens eine Mißachtung dieser Würde wahrnimmt und zweitens sich entscheidet, das auch zu einem Thema zu machen. Für staatenlose Personen, die es ja gibt, kann dieser Umstand höchst gefährlich sein. Vor einigen Jahren machte ein Mann Schlagzeilen, der auf dem Pariser Flughafen Charles de Gaulle fast ein Jahr lang regelrecht gestrandet war. Er besaß keinen Paß mehr, klagte bei keinem Ursprungsstaat einen neuen Paß ein und jeder angesprochene Staat weigerte sich, ihn aufzunehmen. Eine Abschiebung war also nicht möglich. Frankreich auf der anderen Seite wollte ihn nicht aufnehmen, so daß er buchstäblich im Niemandsland des Flughafengebäudes existieren mußte. Er wurde zu einem Niemand im Sinne des internationalen Rechts, weil er keinen Heimatstaat besaß und auch keinen besitzen wollte. Für seine Menschenwürde war kein staatlich bestellter Platz vorhanden; denn ein Fall des Völkerrechts war er nicht. Er konnte nur überleben, weil die Barmherzigkeit des Flughafenpersonals ihn mit dem Allernötigsten versorgte. Die einzige Basis seiner Existenz war seine Ohnmacht. Sein Schicksal ist ein exemplarischer Fall der Menschenrechte.

Nicht anders erging es den Menschen, die im Holocaust ermordet wurden. Die Juden, an denen die Nazi-Barbarei ihr wahres Gesicht zeigte, waren kein Fall des Völkerrechts; sie waren auch kein überragendes politisches Problem, weil kein Staat unter den Alliierten sich zu ihrem Schutz berufen sah und weil die Vernichtungslager für die Kriegsführung kein wichtiges Ziel darstellten. Sie wurden auf der Bühne der internationalen Beziehungen erst wirklich in den Nürnberger Kriegsverbrecher-Prozessen wahrgenommen, doch dort bezeichnenderweise auf einen Straftatbestand des Völkerrechts hin, eben das Kriegsverbrechen. Ihre Ermordung galt als Verbrechen wider die Menschlichkeit, doch konnte das auf dieser Ebene erst *post festum* angesprochen werden.

Die Ohnmacht der Holocaust-Opfer war jedoch auch kein Nichts; sie wurden zum moralischen Fundament für die Konstitution des Staates Israel. Doch das war ein politisches Geschehen, kein rechtliches. Gerade in dieser Konstellation zeigt sich jedoch, wie entscheidend der Respekt staatlicher Macht vor der Ohnmacht von Menschen ist. Denn auf den Holocaust allein kann sich Israel heute für seine Existenz nicht mehr berufen; vielmehr ist es so, daß diese moralische Konstitution den Staat Israel heute im Verhältnis zu seinen palästinensischen Bürgern und Widersachern selbst gewichtet. Den von einer Ohnmacht gewährten Kredit kann man nicht mit Machtmitteln aufrechterhalten; die Ohnmacht der palästinensischen Heimatlosen steht heute vielmehr auch den Israelis entschieden gegenüber. Deshalb bleiben die Opfer des Holocaust das Beispiel zerstörter Menschenwürde auch dann, wenn sie politisch im Sinne der Machtpolitik verzweckt werden. Opfer können nicht von Tätern geschützt werden; sie qualifizieren vielmehr deren Taten auf die Gewalt hin, der sie ausgesetzt waren und der neue Opfer weiter ausgesetzt sind.

Das gleiche muß man von den Opfern der Killing Fields, Tienanmen, Ruanda sagen. Auch hier hat das Völkerrecht nicht gegriffen, weil es wegen seiner Menschenrechtsdefizite gar nicht greifen konnte. Keiner der Opfer war ein Fall für die internationale Rechtsbühne; allein die Ohnmacht ihrer Ermordung und Vernichtung hob sie auf die Ebene internationaler Politik. Sie besitzen dort eine fragile Existenz, wie man am Schleiertanz der westlichen Industrienationen um das chinesische Bruttosozialprodukt erkennen kann. Kein westlicher Staat riskierte den wirtschaftlichen Bruch wegen des Massakers auf dem Platz des himmlischen Friedens. Am weitesten ist der US-Präsident Clinton gegangen, als er bei einer offiziellen Visite im Juni 1998 den Fall zu einem Pressekonferenz-Thema machte. Er hat damit nicht nachträglich ein staatliches Machtpotential gegen dieses Massaker aufgeboten, sondern eine ziemlich ohnmächtige Geste gesetzt. Doch schon diese Geste geht weiter, als es viele andere Staatsbesucher gewagt haben. Sie scheint mir auch das zu sein, was dem Menschenrechtsfall dieser Opfer am meisten entspricht: ihre Ohnmacht muß zur Sprache kommen. Jeder Machtversuch würde sie in Dienst nehmen und dann nochmals ihre Würde schädigen. Denn auch die Opfer der vergangenen Geschichte haben eine Würde. Man kann sie nicht mehr umbringen, aber man kann sich an ihrem Gedächtnis vergehen und damit die einzige Existenzform bedrohen, unter der sie in der Gegenwart Bedeutung haben. Sie sind blutende Wunden des Völkerrechts, die sich solange nicht schließen können, bis diese Rechtsart vom Staaten- auf ein Personenrecht umgestellt würde. Doch das ist derzeit kein politisch durchsetzbares Projekt. Es müßten dann nämlich die Staaten ein Teil ihrer Gewalt auf eine Institution übertragen, die zum Schutz der Menschenwürde agieren könnte und deren Beachtung zu erzwingen in der Lage wäre. Dieser Zwang wird aber als Gewalt scheitern, weil diese sich nicht auf konkrete, klar umgrenzte Felder beschränken läßt.

Mit der UNO soll aber genau das auf der Linie staatlicher Machtdemonstrationen versucht werden. Es kommt jedoch nicht von ungefähr, daß gerade die UNO vor der Demokratisierungsbewegung in China, vor den ethnischen Säuberungen auf dem Balkan, vor dem rasenden Irrsinn der Hutus in Ruanda versagt hat. Besonders der letztgenannte Fall spricht Bände. "1994 starben in wenigen Wochen viermal so viele Menschen wie im ehemaligen Jugoslawien seit 1991. Während des staatlich organisierten Massenmordes im April und Mai 1994, begangen von der Präsidentengarde, Elementen der ehemaligen Einheitspartei Rwandas wie den faschistischen Todesschwadronen der *Interahamwe* und der Armee an der Minderheit der Tutsis und an der politischen Opposition, sahen in Kigali stationierte UNO-Blauhelme untätig zu und wurden schließlich auf Befehl des UN-Sicherheitsrates sogar abgezogen! Der Genozid in Rwanda kostete einer Million Menschen das Leben und produzierte den größten und am schnellsten wachsenden Flüchtlingsstrom der modernen Geschichte. Aus Tätern wurden über Nacht 'unschuldige Flüchtlinge', die am Tropf humanitärer Organisationen hängen."[112] Kofi Annan, der derzeitige UNO-Generalsekretär und damalige Leiter der UN-Abteilung für *Peace-Keeping*, hat sich dafür vor dem ruandischen Parlament entschuldigt.

Doch diese spätere Einsicht kann nicht die Schwächen der UNO außer Kraft setzen, die im ruandischen Genozid offenbar geworden sind. Die UNO hat weder die politischen Instrumente noch die Einzelfall-Perspektive, die sie für eine Macht gegen diese Verbrechen

---

[112] Christian P. Scherrer, Die UNO und der Fall Rwanda. In: Widerspruch 35 (1998), S. 137-141, S. 139. Vgl. auch Dominic Johnsons Beitrag in Köhne, Zukunft a.a.O. (FN 78), S. 64-79.

benötigte.[113] Sie ist auch strukturell zu einem wirklichen Respekt vor diesen Vorgängen nicht fähig. Sie ist ein Produkt des Völkerrechts und damit von der Strukturschwäche der Staaten in Sachen Menschenrechte betroffen. Sie könnte eine andere Institution sein, wenn sie sich nicht als Garantin für den Frieden unter den Nationen, sondern vielmehr als Garantin für die Widerstandsfähigkeit der von staatlicher Gewalt bedrohter Menschen verstünde. Das ist zwar ein beständiges indirektes Ziel der UN-Repräsentanten bei Verhandlungen, doch hat das seine Grenze in der erklärten Neutralitätspflicht für die Arbeit von UNO-Organisationen in Krisengebieten. In zugespitzten Situationen wie denen im Frühjahr 1994 in Ruanda glaubt sich die UNO keine Parteinahme leisten zu können. Die UNO kann nicht als Machtinstitution politisch erfolgreich sein, solange sie nicht in Differenz zum Projekt Staat als die Herrschaftsgröße einer Gesellschaft schlechthin tritt. Täte sie es, würde sie weniger von Herrschaftsabsichten gehemmt und vielmehr von Widerstandsabsichten gefördert werden. Dann hätte sie aber erstens noch mehr Finanzprobleme und müßte sich zweitens ein anderes Instrumentarium als das des Völkerrechts zulegen. Sie müßte an die Ohnmacht der Menschen glauben, doch ist das unter den Staaten nicht mehrheitsfähig und bei ihren Beamten nicht populär. Deshalb kommt die UNO aus dem Dilemma von Diplomatenbürokratie und Demonstrationsfeld anderer Machtkomplexe nicht heraus. Im Modus dieser Weltinstitution sind die Menschenrechte nicht durchsetzbar; sie basieren auf dem Widerstand vor Ort. Das ist aber kein Konferenzprojekt an luxuriöser Stätte, sondern ein Weg aus Blut, Schweiß und Tränen an schnell vergessenen Orten sozialer und politischer Gewalt.

Die Grenzen des Völkerrechts verweisen auf die Strukturfrage der Menschenrechte: die Differenz von Macht und Ohnmacht in der Auseinandersetzung der Menschen untereinander. In der Politik wird diese Differenz von der Macht her bearbeitet. Ihre Eckdaten geben Perspektiven daraufhin, in denen die Menschenrechte als qualifizierendes Außen der Politik auftreten. Sie markieren die Bedeutung der Ohnmacht auf dem Gebiet der Politik. Sobald dieser Ohnmacht in der Politik Raum gegeben wird, entsteht ein Ort, welcher dem Diskurs über die Menschenrechte gesellschaftliche Bedeutung gibt. Das ist in den historischen Menschenrechtserklärungen gesche-

---

[113] Vgl. die Analyse von Henning Boekle, Die Vereinten Nationen und der internationale Schutz der Menschenrechte. In: Aus Politik und Zeitgeschichte B 46-47 (1998), S. 3-17.

hen. Gleichwohl bleibt die Differenz bestehen und die Ohnmacht der Menschenrechte eine Kritik an der Macht der Menschen untereinander.

Die Strukturfrage der Menschenrechte kann jedoch auch jenseits des politischen Komplexes von der Ohnmacht her begriffen werden. Dafür bietet sich der christliche Glauben an; denn er gehört zu den Mächten von Religion und steht ihnen zugleich kritisch gegenüber. Ein Diskurs über die Ohnmacht als sein religiöses Spezifikum kann einen Weg öffnen, den Sinn der Macht für die Menschenrechte zu benennen. Diesen Diskurs möchte ich mit den nächsten Kapiteln weiterführen.

C. RELIGIÖSE WEGMARKEN

V. Die Innen-Außen-Konstellationen der Religion Die Darstellung der Macht des Heiligen für die Gesellschaft

Religion ist eine Macht in der Gesellschaft. Das erleben die Menschen nicht nur im Mullah-Staat des Iran. Das gilt auch noch in der Bundesrepublik Deutschland, obwohl das katholische Milieu sich auflöst, wie es das protestantische schon vor längerer Zeit getan hat, und damit die Privilegien der Kirchen ins Wanken geraten. Das beste Beispiel für die Macht der Religion ist der religionsneutrale Staat der Moderne par excellence, die USA. Wer nicht 'God bless America' im Wahlkampf sagen kann, würde nicht zum Präsidenten gewählt werden. Und sollte es eine Frau jemals werden, so wird sie einen untadeligen religiösen Hintergrund haben müssen, sei er nun protestantisch, katholisch, jüdisch, esoterisch oder wie auch immer bestimmbar. Eine Person, die sich als a-religiös bekennt, wird im Land der unbegrenzten Möglichkeiten keine politische Chance haben.

Das verweist auf den wichtigsten Charakterzug der gesellschaftlichen Macht der Religion: Sie hängt nicht von der institutionalisierten Form einer Glaubensgemeinschaft ab, sondern bewegt sich auf der Ebene der Zeichen und des Diskurses. Die Religion ist eine Macht in der Gesellschaft durch die Sprache, die sie für die Darstellung der Kontraste der Menschen untereinander erzeugt; sie ist gesellschaftlich über die sprachlichen Formen bedeutsam, die sie für die Ordnung der Dinge in einer Gesellschaft bereitstellt. Der Grund für diese Macht liegt in dem Phänomen, das im Zentrum von Religion sitzt: dem Heiligen. Es erzeugt eine Differenz zwischen einem Innen und einem Außen, welche den subjektiv formierten Glauben zum öffentlichen Ereignis werden läßt.

20) Heiliges und Profanes - Fundamente öffentlicher Orientierung

Religion hängt nicht von Gott ab, vielmehr ist Gott eine religiöse Größe. Gott wird im Rahmen von Religion zum Thema, Religion kommt nicht notwendigerweise erst über die Rede von Gott zur

Sprache. Religion konstituiert sich über eine bestimmte Erfahrung: die des Heiligen. Rudolf Otto hat es in klassischer Weise analysiert. Es ist ein *mysterium tremendum et fascinosum*, dessen numinose Erfahrung erhaben macht.[114] Es zieht an und schreckt gleichzeitig ab. Man wird in den Bann geschlagen und will zugleich vor ihm fliehen. Um in dieser Erfahrung stand zu halten, entwickeln Menschen Religion. Das ist eine sehr persönliche Erfahrung, aber das Standhalten davor ist alles andere als privat. Religion ist keine Privatsache, sondern das Standhalten einer Person vor dem Heiligen ist eine öffentliche Größe. Das hängt an der Art und Weise dieses Standhaltens; sie ist sprachlicher Natur. Religion bedeutet die öffentliche Sprachfähigkeit vor etwas Heiligem.

Die verfaßten Religionen zeigen das deutlich. Ihre Mythen, Riten und Symbole geben Orientierung in diesen Erfahrungen, sei es die des Todes, der Geburt, der Liebe, des Hasses, des Krieges, des Clanlebens etc. In der Religion wird ein sprachlicher Ort geschaffen, auf dem Menschen sich auf ihre aufwühlendsten wie auch ihre alltäglichsten Erfahrungen beziehen können. Sie setzt dazu in Differenz und unterbricht den normalen Fluß der Dinge. Insofern die Erfahrung des Heiligen sich aus den anderen Erfahrungen ausgrenzt, sucht auch die Religion ihren Ort aus den vielen anderen Orten herauszuhalten. Ihre Sprache ist mitten in der Profanität angesiedelt, steht dazu aber zugleich in Differenz. Sie gibt im Profanen Orientierung, weil sie eine Größe aus dem Profanen ausklammert. In der Religion entsteht mithin ein öffentlicher Ort, an den sich die Menschen begeben können, wenn sie sich selbst und ihre Gemeinschaft zum Thema machen.

Das hat in klassischer Weise nicht mehr Rudolf Otto, sondern Emile Durkheim mit seiner Soziologie des Heiligen analysiert. In der Religion wird die Gesellschaft selbst zum Thema.[115] Religion ist

---

[114] Vgl. Rudolf Otto, Das Heilige. Über das Irrationale in der Idee des Göttlichen und sein Verhältnis zum Rationalen. Nachdruck des Originals von 1917. München: Beck, 1987. Für einen Überblick der Diskussion, die das Werk ausgelöst hat, und den Gegenthesen dazu vgl. Gregory Alles in Axel Michaels (Hg.), Klassiker der Religionswissenschaft. Von Friedrich Schleiermacher bis Mircea Eliade. München: Beck, 1997, S. 198-210.

[115] Durkheim vertritt die These, "daß fast alle großen sozialen Institutionen aus der Religion geboren wurden. Damit aber die wichtigsten Aspekte des kollektiven Lebens nur verschiedene Aspekte des religiösen Lebens seien, muß natürlich das religiöse Leben die herausragende Form und gewissermaßen der konzentrierte Ausdruck des gesamten kollektiven Lebens sein. Wenn die Religion alles, was in der Gesellschaft wesentlich ist, hervorgebracht hat, dann deshalb, weil die Idee der Gesellschaft die

nicht einfach die Gesellschaft, sondern in dem, was sie für heilig hält, werden gesellschaftliche Strukturen geordnet und zu einer eigenständigen Größe im Zusammenleben geformt. Deshalb ist die Sprache des Heiligen eine Macht in der Gesellschaft. Sie gibt ihr Orientierung über ihre eigenen Strukturen und im Hinblick auf ihre ureigensten Probleme wie auch Projekte. Die Gegenüberstellung von Heiligem und Profanem, welche die Religion erzeugt, führt daher eine Art von Spalt in das gesellschaftliche Leben ein, in dem zum Vorschein kommen kann, was ihr selbst gegenübersteht. Dazu gehören auch die Menschenrechte. Mit der Sprache der Religion wird dem Menschenrechtsdiskurs Macht gegeben. Die Ohnmacht, die Menschenrechte aufweisen, hat hier eine Bühne, sich zu Wort zu melden. Und diese Bühne wird von denen besetzt, die um die Anerkennung ihrer Würde vor anderen ringen. Deshalb ist der Anfang der Menschenrechte in Europa auch nicht zufällig mit dem Bestreben nach Glaubensfreiheit gesetzt worden. Die Religion bot den Ort, Glaubensfreiheit öffentlich in Szene zu setzen; sie erzeugt einen gesellschaftlichen Riß, in dem die Auseinandersetzung um dieses Menschenrecht stattfinden konnte.

Diese Auseinandersetzung forderte und fordert Opfer. Diese Opfer spielen eine entscheidende Rolle für die Durchsetzung der Menschenrechte in der Geschichte. Aber sie haben nicht nur einen historischen Sinn, sondern auch eine systematische Bedeutung. In ihnen zeigt sich, daß Religion von der Signatur von Macht und Ohnmacht geprägt ist. Der Macht des Heiligen korrespondiert die Ohnmacht seiner Verehrer; das Opfer ist der Repräsentant jener Macht und dieser Ohnmacht. In dieser Differenz kann das Leben zum Ausbruch kommen oder zerbrechen. Für die Analyse dieser zugleich gewalttätigen wie erotischen Seite der Religion stehen die

---

Seele der Religion ist. [...] Die ideale Gesellschaft setzt also die Religion voraus, statt sie erklären zu können. Das heißt aber, die Dinge willkürlich zu vereinfachen, wenn man die Religion nur von ihrer idealistischen Seite sieht: Sie ist auf ihre Art realistisch. Es gibt keine physische und moralische Häßlichkeit, es gibt keine Laster und keine Übel, die nicht vergöttlicht worden sind. [...] Statt daß die Religion also die wirkliche Gesellschaft ignoriert und von ihr abstrahiert, ist sie ihr Ebenbild. Sie spiegelt alle Ansichten, selbst die gemeinsten und abstoßendsten wider. Alles findet sich in ihr wieder, und wenn man am meisten nur sieht, wie das Gute über das Schlechte siegt, das Leben über den Tod, die Macht des Lichts über die Finsternis, dann darum, weil es in der Wirklichkeit nicht anders ist." (Die elementaren Formen des religiösen Lebens. Original von 1912. Frankfurt: Suhrkamp, 1994 [stw 1125], S. 561 und 563) Diese These ist sehr umstritten, aber höchst einflußreich gewesen; sie steht mit am Ursprung der Soziologie als Wissenschaft; für einen ersten Einblick in die Debatte vgl. Hans Kippenberg in Michaels, Klassiker a.a.O., S. 103-121.

Philosophie und Soziologie des Heiligen, die Roger Caillois und Georges Bataille betrieben haben.[116] Bataille hat während seines ganzen Lebens an einer *somme athéologique* gearbeitet, die unvollendet blieb und heute in den Nachlaßteilen des Gesamtwerkes greifbar wird. Diese 'nichttheologische Summe', also nicht notwendigerweise anti-theologische Summe, stellt eine Philosophie der Religion dar, die nicht von Gott her, sondern über die Macht der Religion in der Diskontinuität des Seins verstanden wird. Das hebt auf den gesellschaftsbegründenden und verändernden Gehalt der Religion im Opfer ab. Das Opfer ist eine religiöse Tatsache, welche die irrationale Seite der Religion offenbart und ihre potentielle Bosheit zu denken ermöglicht; denn Opfer können sowohl Leben bedeuten wie die massivste Unterdrückung von Leben hervorrufen.[117] Opfer beruhen auf der Logik von Gabe und Gegengabe. Ein Opfer kann deshalb nur das sein, was wirklich eine Gabe bedeutet. Aus dem Überfluß heraus kann niemand Opfer geben; denn Opfer rühren an die Lebensgrundlage.[118] Was jemand beim Opfer an Leben gibt, kommt - so die Hoffnung - an Leben zurück und zwar an Mehr-Leben. Hier entsteht das Problem, die Lebensmacht der Opfer unterscheiden zu müssen. Nur wenn mehr Leben zurückkommt, als gegeben wird, dann handelt es sich um ein befreiendes und erlösendes Opfer. Daraufhin kann man etwas Heiliges qualifizieren. Bei jedem Heiligen handelt es sich um eine Macht, vor der Menschen ohnmächtig sind und dem sie mit Opfern aus ihrer eigenen Lebensmacht begegnen. Deshalb kann an der Ohnmacht dieser Opfer all das erfahren werden, was das Leben ausmacht. Mit dem Heiligen wird eine Macht aus der Ohnmacht erfahren, die an die Grundfeste des Lebens rührt. "Das Heilige ist das verschwenderische Aufbrau-

---

[116] Vgl. Roger Caillois, Der Mensch und das Heilige. München: Hanser, 1988 und Georges Bataille, Theorie der Religion. München: Matthes & Seitz, 1997. Vgl. auch ders., Die Erotik. Neuübers. u. mit einem Essay vers. v. Gerd Bergfleth. München: Matthes & Seitz, 1994. Zu Bataille vgl. Peter Wiechens, Bataille zur Einführung, Hamburg: Junius, 1995.

[117] Das beste Beispiel dafür ist der Tod Jesu am Kreuz; sein Opfer steht für gewaltsame Unterdrückung und bringt zugleich die Erlösung aus der Gewalt. Jesus ist zugleich Opfer im Sinn von *victim* und Opfer im Sinn von *sacrifice*. Als *victim* markiert er die Gewalt unter Menschen, als *sacrifice* bringt er die Überwindung der Gewalt.

[118] Man denke nur an das Opfer der Witwe (Lk 21,1-4), die nur zwei kleine Münzen gibt, doch damit mehr als alle anderen. Zur sozialen Logik von Gabe und Gegengabe vgl. Marcel Mauss, Die Gabe. Form und Funktion des Austauschs in archaischen Gesellschaften. Frankfurt: Suhrkamp, 1990, auch in: ders., Soziologie und Anthropologie. Band 1. Frankfurt: Fischer, 1989, S. 9-144.

sen des Lebens, dem, um zu dauern, die Ordnung der Dinge Fesseln anlegt und das die Fesselung in Entfesselung, mit anderen Worten in Gewalt verwandelt. [...] So ist das Heilige präzis der Flamme vergleichbar, die das Holz zerstört, indem sie es verzehrt."[119] Damit ereignet sich, was Bataille die *effervescence de la vie* nennt, die Eruption des Lebens im Widerstand zum Untergang. Doch ist diese Eruption kein religiöser Automatismus, sondern verlangt eine Auseinandersetzung mit jenen Opfern, die das Heilige fordert. Dem Heiligen, das mehr Leben nimmt, als es gibt, muß man um des eigenen Lebens willen widerstehen. Dieser Widerstand ist selbst ein Opfer, aber er bringt die Überschreitung des anderen lebensfeindlichen Opfers. In diesem Sinn verläuft die Durchsetzung von Menschenrechten über Opfer; sie führen eine mögliche Differenz zum herrschenden Heiligen einer Gesellschaft ein und setzen eine Differenz zur bestimmenden Religion. In diesem Sinn ist die Menschenrechtsgeschichte der Neuzeit eine religiöse Herausforderung.

Wer opfert, bekundet Ohnmacht und die Hoffnung auf Leben. In der Gegengabe der Eruption des Lebens liegt die Möglichkeit, daß aus der Ohnmacht eine Macht des Lebens wird. Damit aber wird in der Herrschaft des Heiligen eine Differenz gesetzt, welche dessen Gewalt überschreitet. Diese Gestaltung der Religion bedeutet das Projekt, in der Ohnmacht des Lebens nicht unterzugehen, sondern eine Sprache des Lebens in der Ohnmacht zu entwickeln. Es ist nicht schon mit der Religion gegeben, sondern entsteht in einer Auseinandersetzung mit der Religion. Ein wichtiger Gesichtspunkt dabei ist die Berufung auf eine eigene Autorität: die Offenbarung.

21) Offenbarung und Geheimnis - Plattformen authentischer Existenz

Religionen arbeiten mit dem Heiligen. Sie setzen sich zu ihm in Differenz, um der Ohnmacht in der Erfahrung des Heiligen standhalten zu können. Was Religion an Zeichen ausbildet, dient diesem Zweck. In der Verehrung der Macht des Heiligen öffnet sich eine Perspektive, mit und in der Ohnmacht leben zu können.

---

[119] Bataille, Religion a.a.O., S. 46.

Doch ist das nicht zwangsläufig der Fall. Es kann auch das Gegenteil eintreten und die Verehrung führt tiefer in die Ohnmacht hinein. Die Macht des Heiligen kann Befreiung bringen oder Gewalt bedeuten. Religion steht jenseits von gut und böse, sie kann deshalb sowohl gut wie böse werden. Es wäre ein idealistisches und romantisches Mißverständnis, das Heilige auf ein reines Gut zu reduzieren und in der Religion nur ein schöpferisches Potential für die Gesellschaft zu erkennen. In der Geschichte des Christentums gibt es mit der fremden wie der eigenen Religion die gegenteilige Erfahrung. Die römische Staatsreligion brachte über Christinnen und Christen Tod und Verderben. Der öffentliche Kaiserkult war keine humane Garantieerklärung eines mächtigen Amtsinhabers; seine Erhabenheit war Ausdruck unbeschränkter Macht und kalter Herrschaft über Leben und Tod. Aber auch die öffentlich gepflegte christliche Erinnerung an die Märtyrer in den Arenen hat es nicht verhindert, daß man in mittelalterlichen Städten über jüdische Mitbewohnerinnen und –bewohner herfiel, wenn eine Krisensituation nach Sündenböcken verlangte.

Religion steht in der Differenz von gut und böse; sie kann deshalb auf ihre reale oder potentielle Bosheit hin angesprochen werden. Das ist der religiöse Sinn der Rede von der Offenbarung. Sie führt in eine Sprache ein, die sich mit der möglichen Bosheit von Religion auseinandersetzt. Ein Beispiel bietet die Versuchungsgeschichte Jesu. Der Geist, der eben noch die Johannes-Taufe Jesu zur Offenbarung Gottes verwandelt hat, treibt ihn in die Wüste, wie es bei Markus heißt (Mk 1,12). Die Auseinandersetzung, die er dort mit dem Teufel führen muß, ist ein Diskurs über jene gesellschaftliche Macht, zu der Religion ermächtigen kann und in der sie bösartig wird. Jesus muß sie bestehen, um der Gewalt in der eigenen Verkündigung von Beginn an zu wehren. Während dieses Problem bei Markus und Matthäus danach als ein für alle Mal ausgestanden gilt, bleibt der Hellene Lukas realistisch und schreibt, daß der Teufel "für eine gewisse Zeit von ihm abließ" (Lk 4, 13).

Offenbarung bringt eine Sprachfähigkeit über die potentielle Bosheit religiöser Vollzüge mit sich. Sie hat eine prophetische Natur und eine eschatologische Qualität. Systematisch gesehen setzt sie Religion voraus und macht zugleich eine Differenz zu ihr auf. Sie beläßt damit im Heiligen einen Ort für eine Macht, welche die Macht dieses Heiligen überschreitet. Die Offenbarung des Gottesnamens im Ersten Testament wird in dieser Weise angesetzt (Ex 3,14). Jahwe, der Gott, der der sein wird, der da sein wird, läßt sich von

Mose nicht auf einen Namen festlegen, der zum Machtgebrauch vor dem Volk einlädt. Der geforderte Name wird geoffenbart und zugleich in der Verfügung einer Macht gelassen, welche nicht zu anderweitigem Machtgebrauch zur Verfügung steht. Aber das belädt die Ohnmacht der Israeliten vor Gott nicht mit zusätzlicher Gewalt; denn auch für sie ist hier ein Ort geschaffen, schöpferisch tätig zu werden. Denn angesichts seines Namens muß dieser Gott zur jeweiligen Zeit benannt werden. Sein Name schafft eine Plattform, sich mit der geltenden religiösen Benennung auseinanderzusetzen. Seine Offenbarung schafft prophetische Kritik nicht ab, sondern fordert sie ein. Sie steht für einen Glauben, der mit dem Wissen um die potentielle Bosheit von Religion gehärtet ist. Ihre Sprache markiert eine Hoffnung, die in der Ohnmacht das Leben liebt.

Die Bibel ist ein religiöses Buch, weil sie im Zeichen dieses Glaubens eine Differenz zur Religion setzt. In den biblischen Religionen spielt deshalb Offenbarung die zentrale Rolle. Sie wird mit einer Schrift in Verbindung gebracht, welche sich auf Gott beruft und damit auf eine Macht gegenüber dem Heiligen. Gott ist Herr der Mächte und Gewalten im Alten Testament, das Juden, Christen und Muslime verbindet. Er steht den Göttern, den Personifizierungen von etwas Heiligem, gegenüber und ist deshalb eine Stärkung der Ohnmacht der Menschen vor ihnen. In der Offenbarung Gottes wird zwar der Empfänger dieser Offenbarung in den Dienst Gottes genommen, aber er oder sie wird eben nicht entmächtigt, sondern in der eigenen Ohnmacht sprachfähig. Das Paradebeispiel dessen sind die Prophetinnen und Propheten. Sie müssen ihres Amtes walten, aber sie werden darin als sie selbst identifizierbar. Sie gewinnen eine authentische Existenz. Dazu dient Offenbarung im öffentlichen Raum. Sie macht sprachfähig in den Auseinandersetzungen mit den Mächten und Gewalten der eigenen Zeit. Insofern ist die Berufung auf die Offenbarung selbst eine Machtfrage in der Gesellschaft. Sie bietet der Ohnmacht die Bühne, vor der Macht standzuhalten und selbst zu einem gesellschaftlichen Faktor zu werden. So hat sich die Reformation in Europa an der Frage nach der Autorität der Schrift entzündet. Bibelübersetzungen sind keine Projekte herrscherlicher Gewalten gewesen, sondern Zeugnisse von Menschen, die gegen diese Gewalten die Autorität aller stärken wollten; das war bei Hieronymus, bei Wiclif, bei Luther der Fall, das war auch die Absicht der Bauern im großen Bauernaufstand, auch schon beim Pfeifer von Niklashausen. Die Offenbarung stiftet an, selbst zur Sprache zu kommen. Sie ist eine Basis, der eigenen Ohnmacht vor den anderen Raum zu geben. In ihr leuchtet diese Ohnmacht auf und wird zum Grund für den Respekt von und vor anderen.

Das gilt in besonderer Weise von dem Geheimnis, in dem sie sich enthüllt. Offenbarung enthüllt Gott, er teilt sich als er selbst mit - und bleibt in seiner Macht selbst ein Geheimnis. Er zeigt die eigene Heiligkeit und damit eine Macht, die niemand zum Besitz machen kann und die doch Menschen ermächtigt, eine authentische Existenz zu führen. Das Geheimnis ist eine religiöse Größe, das in Verbindung mit der Offenbarung Gottes zu einer öffentlichen Macht wird. Es ist nicht die Reserviertheit eines privaten Raumes, sondern die Bühne, öffentlich für einen der menschlichen Ohnmacht reservierten Raum aufzutreten. In der christlichen Religion wird das mit dem Gottesdienst umgesetzt. Er dient der Präsentation eines Geheimnisses und ist zugleich eine öffentliche Größe. In dieser Aufführung präsentiert sich eine Macht vor den Mächten und Gewalten einer Gesellschaft, die mit den Menschen selbst und nicht bloß mit ihrer Herrschaft verbunden ist. Deshalb kann der Gottesdienst Menschenrechte befördern. Er bringt die Schuld- und Leiderfahrungen zum Vorschein und damit die Angelegenheiten, in denen sich Personen und Gesellschaften ändern müssen. Die Freiheit des Gottesdienstes ist ein Menschenrecht; hier wird eine reservierte Größe geschaffen, in der das Geheimnis der Menschwerdung Gottes zelebriert und darin die Menschwerdung der Menschen zum Thema wird. Aber Gottesdienste können auch in den Dienst irdischer Mächte und Gewalten gestellt werden; doch dann muß das Geheimnis zurückgedrängt werden und die Offenbarung des Gottes der Bibel verflüchtigt sich. Dann sind die Gottesdienste nur noch religiöse Größen, aber keine Präsentation des Glaubens mehr. Wer die Waffen segnet, schafft nicht den Menschen Recht, sondern ihrer Zerstörung. Der Gottesdienst vor der Schlacht, der nur den Sieg im Sinn hat, verliert die Menschen, um die es geht. Der Gottesdienst vor der Schlacht hingegen, der die dem Tod Geweihten vor der Macht des Todes stärken will, dient den Menschen. Er steht damit aber gegen die Mächte und Gewalten, die sie in den Tod treiben. Seine Macht bleibt ein Geheimnis - das Geheimnis einer auch von der Macht des Todes nicht zu brechenden Ohnmacht. Das ist das Menschenrechtsthema in den Formen, in denen die christliche Offenbarung weitergegeben wird:

22) Schrift und Tradition - Ecksteine christlicher Ohnmacht

Die Buchreligion Christentum besteht aus Glaubenszeugnissen. Sie finden sich in den Schriften der Bibel und den Erklärungen der Tradition. Beide sind Produkte von Ohnmacht und eben nicht Dokumente der Macht. Keine Schrift und kein Symbolon ist ein Dekret höherer und unbestrittener menschlicher Autorität, sondern Ergebnis langer Kämpfe und Auseinandersetzungen um die rechte Darstellung des Glaubens. In einigen Schriften wird das selbst zum Thema, man denke nur an die Prophetenbücher des Ersten Testamentes, die Paulus-Briefe des Neuen Testamentes und das Konzil von Nikaia. Die Entstehung der Formen, in denen die Offenbarung Gottes selbst zur Sprache kommt, verlief über Differenzen und wird weiter über Differenzen verlaufen. In Schrift und Tradition kommt nicht die Macht einer Kirche zur Darstellung, die sie zu einem der *global players* heute gemacht hat, sondern die Ohnmachtserfahrung der Mächtigen in Kirche und Gesellschaft, die Darstellung des Glaubens eben nicht beliebig in der Hand zu haben und dominieren zu können. Deshalb sprechen Bibel und Dogmen nicht die Sprache der Macht, sondern präsentieren Ohnmacht. Sie reden vom Kreuz Jesu, in dem das antike Bild Gottes zerstört wird und auf das bleibende Geheimnis der Schöpfung von allem in der tiefsten Ohnmachtserfahrung von Menschen verwiesen wird; sie reden von der Auferstehung, die niemand unter den Menschen gesehen hat und mit der deshalb niemand Politik machen kann. An sie können alle glauben und auf sie können alle hoffen, aber niemand kann sie jemand anderem verwehren oder verhindern, daß sie jemandem verweigert wird. Das zeigt sich am Ende der Tage in der Neuschöpfung aller Tatsachen; dann werden bekanntlich die ersten die letzten und die letzten die ersten sein.

Dieser Ohnmachtscharakter befähigt Schrift und Tradition zu Menschenrechtsaussagen. Sie stellen eine Sprache bereit, in der Menschen um die Anerkennung ihrer Würde ringen können und mit der sie die eigenen Rechte gegenüber dem Recht der Herrschaft zur Geltung bringen können. Wer die Psalmen betet, verschafft sich eine Sprache, die eigenen Leiderfahrungen benennen zu können. Das gilt insbesondere für die berühmten Fluchpsalmen. Sie sind Dokumente der Ohnmacht, nicht Aufführungen der Macht. Wer sie in eine Sprache der Macht gießt, entlädt die Gewalt, die sie angesammelt haben, und macht sie zu einem zerstörerischen Instrument gegen andere. Damit kann man nicht mehr die eigenen Leidenserfahrungen, sondern nur noch die eigenen Machtgelüste benennen. Ein anderes Beispiel sind die Seligpreisungen der Bergpredigt. Wer sie für eine Sprache der Macht hält, kann nur Zynismus darin erkennen. Aber als Sprache der Ohnmacht geben sie denen sprachliche Macht, die eben sonst nichts zu melden haben. Die entscheidende sprachliche Figur in diesem Zusammenhang ist das *passivum divinum*.[120]

In der Weise der Ohnmacht ist die Sprache von Schrift und Tradition selbst eine Macht. Sie wehrt und verwahrt sich gegen ihre Umkehrung in eine Machtsprache. Schrift und Tradition zeigen auf die Macht Gottes, die Menschen in der Ohnmacht zu stärken. Das gibt der Macht der Menschen, die Ohnmacht der anderen auszunutzen, keine Bühne, sondern im Gegenteil: Das stärkt den Widerstand gegen diese Mächte und Gewalten in der Gesellschaft. Entscheidend für die Menschenrechte sind deshalb in der Geschichte von Schrift und Tradition die Brüche und Differenzen, aus denen sie entstanden sind. Wenn Exegese und Dogmengeschichte daran arbeiten, dann befähigen sie die Theologie, auf dem Feld der Menschenrechte sprachfähig zu sein. Ein Beispiel dessen ist das jüngste Konzil der katholischen Kirche. Es hat zwei Strategien benannt, die aus der religiösen Tradition der Kirche stammen, aber durch die biblische Sprache dieses Konzils in einen neuen Rahmen gerückt sind:

23) Evangelisierung und Pastoral - Strategien kirchlicher Menschenrechtsverkündigung

Das Evangelium ist eine Botschaft für alle Menschen. Die Kirche muß also, wenn sie sich des Evangeliums vergegenwärtigt, evangelisieren. Das ist "ihre tiefste Identität", so Papst Paul VI.[121] Was meint aber die Evangelisierung? Ist sie der Aufbau von Kirchenrechten in der Gesellschaft? Bringt sie die Übernahme der Öffentlichkeit durch biblische Botschaften? Besteht sie aus der Sendung von Gottesdiensten über Rundfunk und Fernsehen? Man kann

---

[120] Vgl. dazu meine Überlegungen: Symptom 'Gotteskrise'. Die Zeitsignatur der Theologie In: Zeitschrift für Katholische Theologie 121 (1999), S. 45-61.

[121] Enzyklika Evangelii Nuntiandi, 8. Dezember 1975. Hg. v. Sekretariat der Deutschen Bischofskonferenz. Bonn 1975 (Verlautbarungen des Apostolischen Stuhles 2), Nr. 14, S. 11; vgl. auch DH 4573.

Evangelisierung in dieser Weise begreifen und sie wird so auch betrieben, von Radio Vatikan seit langem in gutbewährter Tradition, von Radio Maria in Polen mit politischem Kalkül, und natürlich von der *Electronic Church* in den USA mit den letzten Raffinessen eines Satellitenmediums. Das gehört in die religiöse Tradition der Evangelisierung. Sie konfrontiert mit der Macht von etwas Heiligem, um damit der eigenen Verehrung dieses Heiligen eine größere Repräsentanz zu geben. So angesetzt muß Evangelisierung die Sprache der Macht sprechen. Wenn eine ganze elektronische Gottesdienst-Gemeinde darum betet, daß genügend Spenden fließen, um den Satelliten einen weiteren Monat mieten zu können, dann wird hier nur scheinbar Ohnmacht präsentiert. In Wirklichkeit wird dabei ein Produkt verkauft und eine religiöse Sprache zur gezielten Werbung benutzt. Dieses Gebet hat nichts mit den Nöten der Menschen zu tun, die beten, sondern mit den finanziellen Engpässen einer fundamentalistischen Mediengemeinschaft.

Das II. Vatikanum verwendet einen anderen Begriff der Evangelisierung. Es bindet sie an das Apostolat aller Gläubigen, für den Glauben einzutreten mit dem, was ihre Existenz ausmacht. Es verknüpft sie mit den Ämtern der Getauften und Gefirmten, also dem Auftrag Christi an alle, den Glauben weiterzugeben, und der Aufgabe, den Glauben öffentlich zu bekennen. Hier ist die Evangelisierung nicht die Aufführung von einer wie auch immer gearteten Kirchenzugehörigkeit in der gesellschaftlichen Öffentlichkeit, sondern es geht "um die Durchdringung und Vervollkommnung der zeitlichen Ordnung mit dem Geist des Evangeliums"[122]. Es geht nicht um die Macht des Heiligen, sondern um die Ohnmacht des Profanen. Die Macht des Heiligen im Zentrum christlicher Religion, die Menschwerdung Gottes, wird hier in einem profanen Sinn herausgestellt. Das dient nicht unmittelbar und vorrangig der Bedeutung von Kirche in einer Gesellschaft, sondern der Bedeutung des irdischen Lebens für die Darstellung des Evangeliums. Der Respekt vor den Tatsachen konstituiert Evangelisierung, nicht die Beherrschung der Tücken eines Mediums. Die Kirche gewinnt ihre Bedeutung, wenn sie evangelisiert. Dann aber öffnet sie sich den Ohnmachtserfahrungen der Menschen heute, den Brüchen in der zeitlichen Ord-

---

[122] II. Vatikanisches Konzil, Dekret über das Laienapostolat *Apostolicam actuositatem*. In: Karl Rahner/Herbert Vorgrimler (Hg.), Kleines Konzilskompendium. 16. Auflage. Freiburg: Herder, 1982, Nr. 2 S. 391.

nung, die nach Erlösung schreien. Diese Brüche und jene Ohnmachtserfahrungen werden nicht einfach gnädig von Kirchenoberen aufgenommen. Es ist das Evangelium selbst, das dieser Ohnmacht die Stimme leiht und jene Brüche herausstellt. Evangelisierung ist kein Machtinstrument in der Kirche, vielmehr das Amt, und das heißt: die Aufgabe aller im Volk Gottes. Sie macht gleich und bestimmt die Macht der Ohnmächtigen. Deshalb geht es in ihr nicht um öffentliche Kirchenrechte, sondern um die Menschenrechte in der Öffentlichkeit. Sie beginnt dort, wo die Verachtung dieser Rechte eine öffentliche Tatsache ist. Sie beginnt bei dem, womit das II. Vatikanum seine Darstellung der Pastoral beginnen läßt: "Freude und Hoffnung, Trauer und Angst der Menschen von heute, besonders der Armen und Bedrängten aller Art"[123].

Die Pastoral, von der das Konzil ausgeht, ist nicht allein die Seelsorge in der personalen Begegnung von kirchlichen Mitarbeitern mit Gemeindemitgliedern. Sie entsteht in der Evangelisierung und damit aus der Wahrnehmung der Brüche in einer Gesellschaft. Die Pastoral ist kein Zeichen gelungenen kirchlichen Lebens, sondern markiert mißlungene gesellschaftliche Vollzüge. Sie markiert nicht, worin Kirche das Heil findet, sondern worin Menschen Unheil erfahren. Sie ist an den Zeichen dieser Zeit orientiert, um das Evangelium zu vergegenwärtigen, nicht an den Bestimmungen des Kirchenrechts, um diese Zeit zu ordnen. Die Pastoral steht auf Seiten der Menschen, die um die Anerkennung ihrer Würde ringen. In dieser Weise werden die Zeichen des Evangeliums wahrgenommen. Die Evangelisierung, der die Pastoral bedarf, bedeutet folglich die Selbstevangelisierung der Kirche. Ohne die Umkehr zu dem, was Gott heute will, und die Abkehr von dem, was die Menschen voneinander haben wollen, ist sie nicht zu realisieren. Insofern ist die Pastoral ein Aufklärungsprozeß. Sie klärt die Kirche selbst über das Evangelium auf, indem sie es mit den öffentlichen Nöten und Katastrophen verbindet. Pastoral ist kein Vorrecht der Kirche, vielmehr die Mühsal ihrer Selbstreinigung. Kirche evangelisiert um ihres eigenen Auftrages willen. Doch damit schafft sie sich keine Freunde unter den Mächtigen einer Gesellschaft, vielmehr verschafft sie sich eine Menge von Ohnmachtserfahrungen über ihre eigene Erlösungsbedürftigkeit. Doch sofern die Glieder der Kirche das wahrnehmen,

---

[123] II. Vatikanisches Konzil, Pastoralkonstitution Die Kirche in der Welt von heute *Gaudium et spes*. In: ebd., Nr. 1, S. 449.

werden sie menschenrechtsfähig. Gerade weil die Pastoral die Konfrontation des Evangeliums mit den gesellschaftlichen Brüchen und Gewalttätigkeiten mit sich bringt, wird die Kirche selbst zu einer Plattform, die Menschenrechte zur Sprache zu bringen.

Die Kirche ist über die Pastoral menschenrechtstauglich. Sie lernt sich in den Bereichen kennen, in denen sie sich des Evangeliums vergegenwärtigen muß, und sie lehrt die Gesellschaft, sich den Bereichen zu stellen, in denen Menschen an ihrer Würde geschädigt werden. Die pastorale Arbeit in der Kirche ist eine Aktion für die Menschenrechte. Sie bringt es mit sich, gerade an der Kirche selbst zu arbeiten, um sie zu einem Ort zu machen, an dem die Ohnmacht von Menschen eine Sprache findet. Das ist keine Arbeit, die leichthin kirchliche Würden und gesellschaftliche Anerkennung einbringt. Sie ist mühselig im doppeltem Sinn des Wortes. In zugespitzten Situationen gesellschaftlicher Gewalt ist sie lebensgefährlich, wie die Schicksale der Bischöfe Oscar Romero aus El Salvador und Juan Gerardi aus Guatemala belegen.[124]

Diese Sprachfähigkeit ist ein neues Programm für die Kirche. Es ist erst seit dem II. Vatikanum die erklärte Strategie der katholischen Kirche in der Welt von heute. Aber das, worum es hier geht, prägt die moderne Kirchengeschichte. Es ist die neuzeitliche Entdeckung, wie öffentlich mit dem Glauben umgegangen werden muß, wenn man der Gewalt entgehen will, die in der Verletzung von Glaubensfreiheit steht. Das ist keine gloriose Geschichte, vielmehr ein steiniger Weg in der Geschichte der Christen. Aus diesem Weg möchte ich einige lehrreiche Meilensteine ansprechen.

---

[124] Vgl. James R. Brockman, Oscar Romero. Eine Biographie. Aus dem Amerikanischen von Maria-Antonia Fonseca-Visscher van Gaasbeek. Freiburg: Paulus, 1990, und Stefan Herbst, Märtyrer der Menschenrechte - Bischof Juan Gerardi Conedera (1922-1998). In: Orientierung 62 (1998), S. 169-175.

VI. Neuzeitliche Erklärungen der Religionsfreiheit Die Geburt des Subjektes aus den Erfahrungen mit der Kirchengewalt

Die Religionsfreiheit ist eine neuzeitliche Erfindung. Erst die Moderne hat darüber einen Diskurs geführt, nach dem die Gesellschaft geordnet werden konnte. Aber das Problem gab es natürlich schon länger, im Grunde seit es menschliche Gesellschaft gibt. Die Kirchengeschichte legt davon beredtes Zeugnis ab. In der Antike waren es die Christen, die als Atheisten galten und denen man deshalb die Freiheit des Bekenntnisses nehmen konnte. Denn Atheisten hatten kein Recht, öffentlich für ihren Glauben einzustehen. Das war schon immer die Position derjenigen, die ihre Macht aus einer fürsorglichen Belagerung der Religion bezogen haben.[125]

Seit der Konstantinischen Wende war es die Kirche selbst, die hin und wieder in die Versuchung dieser Belagerung geführt wurde. Die Inquisition in Südfrankreich ist ein solches Beispiel. Die Auseinandersetzung mit den Irrlehren der Katharer und Albigenser wurde als Machtkampf aufgeführt, in dem die sog. Ketzer unterlagen und die christliche Religion nach einer bestimmten Façon wieder zur Geltung kam. Doch war das die Sprache der Macht und die Mächte und Gewalten der Gesellschaft liehen der Kirche gerne ihr Schwert, weil sie damit ihren eigenen Einfluß erweitern konnten. Diese Auseinandersetzung liefert den Historikern heute geradezu paradiesische Quellenlagen,[126] aber sie hat viele Opfer gekostet. Diese Opfer disqualifizieren nicht die Wahrheit des Glaubens, aber sie diskreditieren die Art und Weise, wie man glaubte, sie öffentlich zur Aufführung bringen zu müssen. Weil die Kirche im Verbund mit

---

[125] Religionsfreiheit ist ein universales Menschenrecht und stellt sich als Problem in jedem religiösen Kontext. Ich beschränke mich hier auf den der europäischen Moderne und lasse wie schon zuvor die Frage nach einer Begründung der transkulturellen und -religiösen Gültigkeit von Menschenrechte unangetastet. Zu diesem Problem vgl. u.a. Bernhard Mensen (Hg.), Grundwerte und Menschenrechte in verschiedenen Kulturen. Nettetal: Steyler, 1988, die Artikel von Stietencron und Höffe in Odersky, Menschenrechte a.a.O. (Fn. 16), S. 65-89 und 119-137, Lorenz Müller, Islam und Menschenrechte. In: Aus Politik und Zeitgeschichte B 28 (1997), S. 21-27 und Thomas Hoppe, Menschenrechte: international verpflichtende Minimalstandards oder Manifestation säkularisierter Religiosität? In: Andreas Fritsche/Manfred Kwiran (Hg.), Der Mensch. München: Bernward, 1998 (Ökumenische Sozialethik 1), S. 26-37.

[126] Vgl. Emmanuel Le Roy Ladurie, Montaillou. Ein Dorf vor den Inquisitor 1294 bis 1324. Frankfurt: Ullstein, 1983.

staatlicher Macht solche Opfer produziert hat, war sie auf dem gefährlichen Weg, innere Auseinandersetzungen mit gesellschaftlicher Gewalt auszutragen. Das ist das ekklesiologische Problem der Reformation. Aber was ist das für ein schwacher Glauben, der die staatliche Gewalt benötigt, um sich Geltung zu verschaffen? Mit den Kriegen nach der Reformation war diese Frage im Kontext und auf dem Boden des Subjektes gestellt. Auf welcher Basis kann das Subjekt, das in der Neuzeit klar und deutlich seine Bedeutung erkannte, mit dem Glauben verbunden werden? Die Suche nach einer Antwort prägt die Kirchengeschichte der Neuzeit. Und sie brachte ein überraschendes Ergebnis: Der Glaube ist nur dann mit dem Subjekt zu verbinden, wenn die Glaubensgemeinschaften den Zugriff auf das Subjekt aus ihrer Macht auszuklammern lernen. Erst wenn der Glaube das Subjekt nicht im Modus gesellschaftlicher Vereinigung bestimmt, läßt er sich mit dem Subjekt verbinden. Die Basis dieser Verbindung ist die kirchliche Ohnmacht, welche die Grenzen kirchlicher Gemeinschaft vor den Lebensprojekten der Menschen anerkennt. Der Weg dahin ist eine Lerngeschichte in Sachen Ohnmacht des Glaubens, aber die Bekenner des Glaubens haben darüber einen Meilenstein der Menschenrechtsgeschichte gesetzt. Am Anfang stand noch der Versuch, den Glauben über die Religion mit dem Subjekt zu verbinden. Das ist der erste Befriedungsversuch in der Gewalt der reformatorischen Krise des Christentums:

24) Der Augsburger Religionsfrieden - der Respekt vor der Religion der anderen

Seit den 50er Jahren des 16. Jahrhunderts war klar, daß die gesellschaftliche Angelegenheit 'Reformation' nicht mit militärischen Mitteln zu erledigen war. Zwar hatte Karl V. 1547 das Schmalkaldische Bundesheer der Reformierten geschlagen, aber es war ein Pyrrhussieg. Er hatte schlicht nicht die Mittel, sich nicht nur militärisch, sondern auch gesellschaftlich durchzusetzen. Deshalb ließ er seinen Bruder Ferdinand von Österreich auf dem Augsburger Reichstag vom Februar bis September 1555 einen Kompromiß aushandeln, den sog. *Augsburger Religionsfrieden*. Die friedensstiftende Formel lautete: '*cuius regio eius religio*'. Das bedeutete, daß der Landesherr über die Konfession der Untertanen entschied (*ius reformandi*). Er legte fest, welche Art von Religion in seinen Landen herrschen sollte. Die Konfession wurde wie seit der Antike als Herrschaftsgröße begriffen und in das Gefüge staatlicher Macht eingebunden. Aber diese Macht war in ihrem Kern gebrochen; denn die Untertanen hatten das Recht auf Auswanderung (*ius emigrandi*), konnten sich also der Religion auf der Basis ihres Glaubens entziehen und sich ein Land suchen, in dem die eigene Konfession die Herrschaft stellte. Das ist zwar keine sehr große Anerkennung der Bedeutung des Subjektes, aber mehr als gar keine. Denn damit war der Ohnmacht derer, die vom Glauben des Landesherrn abwichen, ein öffentlicher Ort gegeben, auf dem sie sich erfolgreich der Macht kirchlicher Religion entziehen konnte. Diese Religion mußte gesellschaftlich vom Totalanspruch Abschied nehmen. Sie war auf die Konfession derer begrenzt, die Macht in der Gesellschaft besaßen. Das säkularisiert die Religion auf der einen Seite und erhebt die Konfession, also das Bekenntnis des Glaubens, zu einem religiösen Orientierungspunkt des Subjekts. Der Friede der Konfessionen war nur über den Preis der Anerkennung der Religion der anderen möglich geworden. Das nahm die damalige Zeit nur zähneknirschend hin, aber sie hat damit eine Strategie gewiesen, auf der die Gewalt der Religion gesellschaftlich im Zaum gehalten werden kann.

Aber natürlich war damit auch der Versuchung Raum geschaffen, eben der eigenen Konfession über die Beherrschung des Landes zur alleinigen Religion zu verhelfen. Das sind nachfolgend die Religionskriege, die vor allem Mitteleuropa verwüstet haben und auf der Seele der deutschen Nation lange gelastet haben. In diesen Religionskriegen quälte sich die Einsicht in den rechten Umgang mit der Glaubensfreiheit langsam ans Tageslicht. Ein wichtiger Schritt ist in Frankreich getan worden:

25) Das Edikt von Nantes - der Respekt vor dem Glauben der anderen

Calvinisten und Katholiken zerfleischten sich auf dem Territorium der ältesten Tochter Roms 38 Jahre lang. Die sog. Hugenottenkriege dauern in Frankreich von 1562 bis 1598. Trauriger Höhepunkt war die Batholomäusnacht 1572, in der die Feier einer Hochzeit als Gelegenheit zum Mord genutzt und das Wort eines Königs zur tödlichen Falle geworden war. Beendet wurden diese Kriege politisch durch die aufkommende Nationalstaatlichkeit; denn Frankreich stand vor der Entscheidung, eine eigene Macht in Europa zu sein oder im Bürgerkrieg über eine religiöse Einheit den anderen Mächte zum Opfer zu fallen. Man rang sich zu einer Gründung der Gesellschaft auf einer anderen Basis als der Religion durch. Henri IV. entschied sich politisch: "Paris ist eine Messe wert!" Das machte ihn wieder fähig, König von ganz Frankreich zu werden. Doch war das nur die Unterwerfung eines Repräsentanten unter den gesellschaftlichen Anspruch einer Religion und nicht der Kniefall eines Subjekts vor einer Konfession. Religion war allein als gesellschaftliche Größe benannt, sie war nicht die subjektbestimmende Größe. Der Glaube blieb davon unberührt. Die Messe, die Henri IV. politisch für so wertvoll erachtete, war zugleich die Demonstration der Ohnmacht der Religion in Sachen Glauben. Denn dieser Übertritt beendete nicht die hart erkämpfte Glaubensfreiheit der Hugenotten, sondern stabilisierte sie.

Das ist das Edikt von Nantes 1598. Es garantierte den Hugenotten Gewissensfreiheit, beschränkte Kultausübung, politische Gleichberechtigung und Sicherheitsplätze in Frankreich. Damit war der Glaube aus der öffentlichen Auseinandersetzung herausgenommen. Frankreich blieb katholisch - aber nur mehr der Religion, nicht den Subjekten nach. Daran wird deutlich, daß Religion nicht der Ort der Menschenrechte sein kann. Ihre Existenzbasis im Subjekt ist der Glaube, und über den Glauben sind sie gesellschaftlich relevant. Aus der Erfahrung der Religionskriege heraus muß man sagen: Die Religion ist eine potentielle Bedrohung der Menschenrechte und steht ihnen gegenüber. Mit dem Absolutismus hat man in Frankreich den alten Weg wieder eingeschlagen und versucht, das Edikt von Nantes rückgängig zu machen. Jacques Bossuet, der Kanzelredner Ludwig XIV., bringt die absolutistische Formel ins religiöse Geschäft: "un roi, une foi, une loi". Das zielt auf das Gottesgnadentum der Fürsten, gegen die Hugenotten und für die Staatsherrschaft über das Recht. Aber selbst der Sonnenkönig konnte die Aufhebung des Ediktes von Nantes 1685 nicht durchhalten. Zwar mußten die Hugenotten fliehen und brachten Holland wie dem kurfürstlichen Brandenburg einen wirtschaftlichen Aufschwung, aber die Auseinandersetzung um den Glauben brach im Katholizismus selbst auf. Das ist der Gnadenstreit, der in Frankreich die Häresie des Jansenismus hervorbringt (Kloster Port Royal, Blaise Pascal). Der katholische Glaube allein konnte nicht die Gesellschaft bestimmen; denn seine Bedeutung wird auf dem Feld des Subjektes entschieden. Und hier bleibt die Religion, auch die staatlich sanktionierte und öffentlich eingeschärfte, ohnmächtig. Der absolute Weg der Religion war auf dem Feld des Glaubens abgebrochen und zum Stillstand gekommen. 1787 ist das Edikt von Nantes im Toleranzedikt von Versailles von Ludwig XVI. wieder eingeführt worden; doch waren die Zeitläufte schon vorangeschritten, und mit dem einen König verschwand auch der eine Glaube aus Frankreich. Die Revolution 1789 brachte ein anderes Recht, das eben die Glaubensfreiheit zum Menschenrecht erklärte. In Deutschland war der Weg noch steiniger und führte noch blutiger in die Ohnmacht staatlicher Macht hinein:

26) Der Westfälische Friede - der Respekt vor der Gewalt der anderen

Kriege hinterlassen Zerstörung. Es ist stets leicht, sie anzuzetteln, aber es ist sehr schwer, sie zu beenden. Und an ihrem Ende stehen in der Regel nur Opfer. Das ist eine Erfahrung, die Menschen oft in der Geschichte haben machen müssen. In Deutschland ist das die nachdrückliche Lehre des Ersten und Zweiten Weltkrieges, aber die Deutschen haben sie auch schon früher in der Moderne erfahren müssen, nämlich im 30jährigen Krieg von 1618 bis 1648. Er war für keine der Parteien zu gewinnen, weder für die katholische Liga noch für die protestantische Allianz. Es gab auf dem Land, das den Durchzug der Heerhaufen erlebt hatte, fast nur noch verwüstetes Gebiet. Das Dorf, aus dem ich stamme, verlor in dieser Zeit über 90 % seiner Bewohner, und noch eine Generation später waren alle seine Häuser zerstört. Deutschland lag am Boden und sollte mehr als zweihundert Jahre brauchen, ehe es zu einer Einheit finden würde. Alle europäischen Mächte waren an diesem Krieg beteiligt. Es wurde auf dem Vordergrund der Religion hintergründige Politik betrieben. Dafür eignet sich Religion, aber hier war das Ergebnis der Machtpolitik schiere Ohnmacht. Der Friedenswille speiste sich aus allseitiger Ermattung, nicht aus innerer Überzeugung. Die Verhandlungen wurden in Münster (Deutsches Reich und Frankreich) und Osnabrück (Deutsches Reich und Schweden) geführt, weshalb der Abschluß am 24. Oktober 1648, also vor 350 Jahren, auch Westfälischer Friede heißt. Die politischen Konsequenzen sind ein eigenes Thema, das hier nicht behandelt werden kann. Die hier zentrale Frage betrifft die Glaubensdarstellung im Zeichen des Subjekts. Erreicht wurde, was bereits seit 100 Jahren galt: der Augsburger Religionsfriede. Seine Bestimmungen werden wieder als verbindlich erklärt, mit einer Einschränkung: Das Jahr 1624 wurde als das 'Normaljahr' erklärt und sein konfessioneller Zustand für alle Zeiten festgelegt. Damit war das herrschaftliche *ius reformandi* eingeschränkt. Die Ausnahme davon waren die österreichischen Lande, in denen auch eine rege Rekatholisierung stattfand, die erst mit dem Josephinismus 150 Jahre später einen veränderten Rahmen erhielt. Die Reformierten wurden den 'Augsburgischen Konfessionsverwandten' gleichgestellt und damit ebenfalls den Segnungen des *cuius regio eius religio* unterzogen; für ihr territoriales Verhältnis zu den Lutheranern sollte 1648 als Stichjahr gelten. Landesfürstliche Konfessionswechsel sollten nur noch Konsequenzen für die Hofgemeinde haben. Der Papst meldete mit einem Breve Protest an; er hatte guten Grund dazu, denn der Westfälische Friede schadete machtpolitisch gesehen eher dem Katholizismus.

Gleichwohl ist dieser Friedensschluß ein Meilenstein für die Menschenrechte. Denn hier wird endgültig die Glaubensfreiheit unter den Bedingungen öffentlicher Religion festgeschrieben. Durchgesetzt hatte sich nicht eine der Religionsgemeinschaften, sondern die abstrakte Größe des Subjekts, auf das es hinsichtlich der Macht von Glaubensfragen künftig ankommen würde. Die Kirchen waren mit diesem Frieden auf das religiöse Moment der Gesellschaft beschränkt; sie hatten nicht mehr die Macht, die einzelnen Personen über die Politik in einen Glauben zu zwingen. Um das Subjekt zu gewinnen, mußten sie andere Mittel anwenden: Seelsorge und Glaubensverkündigung. Das ist nicht wenig, wie das Entstehen des katholischen Milieus im 19. Jahrhundert als eines mächtigen Blokkes in der deutschen Gesellschaft belegt. Der Westfälische Friede bringt keinen Respekt vor den anderen, aber er respektiert die Gewalt der anderen. Um sie zu verhüten, zieht er in die gesellschaftliche Struktur religiöse Grenzen ein. Er gibt damit zugleich der Ohnmacht des Glaubens Raum, die im Ausbruch religiöser Macht unterzugehen gedroht hatte. Um zum Respekt vor dem Glaubensstandpunkt der anderen durchzustoßen, bedurfte es erst der Aufklärung in Sachen Religion und des Ausgangs des Glaubens aus seiner selbstverschuldeten gesellschaftlichen Unmündigkeit. Ein Religionsedikt spielt hier eine wenig rühmliche, aber wichtige Rolle:

27) Das Wöllnersche Religionsedikt - der Respekt vor der Vernunft der anderen

Preußen war unter Friedrich II. zur europäischen Großmacht aufgestiegen. Eine der wirtschaftlichen Bedingungen dafür war der Zuzug der Hugenotten, die hier Toleranz erwarten konnten. Insofern war die Aufklärung bereits in das Staatswesen eingegangen. Aber sie hatte ihre Gegnerschaft, die sich bei Friedrich Wilhelm II., dem Nachfolger Friedrich II., sehr deutlich äußerte. Er wollte den Einfluß aufklärerischen Gedankengutes auf die Ausübung des Glaubens zurückdrängen. Dazu fand er zu einer Koalition mit einem ehemaligen protestantischen Geistlichen und einem Bundesbruder aus den Rosenkreutzern. Er machte J. Ch. von Wöllner (1732-1800) zum preußischen Justizminister, der die Religionsangelegenheiten im Sinne einer Antiaufklärung regeln sollte. Dazu wurde das nach Wöllner benannte Religionsedikt am 9. Juli 1788 erlassen. Es tolerierte die in Preußen zugelassenen Religionsparteien und Sekten, sofern sie sich ruhig verhielten.

Doch unter diesem Deckmantel der Toleranz griff man massiv in die Glaubensfreiheit ein. Toleranz bedeutet allein eben noch keinen Respekt vor der Ohnmacht der Menschen; sie ist keine Beförderung der Menschenrechte, weil sie die Auseinandersetzung mit der Machtfrage umgeht. Im Religionsedikt wurden Liturgie, Predigt und Unterricht in den protestantischen Kirchen auf die Bekenntnisschriften von Staats wegen festgelegt. Den protestantischen Predigern verbot das Edikt unter Strafandrohung die Abweichungen von orthodoxen Lehrbegriffen; Pfarrei- und theologische Professurbesetzungen wurden sorgfältig überwacht. Ohnmacht gläubiger Subjekte wurde staatlicherseits erzeugt, aber nicht respektiert. Das Subjekt sollte als Größe des Glaubens stumm gemacht werden, indem ihm eine Machtsprache des Glaubens aufgezwungen wurde. Das Edikt scheiterte am Protest der Öffentlichkeit, und insofern an der Aufklärung, die es verhindern wollte. 1797 wurde es von Friedrich Wilhelm III. beseitigt, Wöllner dann auch 1798 entlassen. Das Wöllnersche Religionsedikt ist *ex negativo* ein wichtiges Datum für die Glaubensfreiheit. Erst der Widerstand gegen religiöse Bevormundung durch den Staat erzeugte den Respekt, den das Subjekt in Glaubensdingen benötigt, um von seinen eigenen Fehlern Abschied nehmen zu können.

28) Die schwärenden Wunden ungesühnter Schuld - Antijudaismus, Hexenwahn, blinde Absolutheit

Die Lerngeschichte in Sachen Religionsfreiheit kennzeichnet die Moderne. Die Europäer haben Zug um Zug begriffen, daß man mit Religion keinen Staat machen und zum Glauben niemanden zwingen kann. Religion ist eine eigenständige gesellschaftliche Kraft, welche vor und im Staat der Freiheit bedarf, wenn sich das Gewaltpotential in der Religion nicht auf die Gesellschaft entladen soll. Erst als diese Freiheit institutionell abgesichert war, hörten die Religionskriege auf. Aber die Freiheit der Religion ist nicht nur im Sinne eines *genitivus objectivus* zu verstehen, also der Freiheit, die eine Religionsgemeinschaft in der Gesellschaft hat. Sie ist auch im Sinne eines *genitivus subjectivus* zu verstehen, also der Freiheit, die jemand zur und vor der Religion hat. Das ist eine Lerngeschichte, die nicht von der Gesellschaft institutionell abzusichern ist, weil sie die Religionsgemeinschaften selbst betrifft. So wie sie von den anderen verlangen, daß ihnen die größtmögliche Freiheit zuerkannt wird, so müssen sie sich in ihren eigenen Reihen daran messen lassen. Das ist nicht über Toleranzedikte zu erreichen, sondern über den Respekt vor der Freiheit des Subjekts in Sachen Religion durch die Religion selbst. Die Religion selbst muß anerkennen, daß ihr der Glaube, den sie vertritt, auf dem Boden des Subjektes selbst noch einmal gegenübersteht. In dieser Perspektive ist die Lerngeschichte der Moderne nicht abgeschlossen. Sie läßt sich auch nicht abschließen, ehe nicht von Seiten der Religionsgemeinschaften die Schuld anerkannt und gesühnt wird, die sie auf sich geladen haben. Vor allem zwei Gruppen hatten hier zu leiden: die Juden und die Frauen. Beide wurden massiv verfolgt und auch in Massen ermordet.

Die frühe Neuzeit ist vor allem eine Verfolgungszeit der Juden, insbesondere in Spanien.[127] Barock andererseits ist die hohe Zeit des Hexenwahns. Beide binden den christlichen Kirchen danach in vielerlei Hinsicht die Hände. Im deutschen Holocaust waren die Kirchen, und zwar in der Mehrzahl der kirchlichen Repräsentanten beider großen Volkskirchen, wie paralysiert durch die staatliche organisierte Ermordung der Juden. Sie hielten sich entweder nicht für zuständig, oder sie hatten in ihrem kollektiven Gedächtnis die reli-

---

[127] Friedrich Battenberg, Das Europäische Zeitalter der Juden. In zwei Teilbänden. Darmstadt: Wissenschaftliche Buchgesellschaft, 1990.

giöse Ablehnung der Juden verinnerlicht. Wie brüchig die Emanzipation der Juden in Deutschland im 19. Jahrhundert unter religiöser Hinsicht war, kam durch den Holocaust zum Vorschein. Die Wunde schwärt immer noch, obgleich beide große Konfessionen hier viele Anstrengungen unternommen haben: Aktion Sühnezeichen im Protestantismus sowie die Aussöhnungsversuche des heutigen Papstes gegenüber jüdischen Repräsentanten. Weiterkommen kann man hier nur, wenn die Christen beider Konfessionen sich in der Tradition der Schuld begreifen, um vom Verderben dieser Schuld loszukommen. Das geht nicht, indem man Auschwitz christianisiert; das geht aber dann, wenn man die eigene Herkunft vom Judentum begreift, eine Herkunft, die eben die religiöse Eigenständigkeit nicht leugnet, sondern für beide Religionsgemeinschaften förderlich zum Thema macht. Der Schlüssel dazu liegt in den Menschenrechten. Gerade die Schuldgeschichte der Christen gegenüber den Juden öffnet in der Religion jenen Spalt der Ohnmacht, in dem die Menschenrechte zum Thema werden. Die Scham über die Schuld kann sprachlos machen, doch dann steht man immer noch in ihrem Bann. Um diesen Bann zu überwinden, ist die Anerkennung der Ohnmacht der verfolgten und wehrlosen Minderheit von entscheidender Bedeutung. Juden haben unter Christen mehr als nur Duldungsrecht. Sie können ihnen vielmehr erzählen, wie man im Modus der Ohnmacht einen starken Glauben ausbilden kann. Daran sind sie in Europa über Jahrhunderte geübt worden. Das befähigt sie zu mehr als zu israelischen Menschenrechtsverbrechen in Palästina. Das befähigt sie, zu einem Sprachrohr für alle unterdrückten Gläubigen der Menschheit zu werden. In diesem Sinn steht für uns Christen eine Lerngeschichte noch an, für die es biblische Pfade gibt, die aber von der heutigen Zeit bestimmt wird. Juden brauchen keine billige Toleranz, sie haben ein historisches Recht auf Respekt vor dem, was sie zu sagen haben. In dieser Weise ist der christlich-jüdische Dialog in Deutschland mehr als eine bürgerliche Veranstaltung im Bann der Schuld. Er ist eine Notwendigkeit, damit Christen heute angesichts menschlicher Ohnmacht sprachfähig werden.

Die andere noch offene Wunde der Moderne in Sachen Religion ist der Hexenwahn. Er belastet die Stellung der Frauen bis heute in der Kirche, besonders der katholischen, aber nicht nur hier. Auch wenn es schwer ist, genaue Daten zu bekommen,[128] so muß doch

---

[128] Vgl. Wolfgang Behringer, Hexen. Glaube-Verfolgung-Vermarktung. München: Beck, 1998.

festgehalten werden, daß dies eine religiöse Verfolgung gewesen ist. Motive gab es viele, der tiefere Grund jedoch liegt in der Sprache der Macht, mit der sich hier Religion auf Gedeih und Verderb verbündet hatte; sie wurde durch diesen Bund strukturell gezwungen, jede weibliche Sprache der Ohnmacht in Glaubensdingen wegen des eigenen absoluten Anspruchs auszumerzen. Religion ist eine Macht, und im Hexenwahn hat diese Macht eine besonders bösartige Form angenommen. Wenn Religion die Sprache der Ohnmacht in ihren eigenen Reihen nicht zu sprechen lernt, dann ist sie nicht dagegen gefeit, zu einer gesellschaftlich bösartigen Größe zu werden. Eine Gestalt, an der sich die Kirche hierbei orientieren kann, ist Friedrich Spee von Langenfeld. Er war in der Lage, die Glaubenssprache der angeklagten Frauen zu verstehen und hat sich deshalb gegen ihre Verteufelung als Hexen gewehrt. Seine *Trutznachtigall* und seine *Cautio criminalis* gehören zusammen. Die Empfindsamkeit für poetische Sprache versetzte Spee in die Lage, die Bedeutung einer alternativen Sprache des Glaubens zu verstehen und für eine neue Formierung der Sprache des Glaubens zu kämpfen.

Frauen sind im Glauben starke Persönlichkeiten, die Kirche ist im doppelten Sinn des Wortes weiblich. Aber Frauen sind in der Religion eine gesellschaftlich gesehen ohnmächtige Größe. Der Wert ihrer Glaubenssprache als einer Sprache der Ohnmacht wird in den eigenen Religionsgemeinschaften noch zu wenig wahrgenommen. Sie erhalten eher dann eine Chance, wenn sie selbst die Sprache der Macht sprechen, wie etwa bei der Prophetin des Universellen Lebens in Würzburg.[129] Doch ist das kein Ausweg, der die Menschenrechte befördern würde, im Gegenteil.

In der Kirchengeschichte der neuesten Zeit gibt es ein Ereignis, das sich dem Ohnmachtscharakter des christlichen Glaubens gestellt, und darüber die Kirche selbst zu einer sprachfähigen Größe der Menschenrechte gemacht hat: das II. Vatikanum. Es hat Optionen getroffen, mit denen die Kirche ins 21. Jahrhundert als menschenrechtsfähige Gemeinschaft gehen kann.

---

[129] Vgl. Hans-Walter Jungen, Universelles Leben. Die Prophetin und ihr Management. 2. Auflage. Augsburg: Pattloch, 1996, bes. S. 27-38.

D. KIRCHLICHE OPTIONEN

VII. Die Innen-Außen-Konstellationen der Pastoral Die Bedeutung menschlicher Ohnmacht für die Dogmatik

29) Die Definierung von Dogmen - eine Sprache der Ohnmacht des Glaubens

Der Glaube der Kirche ist eine öffentlich identifizierbare Größe. Die kirchlichen Großereignisse in der öffentlichen Darstellung des Glaubens sind die Konzilien. Sie gehören nicht unter 'ferner liefen' zur Geschichte der Kirche, sondern machen deren sprachliches Spezifikum aus; sie sind auch die Existenzgrundlage einer eigenen theologischen Disziplin, der Kirchengeschichte.[130] Die Dogmen, die Konzilien verkündigt haben, gelten im allgemeinen Bewußtsein als Dokumente der Macht, geschaffen, um Häretiker kirchlich zu bekriegen. Doch der Schein trügt. Weder sind Konzilien Machtereignisse der Kirche noch Dogmen Waffen gegen Ketzer. Vielmehr sind Konzilien dann abgehalten worden, wenn nichts anderes mehr übrig blieb, um aus einer Sackgasse im Disput über den Glauben zu kommen. Dogmen ihrerseits können nur dann gegen Häretiker ins Feld geführt werden, wenn sie eine Sprache sprechen, welche die Menschen überzeugt, an ihre Wahrheit zu glauben. Insofern sind Konzilien bei Licht besehen Ereignisse der Ohnmacht und Dogmen der Versuch, in dieser Ohnmacht mit der Sprache des Glaubens bestehen zu können.

Beim Tridentinum ist der Ohnmachtsgehalt offenkundig, schließlich resultiert es aus der Kirchenspaltung der Reformationszeit, die es nicht überwinden konnte. Aber er ist keine Eigentümlichkeit nur dieses Konzils. Bereits Nikaia ist davon bestimmt und markiert eine kirchliche Ohnmachtserfahrung. Es wird nicht von Bischöfen um der Einheit der Kirche willen gefordert, sondern von Kaiser Kon-

---

[130] Das ist auch die systematisch gesehen wichtigste Einsicht beim kirchengeschichtlichen Ansatz von Alberigo, Konzilien a.a.O. (Fn. 7); vgl. auch ders./Joseph A. Komonchak (ed.), History of Vatican II. Maryknoll/Löwen: Orbis/Peeters, 1997ff.. Hier erhält Kirchengeschichtsschreibung einen theologischen Rahmen, der über den früheren papstgeschichtlichen Schwerpunkt hinausgeht.

stantin zu diesem Zweck zumindest einberufen, wenn nicht sogar inhaltlich dominiert.[131] Es legt tiefgreifende Differenzen in Glaubensdingen frei und stößt eine geradezu Jahrhunderte dauernde Auseinandersetzung um die richtigen Glaubensformeln an.[132] Man kann natürlich aus Konzilien Machtereignisse machen wollen und hat es auch versucht, doch scheitert das zumeist. Die konziliaren Konzilien des Mittelalters waren solche Aufführungen der Macht, man denke nur an die Verurteilung und Hinrichtung von Jan Hus 1415 beim Konzil in Konstanz. Doch taugen sie dann nicht zur Glaubensdarstellung, wie das Beispiel der berühmten Räubersynode von Ephesus 449 aus der alten Kirche heraus mahnt.

Man hat auch aus dem I. Vatikanum in der Modernismusauseinandersetzung und danach ein Machtinstrument schmieden wollen; das war vor allem der Versuch bei denen, welche die Unfehlbarkeitsdefinition dieses Konzils ultramontan und nicht auf dem Boden der Unterscheidung von *infallibilitas* und *indefectibilitas* der lateinischen Tradition verstanden.[133] Doch erstens ist diese Unterscheidung tragend für jene Lehre, zweitens mußte dieses Konzil aus dem politischen Grund des deutsch-französischen Krieges, den der Papst nicht neutralisieren konnte, vorzeitig beendet werden, ohne formell ein Ende gefunden zu haben, und drittens hinterließ es in der Ekklesiologie eine Lücke, in deren Bruch die Debatten um die Gnade und damit die Eigenständigkeit der Gläubigen in der ersten Hälfte dieses Jahrhunderts kirchlich so entscheidend geworden sind. Obgleich das I. Vatikanum wegen der Definition des Jurisdiktionsprimats des Papstes und seiner Infallibilität auf eine Sprache der Macht zielt, ist gerade es in besonders intensiver Weise mit der Erfahrung von Ohnmacht verbunden. Man kann es sogar als aus der Ohnmacht geboren bezeichnen. “Der Gedanke eines ökumenischen Konzils lag seit der Jahrhundertmitte in dem Maße nahe, als die katholische Kirche bei größerer äußerer Freiheit zugleich in eine verschärfte innere Defensivposition geriet. [...] Die Infragestellung der Kirche und ihrer Lehre durch Liberalismus und Naturalismus ließ es notwendig erscheinen. Hinzu kam der Problemstau der innerkirchlichen Auseinandersetzung seit dem Tridentinum, vom Jansenis-

[131] Vgl. zum Problem der Rolle des Kaisers Alois Grillmeier, Jesus der Christus im Glauben der Kirche. Bd. 1. Freiburg: Herder, 3. Auflage 1990, S. 389-401.
[132] Vgl. John N.D. Kelly, Altchristliche Glaubensbekenntnisse. Geschichte und Theologie. Göttingen: Vandenhoeck (UTB 1746), 2. Auflage 1993, S. 230-361.
[133] Vgl. Elmar Klinger, Ekklesiologie der Neuzeit. Grundlegung bei Melchior Cano und Entwicklung bis zum Zweiten Vatikanischen Konzil. Freiburg: Herder, 1978.

mus über den Gallikanismus bis zum Staatskirchentum traditioneller und aufgeklärter Spielart: alle diese Bewegungen waren zwar vorläufig zurückgedrängt und nach 1850 innerkirchlich weniger lebendig denn je zuvor. Aber sie waren nicht definitiv besiegt. Und seit der Zeit der Aufklärung und der Französischen Revolution hatte sich das Problem des Verhältnisses der Kirche zur Moderne in engster Verquickung mit diesen überlieferten Kontroversen gestellt."[134] Zudem war die Lage der Kirche in Italien alles andere als mächtig; sie stand unter großem Druck von Seiten der gesellschaftlichen Entwicklung Italiens und mußte um ihr Überleben als internationale Größe fürchten; die italienische Ohnmachtposition des Papstes ist geradezu ein Argument für das Konzil. "In gewisser Weise mußte die Existenzbedrohung des Rest-Kirchenstaates seit 1859/60 die Sache des Konzils noch dringlicher erscheinen lassen, wenn sie auch bei manchen Kardinälen in umgekehrter Weise wirkte. Denn einerseits verschärften sie diese Defensivposition. Andererseits legte sie den Gedanken nahe, den letzten Moment auszunutzen, da Rom noch päpstlich war."[135] So ist es auch kein Wunder, daß die Kardinäle, die Papst Pius IX. nach der Opportunität eines Konzils befragte, zum Teil sehr skeptisch reagierten und große Bedenken anmeldeten. "Ganz überwiegend wird die beherrschende Signatur der Gegenwart in dem Totalangriff auf Kirche und Christentum gesehen."[136] Pius IX. zögerte denn auch ungewöhnlich lange, ehe er es offiziell ankündigte. "Was sonst dieses Zögern bedingte, ist schwer zu klären. Einigermaßen festen Grund betreten wir nur bei einer Motivation, die auf Pius IX. zweifellos ihre Wirkung nicht verfehlte, da dieser sie im Mai 1867 als Einwand gegenüber Dupanloup vorbrachte: daß das Konzil einen innerlich gespaltenen Episkopat offenbar machen würde."[137] Diese Befürchtung war sehr realistisch, wie die öffentliche Auseinandersetzung um die Infallibilität des Papstes bald zeigen würde. Je mehr auf seine Machtposititon gepocht wurde, desto mehr geriet das Konzil in eine öffentliche Defensive.[138]

Besonders am Ende zeigt sich ein Defizit an Einmütigkeit, als die Minorität abreist, um nicht gegen *Pastor aeternus* stimmen zu müs-

---

[134] Klaus Schatz, Vaticanum I. 1869-1870. 3 Bände. Paderborn: Schöningh, 1992-1994, Bd. I, S. 91.

[135] Ebd., S. 92.

[136] Ebd., S. 95; zu den Antworten der Kardinäle vgl. ebd., S. 94-100.

[137] Ebd., S. 105.

[138] Vgl. ebd. Bd. II, S. 219-278.

sen.[139] Man darf sich von der Sprache der Macht nicht täuschen lassen, die von den Vertretern der Minorität benutzt wird; sie verdeckt nur die Ohnmachtssignatur dieses Konzils, aber kann sie nicht aus der Welt schaffen.

Aus der Ohnmachtsperspektive sprechen Konzilstexte eine Sprache, die ihrem herkömmlichen Verständnis entgegensteht, aber ihrer Qualität als Glaubensaussagen entspricht. Diese Perspektive kommt ihnen nicht allein historisch, sondern auch systematisch zu. Dogmen sind Sprachregelungen des christlichen Glaubens an Gott, um in der Ohnmacht über die rechte Sprache für diesen Glauben nicht unterzugehen. Der Grund für diesen Zusammenhang liegt in dem, was der Glaube zur Sprache bringen will. Denn Gott ist stets mehr als seine Darstellung in der Theologie und in der Verkündigung. Das ist die grundlegende Erkenntnis in der Dogmatik der Kirche und zugleich der Ort, an dem ihre Sprache entsteht. Jede Sprache des Glaubens, die diese Erkenntnis nicht achtet und übernimmt, scheitert an dem Objekt ihrer Darstellung. Wenn Gott aber alle Darstellungsmöglichkeit überschreitet, dann stellt sich das Problem der Ohnmacht für diejenigen, die von ihm sprechen wollen. Wird durch den Transzendenzcharakter Gottes nicht jedes Sprechen über ihn sinnlos und alle Verkündigung bedeutungslos? Wenn das das letzte Wort wäre, dann wäre die Rede von Gott keine Perspektive für die Menschen und der Glaube an Gott keine humane Option. Die Differenz zwischen Gott und seiner Darstellung durch die Menschen würde unaufhaltsam zu einer religiösen Gewalt, in der alle geistig versinken würden, die den Namen Gottes bekennen. Als einziger Ausweg bliebe dann der Weg eines Offenbarungspositivismus, wie er in der Religionsgeschichte auch sehr häufig eingeschlagen wurde. Doch enden diese Wege in der Ideologie eines wie dann im Einzelfall auch immer gearteten religiösen Fundamentalismus; das verbaut die Möglichkeit, die Rede von Gott vor einer Sprache der Gewalt zu bewahren.

Um der Ohnmacht des Glaubens eine Autorität in der Sprache des Glaubens zu geben, hat die Kirche in ihrer Geschichte Dogmen entwickelt. Sie halten die Entwicklung einer Sprache für die Rede von Gott nicht an, sondern offen für die Macht der Ohnmacht dieser Sprache. Sie arbeiten mit der Ohnmacht der Darstellung Gottes, ohne in der Differenz gegenüber der Macht Gottes selbst zu versin-

---

[139] Vgl. ebd. Bd. III, S. 152-164.

ken. Das ist das fragile Fundament des Glaubens und die prekäre Lage der Theologie. Aber das zeichnet sie als humane Perspektive aus und begründet ihre Autorität in den Erfahrungen menschlicher Ohnmacht.

Wie sehr Konzilien auf der Ebene ihres Diskurses eine Präsentation menschlicher Ohnmacht verkörpern und gerade deshalb für die Darstellung des Glaubens der Kirche etwas Schöpferisches zu sagen wissen, zeigt das jüngste Konzil der Dogmengeschichte.

30) Die Autorität der Ohnmacht für die Kirche - die Menschenrechtslehre des II. Vatikanum

Das II. Vatikanum markiert die Umkehr der Kirche zur Ohnmacht der Menschen von heute. Niemand hatte es erwartet. Es kam nur auf dem Boden der Macht des Papstes zustande. Denn außer Johannes XXIII. hat es bei der Ankündigung 1958 im Grunde niemand gewollt.[140] Der Papst andererseits brauchte die Mitarbeit derer, die innerlich gegen das Konzil eingestellt waren, und hat deshalb wohl auch die Vorbereitungsarbeit nicht weiter dominiert. Seine Macht der Einberufung, von der er mit der Bulle 'Humanae Salutis' vom 25.12.1961 Gebrauch gemacht hat,[141] bedeutete für ihn selbst zugleich den Übergang in eine Art von Ohnmacht; denn nun hatte er eine Bühne gebaut, auf der andere zu Wort kommen konnten. Das geschah dann auch intensiv ab der ersten Sessio des Konzils im Herbst 1962. Angelo Roncalli hat das auch bewußt einkalkuliert, wie wir aus Gesprächen mit Kardinal Suenens wissen.[142] Diese Demut zeichnet ihn als herausragenden geistlichen Menschen dieses Jahrhunderts aus. Er hatte keine Scheu, sich auch als hoher kirchlicher Würdenträger in die Ohnmacht heutiger Menschen zu begeben, und er hatte keine Angst, daß seine Autorität darin aufgelöst würde. Davon ist auch seine Eröffnungsrede des Konzils, *Gaudet Mater Ecclesia*, geprägt. Johannes XXIII. besaß den Mut, andere zu Wort kommen zu lassen und sie die Umkehr weisen

---

[140] Vgl. Peter Hebblethwaite, Johannes XXIII. Das Leben des Angelo Roncalli. Zürich: Benziger 1986, S. 390-412.

[141] AAS 54 (1962), S. 5-13.

[142] Léon Joseph Cardinal Suenens, Souvenirs et Espérances. o.O.: Fayard, 1991.

zu lassen, welche die Kirche zur Welt von heute nötig hatte. Er besaß auch die Kraft, der Kirche die Vergegenwärtigung des Evangeliums zuzumuten. Das ist das berühmte Aggiornamento-Programm seines Papsttums. Das war eine Zumutung, weil die Kirche auf dem Konzil begriffen hat, daß die Botschaft des Glaubens nicht ihr Besitz ist, sondern sie mit den Menschen dieser Zeit in einer Weise konfrontiert, daß sie von liebgewordenen Gewohnheiten Abschied nehmen mußte. Durch das Konzil lernte die Kirche die eigene Botschaft von denen her entdecken, die außerhalb von ihr stehen. Sie wird hier zur Kirche konstituiert, die in der Welt von heute existiert. Das Konzil nennt das *Pastoral*.

Der pastorale Schwerpunkt des Konzils ist zuerst und zunächst eine Ohnmachtserfahrung gewesen. Denn aus dieser prinzipiellen Neubesinnung der Glaubensstandpunkte entstand die Notwendigkeit eines schmerzlichen Prozesses der Auseinandersetzung mit ihr selbst. Darin befindet sich die Kirche im Grunde bis heute. Nüchtern betrachtet, ist deshalb gerade das großartigste Ereignis der katholischen Kirche in diesem Jahrhundert aus der Anerkennung eines Defizits entstanden, welche die Kirche im Verhältnis zur Welt von heute hatte. Diese Anerkennung war eine Zumutung für die katholische Kirche; man war gewohnt, die Trennung von Kirche und Welt im Sinne einer Überordnung kirchlicher Autorität aufzufassen. Die Anerkennung der Autorität des Außen heutiger Welt für das Innen des Glaubens war nicht im Blick gewesen. Das einzusehen, brachte Ohnmacht. Doch ohne diese Ohnmachtserfahrung wäre die Kirche so sprachlos in ihrer Zeit geworden, wie es etwa die orthodoxen Kirchen heute noch sind. Das Konzil war keine Inszenierung kirchlicher Macht, sondern die Präsentation der Ohnmacht des Glaubens vor der Welt von heute. Doch gerade das hat die Kirche sprachfähig über den Glauben gemacht, wie die Vielzahl der Texte des Konzils beweisen. Und gerade die konziliare Ohnmachtserfahrung hat die Kirche fähig gemacht, aus ihrem Evangelium eine Plattform des Diskurses über die Menschenrechte zu machen.

Das Grundkonzept des Konzils ist die Pastoral. Es stellt die Kirche in eine berühmte Differenz: die Kirche *ad intra* und die Kirche *ad extra*. Sie ist konstitutiv für alle Aussagen des Konzils. Das Außen der Kirche gehört zu den Konstitutionsfaktoren ihrer Darstellung des Glaubens. Ohne das Wissen um die Menschen von heute, um ihre Freude und Hoffnung, Trauer und Angst, kann es kein Bekenntnis des Glaubens geben. Am prägnantesten ist das in der Pastoralkonstitution *Gaudium et spes* zu fassen. Sie ist das

Dokument, in dem das Außen des Glaubens in Gestalt menschlicher Ohnmachtserfahrungen prinzipiell in die Sprache des Glaubens aufgenommen wird.[143] Was Menschen tief bewegt, gehört in die Sprache des Glaubens hinein. Freude und Hoffnung, und noch deutlicher Trauer und Angst sind mit der Erfahrung von Ohnmacht verbunden. Das erste bringt eine Perspektive ein, um die Situation der Ohnmacht zu verlassen, das zweite zeigt auf die eigene Würde, die Menschen in der Ohnmacht besitzen. Beides gibt eine Basis her, um eine Sprache der Ohnmacht in der Pastoral zu erarbeiten. Dieses Außen, das damit in die Sprache des Glaubens Einzug hält, ist die humane Signatur der heutigen Zeit, also die Gefahren und Chancen, die sich den Menschen von heute im Ringen um ihre Würde bieten.[144] Ohne ein Verhältnis zu diesem Außen, so die neue Einsicht des Konzils, kann es keinen Menschenrechtsdiskurs in Kirche und Theologie geben. Ohne pastorale Konstituierung ihres Glaubens kann die Kirche sich nicht auf den Standpunkt der Menschenrechte stellen. Der Menschenrechtsdiskurs des Konzils entwickelt die Theologie auf der Basis dieser Innen-Außen-Konstellation zwischen Glauben und Zeit weiter; er führt sie zu einem Aggiornamento ihrer Darstellung des Glaubens.[145]

Das kann man vom Rahmen der Pastoralkonstitution her allgemein sagen, aber auch speziell von ihren einzelnen Äußerungen über die Menschenrechte. So heißt es im Menschenrechtskatalog der Nr. 26 von *Gaudium et spes*: "Es muß also alles dem Menschen zu-

---

[143] Im folgenden wird die Konstitution nach der Übersetzung in der Ausgabe Rahner/Vorgrimler, Konzilskompendium a.a.O., S. 449-552, mit GS und Nummernangabe zitiert.

[144] Dazu ausführlicher meine Habilitationsschrift: Glauben im Zeichen der Zeit. Die Semiotik von Peirce und die pastorale Konstituierung der Theologie. Würzburg 1996.

[145] So verdienstvoll die Sammlung von Gertraud Putz, Christentum a.a.O. (Fn 5) über die nur verstreut vorliegenden Lehräußerungen der katholischen Kirche zu den Menschenrechten auch ist, so muß doch die einfache aufzählende Einordnung von *Gaudium et spes* in die Liste kritisiert werden (vgl. ebd., S. 96-98). Putz entgeht die Autorität dieses Dokumentes für die Menschenrechtsverkündigung der katholischen Kirche. Hier beginnt eine neue Epoche, in der die Kirche menschenrechtsfähig wird; es handelt sich nicht einfach um ein kontinuierliches Wachsen der Einsicht, sondern um ein Paradigma, das die Kirche überhaupt erst für Menschenrechtsprobleme sprachfähig gemacht hat. Gänzlich am Paradigmenwechsel der Pastoralkonstitution vorbei argumentiert Jozef Punt, Die Idee der Menschenrechte. Ihre geschichtliche Entwicklung und ihre Rezeption durch die moderne katholische Sozialverkündigung. Schöningh: Paderborn (Abhandlungen zur Sozialethik 26), 1987. Bei ihm wird GS auf einen Personalismus reduziert, der aus einer reinen theologischen Innen-Perspektive glaubt, die Menschenrechte einholen zu können (vgl. bes. S. 245f). Das aber macht aus dem Glauben nur ein Transzendenzgehäuse der Menschenrechte.

gänglich gemacht werden, was er für ein wirklich menschliches Leben braucht, wie Nahrung, Kleidung und Wohnung, sodann das Recht auf eine freie Wahl des Lebensstandes und auf Familiengründung, auf Erziehung, Arbeit, guten Ruf, Ehre und auf geziemende Information; ferner das Recht zum Handeln nach der rechten Norm seines Gewissens, das Recht auf Schutz seiner privaten Sphäre und auf die rechte Freiheit auch in religiösen Dingen." (GS 26) Nicht die Macht in der Gesellschaft ist entscheidend, sondern das Überleben der Menschen und damit der Respekt vor ihnen besonders in einer Situation von Ohnmacht; "denn die Ordnung der Dinge muß der Ordnung der Personen dienstbar werden und nicht umgekehrt." (GS 26)

Mit *Gaudium et spes* anerkennt die Kirche die wesentliche Gleichheit aller Menschen und die soziale Gerechtigkeit. Diese grundlegende Gleichheit aller Menschen muß um des Heiles der Menschen willen zur Anerkennung gebracht werden. Daher steht das Konzil gegen jede Diskriminierung. "Es ist eine beklagenswerte Tatsache, daß jene Grundrechte der Person noch immer nicht überall unverletzlich gelten; wenn man etwa der Frau das Recht der freien Wahl des Gatten und des Lebensstandes oder die gleiche Stufe der Bildungsmöglichkeit und Kultur, wie sie dem Mann zuerkannt wird, verweigert." (GS 29) Wegen der Würde der Person bedarf es 'humane und der Billigkeit entsprechende Lebensbedingungen'. Die Institutionen sollen "gegen jedwede gesellschaftliche oder politische Verknechtung entschieden ankämpfen und die Wahrung der Grundrechte des Menschen unter jedem politischen Regime sichern." (GS 29)

Um der Achtung der Menschenwürde willen ist das Konzil auch bereit, in eine Situation der Ohnmacht zu gehen und eben nicht primär an Macht und Einfluß orientiert zu sein. "Die Kirche, die in keiner Weise hinsichtlich ihrer Aufgabe und Zuständigkeit mit der politischen Gemeinschaft verwechselt werden darf noch auch an irgendein politisches System gebunden ist, ist zugleich Zeichen und Schutz der Transzendenz der menschlichen Person." (GS 76) Die Kirche macht sich also stark für die Unverfügbarkeit dieser Person im öffentlichen politischen Raum. Sie steht ein für den Respekt vor den Menschen, und kann deshalb "ihre Hoffnung nicht auf Privilegien [setzen], die ihr von der staatlichen Autorität angeboten werden." (GS 76) Sie nimmt für sich das Recht in Anspruch, "ihren Auftrag unter den Menschen unbehindert zu erfüllen und auch politische Angelegenheiten einer sittlichen Beurteilung zu unterstellen, wenn die Grundrechte der menschlichen Person oder das Heil der Seelen es verlangen. Sie wendet dabei alle, aber auch nur jene Mittel an, welche dem Evangelium und dem Wohl aller je nach den verschiedenen Zeiten und Verhältnissen entsprechen." (GS 76) Damit schafft sie sich wenig Freunde, aber viele Gegner. Das ist hier nicht mit dieser Deutlichkeit ausgesagt, aber die logische Konsequenz unter den Bedingungen irdischer Macht.

Diese Aussagen sind im Duktus der bis dahin gebräuchlichen kirchlichen Machtsprache ein Eingeständnis der Ohnmacht und eine Verpflichtung zur Darstellung der Ohnmacht der Menschen zum Wohl ihrer Würde. Das ist aber ein neuer Duktus der Präsentation der Kirche. Er hat das Konzil befähigt, den eigenen Glauben prinzipiell im Zeichen der Menschenrechte zu verkünden und sich speziell der Bedeutung der Religionsfreiheit zu stellen.

VII. Die Erklärung über die Religionsfreiheit Dignitatis humanae - die Sprache des Glaubens für die Ohnmacht der Menschenrechte

Diese Auseinandersetzung auf dem II. Vatikanum um die Bedeutung der Pastoral machte die Kirche tauglich für die Menschenrechte. Diese Gesamttendenz hat eine Herkunft in theologischen Aufbrüchen im Europa der ersten Hälfte des 20. Jahrhunderts. Die spezielle Position zum Menschenrecht der Religionsfreiheit wurde von Erfahrungen der katholischen Kirche in den USA vorbereitet. Man muß sie kennen, um eine Theologie der Religionsfreiheit entwickeln zu können. Die Macht von Ohnmachtserfahrungen ist dabei eine entscheidende Perspektive.

31) Die schöpferische Kraft der Ohnmacht - die historische Erfahrung der nordamerikanischen Katholiken mit der Religionsfreiheit

Die Bedeutung der Geschichte des US-Katholizismus reicht über die Einwanderungsfrage hinaus. Sie hält mehr an eigenständiger Theologie bereit, als man bei einer geistlichen Heimat für Zuwanderer zunächst vermutet. Die Geschichte des Katholizismus der Neuen Welt ist eine eigene Lerngeschichte mit der Religionsfreiheit.[146] Ihr kirchliches Problem aber lag auf dem alten Kontinent: die veränderte kirchliche Situation im nachrevolutionären Frankreich. Sie ist die Macht, welche die kirchliche Entwicklung der Katholiken in den USA wesentlich mitbestimmte, und zwar gerade, weil beide Kontexte nicht identisch sind. Es beginnt in der 2. Hälfte des 19. Jahrhunderts mit Isaac Hecker (1819-1888). Er war ein Konvertit, der zuvor geistig den Transzendentalisten zugehörte und fand seine Lebensaufgabe darin, die US-Gesellschaft mit ihren eigenen Mitteln zu katholizieren. Dazu gründete er 1859 mit einigen ehemaligen Redemptoristen, die ihren Orden wegen seiner europäischen Mentalität verlassen hatten, die Kongregation der Paulisten.[147]

Der genaue Name 'Missionspriester vom hl. Apostel Paulus' zeigt das Programm: Wie Paulus die Heiden im Hellenismus, so sollten die US-BürgerInnen für den katholischen Glauben gewonnen werden. Wie Paulus bedienten sich die Paulisten für ihr missionarisches Ziel der Mittel, die ihnen die protestantische Kultur ihrer Umgebung zur Verfügung stellte. Die Paulisten kannten keine Gelübde und waren rein auf das Apostolat ausgerichtet. Vor allem gründeten sie Informationszentren, die dem Treffen mit interessierten Protestanten dienten und einen lebhaften Kulturaustausch organisierten. Der Verzicht auf dezidiert religiöse Darstellung ergab sich durch die Ausrichtung auf die modernen Zeitumstände. Damit erregten die Paulisten in den USA niemals Anstoß, auch nicht in der irisch formierten Hierarchie. Zum Problem wurde das Anliegen erst, als 1891 in Frankreich eine Übersetzung der Biographie Heckers von seinem Ordensbruder Walter Elliot erschien. Der Übersetzer und Herausgeber, Abbé Klein, beschrieb Hecker im Vorwort als 'Priester der Zukunft'; er hatte auch schon die Reden des US-Bischofs Ireland übersetzt. Heckers pragmatische Zugangsweise zu den Lebensproblemen der Menschen und der damit mögliche Abschied von

---

[146] Diese Lerngeschichte kommt dem nahe, was Konrad Hilpert, Menschenrechte a.a.O. (Fn. 5), S. 161f als Denkmodell vorschlägt.

[147] Vgl. Thomas T. McAvoy, A History of the Catholic Church in the United States. Notre Dame, Ind.: University of Notre Dame Press, 1969, S. 303-352; Anton Gisler, Der Modernismus. Einsiedeln: Benziger, 1912, S. 27-102; Marcel Launay, Les catholiques des États-Unis. Paris: Desclée (Bibliothèque d'Histoire du Chrstianisme, no. 25), 1990, S. 89-114; Rudolf Lille, Der Kampf der römischen Kurie gegen den 'praktischen Modernismus'. In: Erika Weinzierl (Hg.): Die päpstliche Autorität im Selbstverständnis des 19. und 20. Jahrhunderts. Salzburg: Pustet, 1970, S. 109-124.

einer Kirche, die primär auf ihre offizielle Repräsentanz im Staat bedacht ist, machte ihn für europäische Verhältnisse interessant. Die französische laizistische Presse griff das Buch Elliots gerne auf und hielt der Kirche einen aus ihren eigenen Reihen als leuchtendes Beispiel entgegen. Dagegen liefen die französischen Traditionalisten Sturm; zu dieser Zeit tobte der spanisch-amerikanische Krieg, bei dem die USA sich auf Kosten des katholischen Spaniens in Kuba und auf den Philippinen als imperiale Macht in Szene setzten. Gepaart mit diesem politischen Unterton setzte die Auseinandersetzung den Beginn des Amerikanismus. Er ist ein pejorativer Name und steht für die traditionelle Gegenbewegung zu einer säkularen Gestaltung der Kirche, die es weder in den USA noch in Frankreich gab, die aber der katholischen Kirche von außen als Perspektive aufgezeigt wurde. Insofern ist der Amerikanismus ein typisch europäisches Problem, das nur aus der nachrevolutionären Zeit in Frankreich und dem Gegensatz von Laizismus und Klerikalismus zu verstehen ist.

Mit den Katholiken der USA hatte der Amerikanismus im Grunde nichts zu tun. Aber die Agitation traditionalistischer Kreise machte aus Heckers pragmatischer Mission ein gefährliches System; zwar erreichten sie keine Indizierung der Biographie Elliots oder gar der Schriften Heckers, aber der Papst reagierte am 22. Januar 1899 mit dem Brief *Testem benevolentiae* an den Kardinal Gibbons, als Erzbischof von Baltimore der Primas der US-katholischen Kirche. Dieser Brief beschreibt als "die Grundlage der neuen Meinungen [...]: damit die Andersdenkenden leichter zur katholischen Weisheit geführt würden, müsse sich die Kirche der Menschheit einer fortgeschrittenen Zeit erheblich annähern und unter Lockerung der alten Strenge den neuerdings vorgetragenen Auffassungen der Völker willfahren."[148] Eine solche Position war natürlich nicht hinnehmbar, weil sie die Differenz zur säkularen Gesellschaft aufheben würde. Nur hatten die Paulisten eine solche Perspektive nicht vertreten, es sei denn man sieht hierin auch des Paulus Missionsmethode aus 1 Kor 9 getroffen. Es ging ihnen nicht um den Ausverkauf des Evangeliums an eine laxe Zeit, sondern darum, sich strikt von denen her zu verstehen, denen sie das Evangelium näherbringen wollten.

Unter systematischen Gesichtspunkten ist ein scholastisches Problem interessant, das ein bezeichnendes Licht auf den Amerikanis-

[148] DH 3340.

mus wirft. Es geht um die Zuordnung des Natürlichen und des Übernatürlichen. Auf neuscholastischem Boden war das nur hierarchisch möglich; das I. Vatikanum hatte sie offengelassen und damit die Auseinandersetzungen vorprogrammiert, die dann in der Kirche bis zum II. Vatikanum geführt wurden. Der neuscholastische Rückfall hinter das I. Vatikanum schwingt mit, wenn Leo XIII. die Differenz von praktischen und übernatürlichen Tugenden vorbringt. Damit hat man den Gegner, der in der Tat in jedem Fall zu bekämpfen wäre. So lautet der zentrale Vorwurf von *Testem benevolentiae*: "Aus dieser vergleichsweisen Verachtung der Tugenden des Evangeliums, die fälschlicherweise passive genannt werden, konnte leicht folgen, daß die Herzen allmählich auch eine *Geringschätzung des religiösen Lebens* durchdrang."[149] Hier zeigt sich, was das eigentliche Gegenüber der päpstlichen Äußerung ist: der Laizismus, der mit der säkularen Welt die Religion für überholt ansah. Dagegen wendet sich der Papst, und das nennt er dann auch Amerikanismus: "Aus dem, was Wir bisher bemerkt haben, wird also klar, ... daß jene Meinungen von Uns nicht gebilligt werden können, deren Summe manche mit dem Namen '*Amerikanismus*' bezeichnen."[150]

Die Modernisierer des US-Katholizismus stellten sich hinter den Papst, sahen sich aber von seiner Analyse nicht betroffen. "In this connection it is important to bear in mind that the Holy Father did not say in the letter that anyone held the doctrines he mentioned."[151] Hier hat man eine Frühform der Modernismus-Auseinandersetzung, und zwar sowohl in der Frontstellung der Gegner wie in der letztlich erfolgreichen Verteidigungsstrategie derer, die eine neue Positionierung der Kiche in der Gesellschaft erreichen wollten. Im real gelebten Amerikanismus haben die Katholiken den pragmatischen Lebensbezug der US-Amerikaner als etwas wesentliches für den Glauben aufgegriffen. Denn mit der lehramtlichen Verurteilung einer so nicht vertretenen Konzeption war die Emanzipation der Katholiken auf dem Boden der US-Gesellschaft nicht beendet. Ohne die Religionsfreiheit, die diese Gesellschaft als konstitutiv für sich selbst betrachtete, wäre das katholische Schulsystem der USA in der ersten Hälfte des Jahrhunderts nicht aufzubauen gewesen. Die Religionsfreiheit war geradezu das strategische Argument, um rein protestantisch geprägten Grundschulen mit dem Aufbau eigener Grund-

---

[149] DH 3345.
[150] DH 3346.
[151] McAvoy, History a.a.O., S. 307.

schulen zu entgehen. Entscheidend war der Verweis auf das verbriefte Recht aller US-Bürger, nicht auf eine andere als die selbstgewählte Religion von gesellschaftlichen Mächten festgelegt werden zu dürfen. Wegen der erklärten Religionsfreiheit bekamen die Katholiken vom Supreme Court verbrieft, daß sie ein eigenes Schulsystem aufbauen dürfen. Es ist bis heute ihre entscheidende gesellschaftliche Basis, weil es als das beste landesweite Grundschulsystem gilt. Das führt zur zweiten Runde der Auseinandersetzung mit Rom, die im II. Vatikanum kulminierte. Die US-Katholiken konnten argumentieren, daß ihr gesellschaftlicher Aufstieg nicht einfach durch die Treue zum Papst vonstatten ging, sondern auf dem Boden der Chancen, die eine offene Gesellschaft gerade durch die Religionsfreiheit für sie bereithielt.

Diese pragmatische Einsicht wurde konzeptionell von dem Jesuiten John Courtney Murray (1920-1967) umgesetzt. Seine Schriften zogen eine Bilanz der vor dem Konzil bestehenden Lehre und forderten ihre Weiterentwicklung ein. Sie haben einen wesentlichen Beitrag dazu geleistet, den Diskurs über die Menschenrechtstauglichkeit der katholischen Kirche zu führen.[152] Sie haben auch heute noch Bedeutung, weil sie das Ohnmachtsdefizit der vorkonziliaren Position zur Religionsfreiheit offenlegen.

32) Das Ohnmachtsdefizit in der traditionellen Lehre über die Religionsfreiheit - die Bedeutung der Analysen John Courtney Murrays

Die Bedeutung Murrays für das II. Vatikanum liegt darin, daß er die Absurdität der bis zum Konzil bestehenden Lehre nüchtern zum Thema machte. Schon die korrekte Darstellung der Position macht die Doppelzüngigkeit jener Sprache der Macht deutlich, mit der sie gearbeitet war. Auch das Publikationsverbot, das über Murray seit 1955 verhängt war, belegt diesen Zusammenhang. Man kann mit den Strategien der Macht jedoch kein Problem lösen, dessen Struk-

---

[152] Zu Murray vgl. Dominique Gonnet, La liberté religieuse à Vatican II. John C. Murray. Paris: Cerf, 1994, und zur kirchlichen Historie der Religionsfreiheit vgl. Roger Aubert, Das Problem der Religionsfreiheit in der Geschichte des Christentums (1969). In: Heinrich Lutz (Hg.), Zur Geschichte der Toleranz und Religionsfreiheit. Darmstadt: Wiss. Buchgesellschaft 1977 (Wege der Forschung 246), S. 422-454.

tur durch die Präsentation von Ohnmacht bestimmt wird. Die Entwicklung der vorkonziliaren zur konziliaren Kirche zeigt das deutlich. Statt einem Schluß der Debatte stellte sich das Gegenteil ein. Weil der Diskurs der Religionsfreiheit mit aller Macht stumm gestellt wurde, brach er umso bedeutsamer auf, als die Instrumente nicht mehr zur Verfügung standen, um Schweigen über das Thema zu erzwingen. Nach der ersten Sessio des Konzils konnte kein Publikationsverbot mehr die Autorität eines Problems zudecken, das die Darstellung des Glaubens im Kern betraf. In dieser Situation griff die analytische Schärfe der Positionen, deretwegen Murray von Kardinal Ottaviani und anderen bekämpft worden war.

Murray arbeitete in der vorkonziliaren Lehre über die Religionsfreiheit die Differenz der sog. These von der Hypothese heraus.[153] Die *thèse* beschreibt den Idealfall der Religionsfreiheit für die katholische Kirche, nämlich den Staat mit einer katholischen Mehrheit, der sich die katholische Religion als Staatsreligion gibt. Die *hypothèse* beschreibt die notwendige, aber allein nicht für die Wahrheit der Lehre hinreichende Anpassung an eine gesellschaftliche Situation, in der die Katholiken die Minderheit darstellen. Hier sind zwei Zusammenhänge zu unterscheiden: das moralische Problem der Rechte des Gewissens und das konstitutionelle Problem des Staates in Sachen Religion.

Das wahre Gewissen, also das Gewissen, das nicht nur nicht irrt, sondern das ewige Gesetz in der Natur der Dinge für die eigene Person sich zu eigen macht, besitzt die Religionsfreiheit in voller Form. Denn den Glauben kann der Mensch nur in vollkommener Freiheit annehmen. Religionsfreiheit ist insofern ein positives Konzept für den Glauben. Jeder Mensch hat die Freiheit, die wahre Religion, den Katholizismus, zu übernehmen und zu praktizieren. Wenn eine Person das tut, folgt sie einem Gewissen, das in der Wahrheit Gottes gründet. Insofern ist die Religionsfreiheit ein Ausdruck der Würde der Person und darf weder privat noch öffentlich eingeschränkt werden. Diese Religionsfreiheit muß die Kirche stets verteidigen und hat es auch getan. Sie respektiert damit die Wahr-

---

[153] Vgl. die prägnante Version John Courtney Murray, Le Problème de la Liberté Religieuse au Concile. In: Ders./Edward Schillebeeckx/A.F.Carillo de Albornoz/P.-A. Liége (ed.): La Liberté Religieuse. Exigence spirituelle et problème politique. Paris: Centurion, 1965, S. 9-112, bes. S. 15-28, 57f und 95-97; für eine kürzere und abgeschwächtere Version vgl. Murray, Zum Verständnis der Entwicklung der Lehre der Kirche über die Religionsfreiheit. In: Jérôme Hamer/Yves Congar, Die Konzilserklärung über die Religionsfreiheit. Paderborn: Bonifatius, 1967.

heit Gottes, die sich im Gewissensspruch der Menschen niederschlägt. Ein Gewissen aber ohne Gesetz, welches das Naturrecht nicht anerkennt, besitzt weder Wahrheit noch Richtigkeit. Es kann folglich für sich keine Rechte beanspruchen, vor allem kann es keine Religionsfreiheit für die eigene Person in Anspruch nehmen. Der dritte Fall ist das irrende Gewissen. Es hat das Recht, nicht mit Gewalt gezwungen zu werden, von seinen Überzeugungen und religiösen Praktiken abzulassen. Wer im Gewissen irrt, darf nicht gezwungen werden, die katholische Religion gegen diesen seinen personalen Imperativ zu übernehmen. Das gilt auch für die Familie, also das Recht der Eltern, die Religion ihrer Kinder zu bestimmen; auch hier gilt es, das irrende Gewissen zu respektieren. Diese Art der Toleranz ist ein Gebot der Liebe zum Nächsten. Aber in keinem Fall kann jemand aufgrund des irrenden Gewissens das öffentliche Leben bestimmen wollen.

Die Religionsfreiheit, die ein irrendes Gewissen einfordert, kann keine äußere soziale Freiheit bedeuten. Niemand kann im Verweis auf sein Gewissen, das objektiv irrt, öffentlich seine Überzeugungen propagieren. Denn der Irrtum hat keine Rechte. Er kann nur Toleranz erwarten, die ihn in seinen Überzeugungen in Ruhe läßt, sofern er mit ihnen in seinem privaten Bereich verbleibt. Da nur die Wahrheit Rechte in einer Gesellschaft hervorruft, ist das Konstitutionsproblem bereits gelöst. Denn konstitutiv kann Religionsfreiheit im Staat nur sein, sofern sie der wahren Religion, eben dem katholischen Glauben, entspringt. Daher wird hier zwischen *thèse und hypothèse* unterschieden. Die These bejaht zweierlei: Der Staat ist nicht nur an das natürliche Recht gebunden, sondern auch an das göttliche Recht, durch das die Kirche eingerichtet wurde. Er hat folglich die Pflicht, die konstitutionellen Rechte der Kirche anzuerkennen, die ihr als einer *societas perfecta* eigenen Rechtes erwachsen; das ist die Anerkennung des Naturrechts. In der Anerkennung des göttlichen Rechtes muß der Staat die Kirche als die einzige wahre Religion anerkennen und damit als die einzige gültige Religion in seinem Machtbereich. Die Kirche hat von sich her ein eigenständiges Existenzrecht und ein unveräußerliches Recht, öffentlich aufzutreten. In der Konsequenz muß der Staat dafür sorgen, daß die falschen Religionen ausgelöscht werden und ihre öffentliche Präsenz verschwindet. In dieser Logik wurden staatliche Stellen angerufen, um die intransigenten öffentlichen Äußerungen der Häretiker mit aller Macht auszulöschen; die Geistlichen führten nur religiöse Untersuchungen. Der Staat fällte die Zivilprozeß-Urteile und hatte sie auch zu vollstrecken. In der *thèse* ist mithin die juristische Institution der Unterdrückung der Andersgläubigen eine legale Aktion. Sie geht vom Idealfall des Katholizismus als der einzigen Religion eines Staates aus. Sie beschreibt die *quaestio iuris* der Religionsfreiheit im Modus der Macht.

Den Modus der Ohnmacht behandelt die *hypothèse*. Sie widmet sich der *quaestio facti*, also der Umsetzung des Idealfalls in die Realität der bestehenden Gesellschaften. Sofern die Mehrheit eines Staates katholisch ist, gilt die These im Prinzip. Das verhindert nicht, daß in einem Staat mit der Staatsreligion Katholizismus Andersgläubige geduldet werden. Die Frage ist dann stets, wann und unter welchen Umständen sie zu einem öffentlichen Ärgernis werden. Wenn nun eine Gesellschaft nicht mehrheitlich katholisch ist, sondern die Katholiken einer anderen religiösen Mehrheit gegenüberstehen oder die gesellschaftliche Wirklichkeit pluralistisch ist, dann kann die Kirche von der Implementierung des Prinzips der These Abstand nehmen, ohne damit deren Richtigkeit in Frage zu stellen. Sie kann dann dem Staat konzedieren, daß er sie nicht als alleinige legale Religionsgemeinschaft einrichtet. Das Übel, das hierdurch entsteht, ist geringer als das, das aus dem Bestehen auf der vollen Verwirklichung der These entstünde. Die Kirche toleriert dann *per accidens*, nicht vom Wesen her, die Religionsfreiheit über die wahre Religion hinaus. Im Grund und vom Wesen her muß sie die Intoleranz einfordern. Doch kann deren Grad eben variieren. Das entscheidende politische Kriterium ist dabei der öffentliche Friede. Sofern er gefährdet ist, kann die Kirche von der Verwirklichung der These dem Staat gegenüber absehen. Die legale Toleranz ist also notwendig in einer pluralistischen Situation. Sie dient dem Wohl der Kirche. In einer einheitlichen oder mehrheitlichen katholischen Gesellschaft ist das Wohl der Kirche natürlich erst mit der Staatsreligion Katholizismus verwirklicht.[154]

Diese Position der vorkonziliaren Lehre kann sehr differenziert auf gesellschaftliche Verhältnisse angewendet werden, aber ihre

---

[154] Das war auch der tiefere Grund für den Kampf der Kurie gegen das laizistische Frankreich nach der Revolution, das ja mehrheitlich katholisch war, aber nicht daran dachte, die katholische Kirche auch nur zu privilegieren, geschweige denn eine Staatsreligion einzurichten. In den USA konnte die Kirche auf dem Boden dieser Lehre die öffentliche Tolerenz in Sachen Religion dulden, ohne den Irrtum der Toleranz im Prinzip zu bestreiten. Sofern aber Tendenzen deutlich wurden, die pluralistische Situation mit der Trennung von Kirche und Staat als in sich gerechtfertigt anzusehen, wurde sie mit dieser Lehre abgelehnt und bekämpft; das ist der sog. Amerikanismus (s.o.).

Machtperspektive ist doppelzüngig. Sie denkt von der wahren Religion her, ist auf die Position der Macht zugeschnitten und übergeht systematisch die Bedeutung der Ohnmacht. Sie denkt nicht von den Menschen her, die sich religiös äußern. Für sie darf Ohnmacht niemals zum Prinzip der Darstellung des Glaubens werden. Religionsfreiheit ist vielmehr das Recht der wahren Religion, aber nicht das Recht der Menschen vor der Religion. Die traditionelle Lehre enthält keinen Menschenrechtsstandpunkt, sondern einen Kirchenrechtsstandpunkt. Sie spricht die Sprache der Macht und scheut die Solidarität mit der Ohnmacht. Sie argumentiert vom göttlichen Recht der Kirche, nicht von der göttlichen Berufung der Menschen her. Darin ist sie konsistent, aber eben nicht fähig, einen Aufklärungsstandpunkt zu integrieren. Wenn man von der Religionsfreiheit als einem Menschenrecht ausgeht, dann bezieht man einen Standpunkt der Aufklärung. Sofern die vorkonziliare Position gegen die Aufklärung stand, konnte sie ihren Begriff von Religionsfreiheit nicht auf einen Menschenrechtsstandpunkt hin erweitern. Sie mußte grundsätzlich in einen anderen Rahmen gesetzt werden. Um diesen Rahmen drehte sich die Auseinandersetzung über die Religionsfreiheit auf dem Konzil. Dieser neue Rahmen war alles andere als selbstverständlich. Es bedurfte der Autorität eines Konzils, also einer prinzipiellen Neubesinnung der katholischen Lehre. In der einfachen Fortschreibung dieser Lehre wäre es der Kirche nicht möglich gewesen, menschenrechtsfähig zu werden.

Der Gegenvorschlag von Murray zur traditionellen Lehre zielt auf die Konstitutionsproblematik der Religionsfreiheit. Er begreift Religionsfreiheit als ein Menschenrecht im Staat und gegenüber den Ordnungsmächten des Staates. Das steht in der Tradition der USA, die sich unter Ausklammerung jeglicher Regelung der Religionsfrage konstituiert hat. Über Religion hat der Staat nicht zu verhandeln; es ist vielmehr Sache der Menschen selbst, wie sie es mit der Religion halten. Darum schreibt Murray: "Das gemeinsame Gewissen der Menschen von heute betrachtet den Respekt der personalen, sozialen und politischen Freiheit als eine Tatsache, die aus den Tiefen der menschlichen Person kommt. [...] Im besonderen wird die Freiheit als ein Menschenrecht in dem Bereich verstanden, an dessen Gegenwart der Mensch das tiefste Interesse hat, nämlich dem der Religion."[155] Die Religionsfreiheit ist nicht zunächst ein Recht

[155] Murray, Problème a.a.O., S. 27.

der wahren Religion, sondern ein Recht, das dem Menschen qua Menschsein gehört und seine Würde auszeichnet. Setzt man sie als Kirchenrecht an, dann wird die Kirche dem Menschen vorgeordnet gedacht. Das war in der Tat der alte Rahmen der Lehre, aber dieser wird mit dem II. Vatikanum aufgegeben. Die Menschen sind der Kirche vorgeordnet; ihre unveräußerlichen Rechte gehören ihnen qua Menschsein, also durch ihre von Gott gegebene Würde. Die Kirche muß das zur Kenntnis nehmen und respektieren, aber sie ist der unmittelbaren Beziehung der Menschen zu Gott nicht übergeordnet. Sie kann nicht die Menschenrechte auf sich hin interpretieren und sie dann ignorieren, wenn ihre institutionellen Interessen davon betroffen sind. Es geht hier nicht um eine Quisquilie der Lehrentwicklung, sondern um eine wirkliche Grundsatzfrage der Ekklesiologie.[156] Hier kann man einen dogmatischen Fortschritt erkennen, der eine nicht zu unterschätzende Bedeutung hat. Mit der Religionsfreiheit ist ein wunder Punkt dieser Entwicklung getroffen. Um sie mußte bis zum Ende des Konzils gezittert und gerungen werden. Das war ein schmerzlicher Prozeß; es ist nicht verwunderlich, daß Murray dafür selbst hat Opfer bringen müssen.

Die Konstitutionsfrage verändert sich gänzlich, wenn die Religionsfreiheit als Menschenrecht zugrunde gelegt wird. Die Kirche hat Religionsfreiheit nicht bloß dann einzufordern, wenn es um ihre Repräsentation wahrer Religion geht, sondern gegenüber einer jeden Gesellschaft und einem jedem Staat. Gleich wie die religiösen Mehr- oder Minderheitsverhältnisse sind, kein Staat kann und darf sich zum Herrscher über die Entscheidung der Personen in Sachen Religion machen. Was die Kirche als ihr verbrieftes Recht betrachtet hat, den Katholizismus als Staatsreligion zu etablieren, widerstreitet der Religionsfreiheit, auch wenn damit die wahre Religion zur Herrschaft käme. Der Mensch steht im Zentrum der staatlichen Ordnung, nicht die Kirche. Die Kirche hat dieser Position des Menschen zu dienen, nicht umgekehrt. Wenn es ihr gelingt, diesen Ort

---

[156] Nicht umsonst brach der Erzbischof Lefebvre wegen der Religionsfreiheit mit der Kirche. Er denkt prinzipiell nicht von der Darstellung des gläubigen Subjektes, sondern von der Demonstration eines Abstraktums her: "Allein die Wahrheit hat Rechte. Religionsfreiheit bedeutet Rechtsgleichheit zwischen Wahrheit und Irrtum. Das ist unmöglich. Nie kann die Kirche so etwas annehmen." (zit. n. Alois Schifferle, Das Ärgernis Lefebvre. Information und Dokumente zur neuen Kirchenspaltung. Fribourg: Paulus, 1989, S. 52) Lefebvres Wahrheitsbegriff läßt sich nur mit einer Sprache der Macht darstellen; Ohnmacht ist für diese Sprache kein konstitutives Thema. Die Wahrheit des Kreuzes ist dann aber nicht darstellbar.

einzunehmen, wird sie zum öffentlichen Ort der Ohnmacht um der Würde der Menschen willen. Der erste Schritt dahin ist die Erklärung des II. Vatikanum über die Religionsfreiheit.

33) Der Macht der Ohnmacht einen Namen geben - Glauben im Zeichen der Religionsfreiheit

Die Geschichte der Erklärung *Dignitatis humanae* ist sehr verwikkelt; sie war einer der umstrittensten Texte des Konzils.[157] Der ekklesiologische Grund der Erklärung besteht darin, dem Vorwurf begegnen zu können, die Kirche huldige einem Machiavellismus in der Welt von heute.[158] Das Konzil geriet in eine seiner schwersten Krisen, als der Text am 17.11.1964 von Papst Paul VI. aus der Diskussion der dritten Sessio genommen wurde. Doch die Konzilsmehrheit setzte sich durch, die vierte Sessio schließlich konnte den Text verabschieden. Aber auch diese Mehrheit war nicht in jeder Frage einer Meinung. Die eine, die mehr französisch bestimmte Position, wollte die Religionsfreiheit über das Gewissen bestimmen, die andere, von den US-Amerikanern favorisiert, wollte sie als Menschenrecht zur Sprache bringen. Durchgesetzt hat sich das letztere; die Gewissensfrage steht im Rahmen der Menschenrechtsfrage, aber diese ist der Rahmen des Textes. Er begreift die Religionsfreiheit über die Menschenrechte und fordert mit ihr diese ein: "Der Schutz und die Förderung der unverletzlichen Menschenrechte gehören wesenhaft zu den Pflichten einer jeden staatlichen Gewalt." (DH 6)

Die Religionsfreiheit selbst ist so bestimmt, daß sie auch der Kirche gegenübersteht und ihre Existenz qualifiziert. Sie ist kein Kirchenrecht und damit Repräsentantin kirchlicher Macht, sondern ein Menschenrecht und damit Repräsentantin menschlicher Ohnmacht in der Gesellschaft. Für die Kirche war die Religionsfreiheit ein Kreuzweg auf dem Konzil. Doch war das keine zufällige Entwicklung, sondern gehört zum Charakter der Religionsfreiheit. Ihr kann sich die Kirche erst positiv zuwenden, wenn sie sich der Ohn-

---

[157] Vgl. Pietro Pavan, Einleitung und Kommentar zur Erklärung über die Religionsfreiheit. In: LThK[2] Erg.-Bd. II, Freiburg: Herder, 1967, S. 704-748. Im folgenden wird die Erklärung nach der Übersetzung in der Ausgabe Rahner/Vorgrimler, Konzilskompendium a.a.O., S. 661-675, im Text mit DH und Nummernangabe zitiert.
[158] Pavan, a.a.O., S. 705.

macht aussetzt, die in den Menschenrechten liegt. Für sie selbst bedeutet das zunächst, die Autorität der Subjekte gegenüber ihrer eigenen Verkündigung anzuerkennen. Auf dem Weg zu den Subjekten gewinnt sie die Sprache, die eigene Botschaft im Zeichen der Menschenrechte zu benennen. Dann aber kann sie den Menschen eine Plattform anbieten, die eigene Ohnmachtserfahrung schöpferisch zur Sprache zu bringen.

Im Zeichen der Religionsfreiheit wird die Kirche zu einem Ort, an dem die Subjekte sich entfalten können. Die Kirche nimmt sich selbst zurück, damit die Menschen eine Sprache der Ohnmacht finden, die sie vor dem Zerbrechen bewahrt. Kirche macht sich deren Ohnmacht zu eigen und erfährt darin das tiefste Geheimnis ihrer eigenen Existenz: die Erlösung durch die Ohnmacht des Kreuzes. Die Religionsfreiheit erschöpft sich für die Kirche nicht in einem gesellschaftlichen Recht, in ihr wartet eine religiöse Perspektive. Sie klärt die Kirche über ihre Berufung vor Gott auf. Die Kirche ist durch ihr Evangelium berufen, an das Heil in der Ohnmacht der Menschen zu glauben, sie ist nicht berufen, einer Religion der Macht zu huldigen. Auf dem Boden der Religionsfreiheit kann sie dieser Religion widerstehen und ihren Glauben ins gesellschaftliche Recht setzen. Das tiefe Tal, durch das die Kirche in diesem Aufklärungsprozeß gehen mußte, gibt Grund zu der Hoffnung, daß die Verbindung zur Religionsfreiheit von Dauer sein wird. Denn Kirche hat eine tiefe Ohnmacht erfahren, als sie in der Moderne auf die Religion der Macht gesetzt hat. Sie verlor die Bedeutung ihres Glaubens und wurde gesellschaftlich sprachlos. Mit der Sprache einer Religion der Macht kann sie die Bedeutung des Kreuzes nicht benennen. Sie verliert vielmehr die Sprache über die spezifische Befreiung, die von der Ohnmacht am Kreuz ausgeht.

In der Anerkennung der Religionsfreiheit liegt deshalb eine Gnade für die Kirche bereit. Es ist die Gnade der Aufklärung über die wahre Macht ihrer Botschaft. Es ist die Macht, die aus der Sprache über die Ohnmacht der Menschen erwächst. Auf diese Macht können die Christen bauen und Kirche auferbauen. Sie führt zum Reich Gottes und in die Offenbarung des Gottes hinein, der die Macht der Ohnmacht selbst ist. Christlicher Glaube kann jenseits der Religionsfreiheit nicht gedeihen, sie ist die Bedingung der Möglichkeit der Erkenntnis seiner Wahrheit. Die Form, in der Glauben und Religionsfreiheit verbunden werden, ist für diesen Prozeß entscheidend. In der Form der Macht bleibt der Glaube auf der Stufe der Religion stehen und wird zum Opfer der Subjekte bereit sein. In der Form der Ohnmacht aber überwindet er diese Stufe und wird zum Opfer der Macht bereit sein. Erst im Opfer der Macht findet er die Sprache, die seiner Botschaft über die Macht der Ohnmacht entspricht. Hier ist er mit der Herkunft seiner Existenz verbunden, der Überwindung der Macht des Todes in der Ohnmacht des Kreuzes. Hier wird er frei von der Religion der Macht und frei zur Befreiung der Ohnmacht.

Träger der Religionsfreiheit ist der Einzelne, positiv wie negativ; damit ist jeder Mensch prinzipiell ein Außen der Kirche. Religionsfreiheit ist ein Menschenrecht und darin das Kirchenrecht zum gesellschaftlichen Widerstand gegen die Mächte und Gewalten, welche die Ohnmacht unter Menschen produzieren. Die Kirche kann sich von diesem Außen her in ihrem Innen konstituieren; mit *Dignitatis humanae* zählt die Religionsfreiheit unter die Grundprinzipien ihres eigenen Glaubens. Insofern wird dieses Menschenrecht zum Recht der Kirche, sich in gesellschaftlichen Auseinandersetzungen einzuschalten und der Ohnmacht der Menschenwürde gegen staatliche Gewalt Gehör zu verschaffen. Faßbar ist das in der zentralen Nr. 2 des Textes: “Das Vatikanische Konzil erklärt, daß die menschliche Person das Recht auf religiöse Freiheit hat. Diese Freiheit besteht darin, daß alle Menschen frei sein müssen von jedem Zwang sowohl von seiten Einzelner wie gesellschaftlicher Gruppen, wie jeglicher menschlicher Gewalt, so daß in religiösen Dingen niemand gezwungen wird, gegen sein Gewissen zu handeln, noch daran gehindert wird, privat und öffentlich, als einzelner oder in Verbindung mit anderen - innerhalb der gebührenden Grenzen - nach seinem Gewissen zu handeln. Ferner erklärt das Konzil, das Recht auf religiöse Freiheit sei in Wahrheit auf die Würde der menschlichen Person selbst gegründet, so wie sie durch das geoffenbarte Wort Gottes und durch die Vernunft erkannt wird. Dieses Recht der menschlichen Person auf religiöse Freiheit muß in der rechtlichen Ordnung der Gesellschaft so anerkannt werden, daß es zum bürgerlichen Recht wird.“ (DH 2)

Auf dieser Linie liegt es, daß die Kirche hier alle Bemühungen unterstützt und heraushebt, welche die Religionsfreiheit über die Verfassungen der Staaten institutionell absichern und im internationalen Abkommen politisch stärken wollen. Das Konzil nennt das “jene glückhaften Zeichen unserer Zeit“ (DH 15). Es löst damit die Forderung aus der Nr. 4 der Pastoralkonstitution ein, daß die Kirche allzeit nach den Zeichen der Zeit forschen und sie im Licht des Evangeliums deuten muß. Das ist keine Nebensache des Glaubens, sondern eines seiner formalen Merkmale. Es betrifft die Sprachfähigkeit der Kirche unter den Menschen ihrer Zeit. Das ist kein Sache, die schon mit dem Evangelium gegeben wäre. Denn das eine ist der kirchliche Sinn der Botschaft, das andere ihre humane Bedeutung. Den Sinn kann die Kirche auf dem Boden von Schrift und Tradition erkennen, doch der Bedeutung wird sie erst ansichtig, wenn sie sich mitten in die Ohnmachtserfahrungen der Menschen dieser Zeit hineinstellt. Hier offenbart sich, was das Evangelium wirklich zu sagen hat.

Die Kirche hat mit ihrer eigenen Botschaft ein Sprachproblem, das ihre Existenz betrifft. Sie steht in Ohnmacht vor dem, was sie sagen soll, um die Botschaft des Evangeliums zu verkünden. Die Sprache zu treffen, die dem Evangelium entspricht, ist eine Gnade Gottes und nicht einfach ein Verlautbarungsautomatismus. Aus sich heraus würden die Christen in der Ohnmacht versinken, diese Sprache nicht finden zu können. Die Erfahrung der Macht dieser Ohnmacht ist eine Gabe des Heiligen Geistes und macht Christen in den Ohnmachtserfahrungen der Menschen heute sprachfähig. Die Erfahrungen der Ohnmacht sind eine konstitutive Basis der Sprache, nach der der christliche Glaube sucht. Kirche kann ihn bedeutsam verkünden, wenn sie benennt, was Menschen heute zum Heil verhilft und gegen das Unheil bewahrt.

An den Unheilserfahrungen besteht kein Mangel. Sie betreffen die Menschenwürde, und Menschenrechtsverbrechen zeigen deren fragile Existenz. Es ist nicht einfach zeitgemäß, sich dem zu stellen, sondern eine unzeitgemäße Betrachtung. Aber sie gehört zur Verkündigung des Evangeliums. Menschenrechte sind Christenpflichten vor ihrem eigenen Glauben. Sie sind eine Basis dafür, daß Kirche und Christen die Macht der Ohnmacht in ihrem Glauben benennen. Das eröffnet weite Perspektiven für eine Theologie im Zeichen der Ohnmacht.

E. THEOLOGISCHE PERSPEKTIVEN

Das II. Vatikanum hat die katholische Kirche in die Spur der Menschenrechte gestellt und die Verkündigung des Evangeliums in die Zeichen dieser Zeit geführt. Entgegen manchen Befürchtungen in der Kirche nach dem Konzil ist das kein Prozeß, der vom Elan eines blauäugigen Optimismus getragen wird. Der Weg verläuft vielmehr entlang der ungezählten Kreuzwege der Menschen von heute. Er zeigt die Brüche und Risse einer Zeit auf, die sich zwar fortschrittlich versteht, in der aber fortlaufend Menschenrechtsverbrechen aufgedeckt werden. Am Krieg und der militärischen Gewalt in Vietnam, Tibet, der Tschechoslowakei, Kaschmir, Palästina, Süd-Afrika, Ost-Timor, Schwarz-Afrika, Chile, Argentinien, Brasilien, Zentralamerika, Birma etc. etc. ist längst der Optimismus eines internationalen Neuaufbruchs zerbrochen, für den nach dem Zweiten Weltkrieg die Überwindung sozialer Gewalt nur noch als Frage nach gesteigertem Bruttosozialprodukt und verbesserter Weltmarktfähigkeit von Nationalökonomien erschien. In den Gefängnisstadien und Folterkellern der Militär- und Terrorregimes Chiles, Guatemalas, Süd-Afrikas, Griechenlands, der Türkei, Irans, Iraks, der Volksrepublik Chinas, Indonesiens, der Philippinen, des Sudan etc. etc. ist seit dem Krieg auch der Traum einer besseren Welt zerfallen, die über die öffentliche Kultur von Vernunft und Wissen zu vermitteln wäre und langsam aber sicher die quälenden Prozesse gesellschaftlicher Auseinandersetzung hinter sich lassen kann. Auch der Erfolg des Widerstandes der Dissidenten, der aus den Ostblockstaaten heraus zur weltpolitischen Wende des Jahres 1989 geführt hat, hat keine Welt mit einer entscheidend verbesserten Menschenrechtsbilanz geschaffen. Spätestens die Kriege in Tschetschenien, im Irak und auf dem Balkan lassen kaum Hoffnung auf eine schöne neue Weltordnung zu. Das politische Problem der Menschenrechte ist weiter auf der Tagesordnung gesellschaftlicher Auseinandersetzungen. Es gibt keine Aussicht, daß es in dieser Hinsicht zu einem Ende der Geschichte kommt. Nach dem Ende des Kalten Krieges besteht vielmehr Grund zu der Annahme, daß lokale Konflikte umso heißer aufflammen. Nach dem Sieg der westlichen Industrienationen im Ost-West-Gegensatz, in dem der Verweis auf Menschenrechtsverletzungen ja schon ein probates politisches Mittel verkörperte, ist zu befürchten, daß Menschenrechte noch mehr als reine Machtmittel auf der internationalen politischen Agenda stehen.

Wer daran glaubt, daß die Achtung der Menschenrechte eine unverzichtbare gesellschaftliche Notwendigkeit darstellt, wird häufiger ernüchtert, als ein herkömmlich gefestigter Glaube vertragen kann. Albert Camus' Modell des modernen Menschen, jener Sisyphos, den wir uns glücklich vorstellen müssen, trifft die Situation derer, die für diese Bedeutung der Menschenrechte einstehen. Ist diese unendliche Geschichte aus Krisen, Rückschlägen und Niederlagen die historische Falsifizierung des Projektes Menschenrechte, oder gibt sie Grund für eine Hoffnung wider alle Hoffnung? Das ist eine Frage, der eine realistische Theologie nicht ausweichen kann, wenn sie sich dem Menschenrechtsthema wirklich stellt. Eignet sich deren fragile Existenz überhaupt als Basis für die Zeitsignatur in der Rede von Gott, oder verliert sich die Theologie auf ihrer Spur in den Nebelbänken allzumenschlicher Begrenztheiten? Kann sich die Darstellung Gottes heute noch die Menschenrechte leisten, oder ist es für die Theologie besser, wenn sie sich in der gegenwärtigen Verdunstungskälte kirchlich gebundenen Glaubens an ihren klassischen Themen wärmt? Verlangt das neue Jahrtausend nicht eher nach einer Selbstvergewisserung über die seit langem bewährten Fundamente der Rede von Gott, als danach, sich von einer von vielen als zweitrangig angesehenen Fragestellung leiten zu lassen? Was kann Theologie aus der Ohnmachtsgeschichte der Menschenrechte noch gewinnen, und hat sie den Menschenrechten überhaupt mehr zu bieten als die mit dem Konzil bereits vollzogene kirchliche Anerkennung?

Das sind bewußt zugespitzte Fragen; aber sie benennen ernste Probleme. Es bedarf mehr als einer bloß formalen Parallele zwischen den Menschenrechten und dem Glauben, um Theologie im Zeichen der Menschenrechte treiben zu können. Und es bedarf mehr als einer gutgemeinten theologischen Modernisierungsabsicht, um die Menschenrechte über die Rede von Gott zu befördern. Die angeschnittenen Fragen kann ich hier nicht ausdiskutieren und die angedeuteten Probleme nicht mit den emphatischen Takten eines Schlußakkords lösen. Aber es ist die Nagelprobe auf die Wahrheit der hier vertretenen Behauptung, daß Menschenrechte Christenpflichten sind. Wenn Theologie im Zeichen der Menschenrechte gelingen soll, dann muß sie zu diesen Fragen mit weiterführenden Perspektiven Rede und Antwort stehen. Dem sind die letzten beiden Schritte gewidmet. Der erste sucht nach der Spur Gottes in den

Menschenrechten und der Erfahrungsgrundlage einer Theologie in ihrem Zeichen. Der zweite erinnert an eine markante Eigenschaft der Rede von Gott, die im Komplex der Menschenrechte zum Tragen kommt.

IX. Die Macht der Ohnmacht
Gotteserfahrung in den Menschenrechten

Menschenrechte eignen sich nicht zur Herrschaft, weil eine solche Präsentation ihre Wahrheit verdirbt. Selbst wenn Menschenrechte politische Anerkennung gefunden haben, bringt das keine Durchsetzungsfähigkeit im Sinne von Herrschaft mit sich. Es entsteht vielmehr Ohnmacht, ohne die deren Macht nicht erfahren werden kann. Wenn etwa der Grundsatz 'one person, one vote' gesellschaftlich durchgesetzt wird, dann entsteht daraus kein großflächiger Herrschaftsanspruch der wahlberechtigten Personen, nun politisch über andere bestimmen zu können. Sie haben die Möglichkeit politischer Entscheidung und damit die Chance, politische Karrieren von anderen zu befördern oder zu stoppen. Doch angesichts der schieren Zahl wahlberechtigter Personen ist der jeweilige persönliche Einfluß verschwindend gering. Die Macht des Wahlrechts, welches in der Demokratie ja immerhin die Souveränität definiert, ist unweigerlich mit der Erfahrung von Ohnmacht verbunden. Das ist auch der tiefere Grund für den hohen Anteil der Nichtwähler in funktionierenden Demokratien.

Die Verbindung mit Ohnmacht verschärft sich umso mehr, je weniger Menschenrechte rechtlich anerkannt und gesellschaftlich durchgesetzt sind. Dann wird jede Erfahrung von Menschenrechtsverbrechen zu einem möglichen Kristallisationskern von Verzweiflung. Wer die Ohnmacht aus einer Sprache der Menschenrechte heraushalten will, zerstört die Erfahrungsbasis, deretwegen sie eingefordert werden. Menschenrechte triumphieren nicht und lösen keine Befriedigung aus. Sie führen zu Mitleid, Erschrecken und Enttäuschung über Menschenrechtsverbrechen, die immer noch geschehen. Wer sich für Menschenrechte einsetzt, steht fortlaufend vor der Entscheidung, trotz allem nicht aufzugeben. Seit Menschenrechte das Thema gesellschaftlicher Diskurse geworden sind, ist das Tal der Tränen, die diesen Diskurs erzwingen, tiefer und sichtbarer geworden. Es wird nun klarer erkennbar, was man zuvor übersehen hat und übersehen wollte. Die Schreie angetasteter Würde sind als gesellschaftliches Hintergrundrauschen hörbar geworden.

Die beständige Entscheidung, nicht aufzugeben, ist mit jeder Menschenrechtsarbeit verbunden. Diese Situation kann zerstörerisch sein, weil sie eine fortlaufende Gratwanderung bedeutet. Aber sie ist zugleich der Ort, an dem sich die Energie für diese Arbeit auflädt. Gerade die Bedrohung bestärkt, den eingeschlagenen Widerstand weiterzutreiben. Widerstand gegen den Grund der Ohnmacht klärt über die Gewalt der Ohnmacht auf, aber sie bringt die kreative Erfahrung in der Ohnmacht auch zum Vorschein. In dieser Differenz ist ein schöpferisches Potential eröffnet. Mit der Erfahrung von Ohnmacht wird die Bedeutung der Entscheidung präsentiert, aufzugeben oder weiterzumachen. Hier zeigt sich die bittere Wahrheit, daß, wer aufgibt, schon verloren hat.

In jeder Ohnmacht steckt die kalte Gewalt der Verzweiflung, aber auch die Würde, diese Gewalt überschreiten zu können. Niemand kann erzwingen, daß Ohnmacht nicht in Verzweiflung versinkt. Die kreative Macht, die Gewalterfahrung in der Ohnmacht zu überschreiten, ist kein natürlicher Prozeß, sie ist eine geschichtliche Tat. Sie stellt sich in der Entscheidung ein, weiter zu widerstehen. Die Entscheidung wird individuell getroffen, aber sie isoliert nicht, sondern verbindet. Ohnmacht, die mit-geteilt wird, teilt sich auf und baut sich darüber zur Macht auf. 'Geteiltes Leid ist halbes Leid' sagt ein alter Beruhigungsspruch. Aber hier offenbart sich mehr als Vertröstung, hier zeigt sich eine Weisheit des Lebens. Ohnmacht steckt nicht zur Ohnmacht der Verzweiflung, sondern zur Macht des Widerstands an. Sie teilt sich mit und wird stark. Deshalb ist sie eine indirekte Bedrohung jeder Macht, die Ohnmacht produziert, und die indirekte Verbündete jeder Macht, die dem Grund der Ohnmacht widersteht.

Ohnmacht zu präsentieren, rührt an die Quellen des Lebens. Leben kann nur existieren, wenn es der Bedrohung widersteht. In der Ohnmacht ist die elementare Differenz von Leben und Tod greifbar. Deshalb ist sie ein Ort, den Gott zu erfahren, von dem der christliche Glaube spricht. Die Differenz von Kreuz und Auferstehung markiert die ursprüngliche Gotteserfahrung der Christinnen und Christen. Das Kreuz bedeutet Verzweiflung, aber in der Ohnmacht dessen, der am Kreuz hängt, zeigt sich die verbindende Macht dieser Ohnmacht. Niemand, der diese Ohnmacht erfährt, kann der Entscheidung ausweichen, im Kreuz an die Zeichen der Verzweiflung zum Tod oder an die Zeichen des Widerstandes zum Leben zu glauben. In der Macht der Ohnmacht ist das Kreuz das große Zeichen der Gegenwart Gottes. Deshalb folgt die Auferstehung nicht der Sprache der Macht, sondern der Ohnmacht. Jesu Schrei am Kreuz ist der Beginn von Ostern. An dieser Differenz von Leben und Tod scheiden sich die Geister.

Die Menschenrechte sind nicht einfach Zeichen der Gegenwart Gottes. Aber sie repräsentieren eine Differenz, in der Gott aus der Ohnmacht hervortritt. Die Macht der Ohnmacht, auf die alle Menschenrechtsarbeit setzt, ist eine Spur zu Gott. Sie ist oft mehr als unscheinbar, aber sie überschreitet die Gewalt, gegen die Menschenrechte stehen, und steht zum Widerstand gegen Menschenrechtsverbrechen auf. Die Ohnmacht der Menschenrechte ist eine Tat, in deren Widerstandskraft der Ort entsteht, Gott in der Erfahrung der Gewalt zu benennen. Deshalb sind die Menschenrechte ein bevorzugter Ort der Theologie heute. Sie sind der *locus theologicus* am Ende dieses Jahrhunderts der Gewalt. Sie machen eine neue Sprache der Theologie notwendig, die es erst in Ansätzen gibt. Denn Gott ist jeder Theologie voraus, und deshalb ist die Entdeckung jedes neuen Ortes der Theologie mit einer Ohnmachtserfahrung verbunden. Aber in dieser Erfahrung liegt die Hoffnung auf eine wahrhaftige Rede von Gott verborgen.

X. Auf der Spur einer Sprache der Menschenrechte Theologie im Zeichen der Macht der Ohnmacht

Menschenrechte verkümmern in einer Sprache der Macht. Sie werden erst mit dem anderen der Macht greifbar, der angetasteten Würde von Menschen. Hier liegt der Kristallisationskern ihrer Bedeutung. Wer die Erfahrung der Menschenrechte benennen will, wird Ohnmacht zur Sprache bringen müssen. Eine Rede von Gott, die sich in den Kontext von Menschenrechten stellen will, muß auf diesen Zusammenhang achten. Er führt sie in das Feld der Politik, aber nicht in deren bevorzugter Handelsware der Macht, sondern zu den Opfern, die für die politische Aufführung von Macht erforderlich sind. Theologie im Zeichen der Menschenrechte ist unweigerlich von den Tatsachen der Politik markiert, aber wenn sie Theologie bleibt, wird sie der Lust auf Macht widerstehen. Was auf den ersten

Blick als ein Umweg erscheinen mag, führt die Theologie in Wahrheit zu ihrem ureigenen Grundproblem: den Namen Gottes zu ehren und deshalb die falsche Darstellung seiner Existenz zu meiden.

Theologie wird im Zeichen der Menschenrechte bei den Erfahrungen der Ohnmacht ansetzen und kann deshalb an einer Kritik der eigenen Sprache von Gott beginnen. Denn die Sprache, die über Gott auf der Hand liegt, ist die Sprache der Macht. Gott ist der allmächtige Schöpfer von allem, der sogar noch über der für uns Menschen schier unendlichen Macht des Universums steht. Was liegt näher, als in den üblichen Metaphern der Macht seine Größe zu preisen? Und doch ist es gerade diese Sprache, welche das Zeugnis vom Gott Jesu Christi verdunkeln kann. Das geschieht dann, wenn die Erfahrung des Kreuzes als die Urerfahrung des christlichen Glaubens übergangen wird. Keine christliche Rede von Gott kann an der Ohnmacht des Kreuzes vorübergehen, ohne das Zeugnis des Reiches Gottes zu verlieren, für das Jesus an diesem Kreuz gestorben ist. Es ist leicht möglich, von der Auferstehung im Modus der Macht zu sprechen. Theologie ist deshalb oft der Projektion und der billigen Vertröstung gescholten worden. Nichts liegt näher, als die Rede von Gott als dem Herrn über Leben und Tod in die Utopie eines schönen Jenseits zu stellen. Das ist eine religiöse Perspektive *par excellence*, und doch ist sie der Verrat der Fundamente des christlichen Glaubens.

Das Reich Gottes, von dem Jesus erzählt, ist kein Machtereignis im Sinne herkömmlicher Machterfahrungen. Es realisiert sich in Gestalt einer Ohnmacht, deren Macht sich erst noch zeigen wird. Aus diesem Kontrast schöpft der christliche Glaube seine Sprache. Sie markiert die Grunddifferenz für die christliche Rede von Gott, die Differenz von Kreuz und Auferstehung. Es bedarf einer Sprache der Ohnmacht, um in dieser Differenz bestehen zu können. Es ist aber alles andere als selbstverständlich und beständiger kritischer Rückfrage bedürftig, von der Auferstehung im Zeichen des Kreuzes zu sprechen. Aus diesem Grund liegt die Gott angemessene Sprache der Theologie nicht auf der Hand. Theologie bedarf der Auseinandersetzung mit Erfahrungen von Ohnmacht, die nicht zum Untergang, sondern zu Formen der Auferstehung führen, um diese Sprache zu finden. Hier liegt die theologische Bedeutung der Auseinandersetzung mit den Menschenrechten. Sie prüfen die Sprache christlicher Theologie auf ihre Ohnmachtsfähigkeit und zwingt sie zu einer Auseinandersetzung mit der Erfahrung, aus der Theologie entstanden ist und mit der sie leben lernen muß.

Die Sprache der Ohnmacht hat das große Problem, wie sie Verzweiflung überwinden und Resignation vermeiden kann, ohne zur Sprache der Macht zu wechseln. Das hat sie auch mit der Sprache der Poesie gemeinsam. Sie kann dieses Problem nur lösen, wenn sie die Macht der Ohnmacht in der Sprache selbst findet. Hier liegt der Bedeutung der Theologie für die Menschenrechte; denn die Rede von Gott ist von diesem Zusammenhang bestimmt. Gott ist keine bloß sprachliche Größe, aber ins Wort gefaßt, wird seine Wirklichkeit zu einem Faktor in der Auseinandersetzung des Lebens mit dem Tod. Diese Auseinandersetzung ist selbst ein sprachliches Ereignis; aus ihr sind die Schriften der Bibel entstanden. Im Johannes-Evangelium des Neuen Testamentes wird das Wort sogar zur Grundkategorie der Verkündigung.

Es ist die Herausforderung an die Theologie schlechthin, eine Sprache zu finden, die im Wort bereits eine Macht gegen die Gewalt ist, in der Menschen in der Ohnmacht zu versinken drohen. Hier entscheidet sich, ob sie wirklich von Gott redet, oder viele Worte macht, die nur vom Problem ihrer eigenen Existenz ablenken. Die Sprache der Ohnmacht, die in ihrem Ausdruck selbst eine Macht verkörpert, ist eine Sprache des Widerstandes. Sie faßt den Untergang ins Wort, um gegen seine Gewalt zu bestehen. Sie kann den Tod nicht verhindern, aber sie bricht seine Macht. In dieser Weise formiert ist Theologie ein Fundament, Menschenrechte zu befördern und der Sprache der Ohnmacht die Macht des Wortes zu geben.

In der jüngeren Geschichte steht dafür Martin Luther King ein. Er verfügte über diese Sprache und konnte aus der Differenz von Menschenrechten und Gottesglaube der Ohnmacht eine Macht geben. Er war ein begnadeter Redner, vielleicht sogar der größte dieses Jahrhunderts, der die Sprache der Ohnmacht zu sprechen wußte. Das zeigt auf ein entscheidendes Merkmal der Sprache der Ohnmacht, die selbst eine Macht ist. Sie läßt sich nicht mittels sprachlichen Wissens erzwingen, auch nicht schulmäßig erlernen. Es gibt sie erst im Modus der Gnade. Das heißt nicht, daß es diese Sprache nicht gibt. Es bedeutet vielmehr, daß die Hoffnung auf Gott diese Sprache befördert. Wer an die Menschenrechte glaubt, kann auf Gott hoffen. Wer die Verletzung menschlicher Würde benennt, setzt auf diese Macht der Ohnmacht. Der Widerstand in der Sprache der Ohnmacht ist ein Geschenk, das in der Erfahrung der Ohnmacht verborgen liegt. Gott ist in ihr präsent, aber nicht im Modus eines jubelnden *gloria*, sondern im Modus eines leisen *passivum divinum*.

Menschenrechtsfähig ist Theologie gerade dadurch, daß sie Gott zur Sprache bringen kann, während er nicht benannt wird. In dieser Perspektive läßt sich die Sprache aufspüren, welche die Macht aus der Ohnmacht der Menschenrechte benennt und der Gewalt der Menschenrechtsverbrechen widersteht. Lernen Theologinnen und Theologen, ihre Themen in der Grammatik dieser Sprache zu behandeln, dann besteht kein Grund, um die Zukunft der Theologie zu fürchten. Sie wird aus der Macht der Ohnmacht Bedeutung gewinnen.

INDEX